H. BÉNAC

Nouveau vocabulaire de la dissertation et des études littéraires

Nouvelle édition
mise à jour
par Brigitte RÉAUTÉ

HACHETTE

FAIRE LE POINT ● MÉTHODE

Alphabet phonétique international

I Voyelles

[i]		*si, physique*
[e]	(fermé)	*été, et*
[ɛ]	(ouvert)	*mère, tête, mais*
[a]	(antérieur)	*patte*
[ɑ]	(postérieur)	*pâte, bas*
[ɔ]	ouvert	*notre, or*
[o]	(fermé)	*le nôtre, moto*
[u]		*mou*
[y]		*tu*
[o]		*bleu, il pleut*
[œ]		*fleur, cœur*
[ə]		*le, de*

II Voyelles nasales

[ã]	*an, cent*
[ɛ̃]	*vin, main, frein+brun (France Nord)*
[ɔ̃]	*son, comble*
[œ̃]	*brun, parfum (France Sud)*

III Semi-voyelles

[w]	*oui, roi*
[ɥ]	*lui, puits*
[j]	*pied, ail, feuille*

IV Consonnes

[b]	*bon*
[d]	*dur*
[f]	*fort, affaire, philosophie*
[g]	goût
[ʒ]	jeune, âgé, mangeons
[k]	*corps, cinq, qui, kilo, archéologue*
[l]	*le*
[m]	*me*
[n]	*ni*
[p]	*papa*
[r]	*Paris*
[s]	*se, ce, leçon, dix*
[t]	*toi, théâtre*
[v]	*vous*
[z]	*zéro, disons, dixième*
[ʃ]	*chat, schéma, architecte*
[ɲ]	*peigne*

ISBN 2-010109-41-4

Avant-propos

Ce petit vocabulaire voudrait aider élèves et étudiants à éviter les contresens dans la compréhension des textes et les impropriétés dans l'emploi des termes les plus usuels de la langue philosophique et esthétique. Pour l'explication française, il servira à comprendre le sens précis d'un mot à une époque donnée et, par comparaison avec les autres sens, à replacer la pensée de l'auteur dans une évolution en marquant son originalité. Il définit d'autre part un certain nombre de termes de stylistique sur lesquels on bute souvent. Pour l'analyse des sujets de composition française, il aidera à l'intelligence du texte proposé: c'est le complément indispensable du chapitre que notre guide, L'écrit et l'oral de français au baccalauréat, *collection «Faire le point/Méthode» (Hachette) consacre à cette première étape du travail. Il aidera aussi l'étudiant à découvrir les idées, en lui fournissant des exemples, des points de vue distincts et précis, voire un plan pour développer un jugement et, par la confrontation des sens, les éléments d'une discussion. Il le préparera ainsi à la deuxième étape du travail, pour laquelle notre* Guide pour la recherche des idées *lui apportera, d'ailleurs, une information beaucoup plus détaillée et importante. Enfin, lors de la rédaction, il lui permettra de vérifier s'il n'emploie pas à contresens les termes techniques dont il croit nécessaire de se servir.*

Henri BÉNAC.

La présente édition répond à un souci d'actualisation du déjà Nouveau Vocabulaire *qu'*Henri BÉNAC *avait lui-même refondu en 1972. Nous avons souhaité faire entrer les termes que tout lycéen ou étudiant peut rencontrer dans ses études littéraires. Ils proviennent en grande partie de la linguistique, de la critique littéraire contemporaine, des dernières recherches en philosophie, en sciences humaines, mais aussi de formes nouvelles d'expression (cinéma, bande dessinée,...) susceptibles d'enrichir notre approche de la littérature.*

Citations et exemples ont été, dans la mesure du possible, empruntés aux auteurs contemporains et nous avons tenté d'élucider certaines notions qui ont influencé l'analyse des formes littéraires ces dernières années. Un Index *en fin de volume permettra au lecteur de se renseigner sur ces gens ou ces idées «dont on parle».*

Dans l'espoir, sinon de plaire, du moins d'être utile...

Brigitte RÉAUTÉ.

Abréviations

Adj.	*Adjectif.*	M.A.	*Moyen Âge.*
Anc.	*Ancien* ou *Anciennement.*	N.	*Nom.*
Angl.	*Anglais.*	Néol.	*Néologisme.*
Ant.	*Antiquité.*	Par ext.	*Par extension.*
ANTON	*Antonyme.*	Péj.	*Péjoratif* ou *Péjorativement.*
C.-à-d.	*C'est-à-dire.*	Philos.	*Philosophie.*
Compl.	*Complément.*	Plu.	*Pluriel.*
Dict.	*Dictionnaire.*	Prop.	*Proprement.*
Esth.	*Esthétique.*	Psych.	*Psychologie.*
Étym.	*Étymologie* ou *Étymologiquement.*	Qqch.	*Quelque chose.*
Ex.	*Exemple* ou *Par exemple.*	Qqun	*Quelqu'un.*
F.	*Féminin.*	Rhét.	*Rhétorique.*
Fam.	*Familier.*	S.	*Siècle.*
Fig.	*Figuré* ou *Figurément.*	Sing.	*Singulier.*
Franç.	*Français.*	Spéc.	*Spécialement.*
Intrans.	*Intransitif.*	SYN.	*Synonyme.*
Lat.	*Latin.*	T.	*Terme.*
Ling.	*Linguistique.*	Théol.	*Théologie.*
Litt.	*Littéraire* ou *Littérature.*	Trans.	*Transitif.*
M.	*Masculin.*	Vx	*Vieux.*

Les mots marqués d'un astérisque sont définis dans le vocabulaire. Le chiffre indique le paragraphe de chaque article qui explique le sens auquel il est fait allusion.*

A

Absolu (lat. *absolutus*, «détaché, parfait, achevé») **1** (Adj.) Qui ne comporte aucune restriction ni réserve : *pouvoir absolu*.
2 (Philos.) Adj. et n. Ce qui, pour exister, dans la pensée comme dans la réalité, n'a pas besoin d'autre chose et ne porte qu'en soi-même sa raison d'être : Ex. *Dieu est un absolu*. ANTON. *relatif**.

Abstrait 1 Ce qui est le résultat d'une abstraction (lat. *ab + trahere* : «retirer»), c.-à-d. d'une action de l'esprit pour considérer à part une qualité d'un être ou d'une chose en négligeant les autres qui lui sont unies dans la réalité : Ex. dans un linge, je puis considérer sa blancheur, sans tenir compte de sa forme, de son poids, etc. *Faire abstraction de* : négliger certains éléments d'une représentation; si, en considérant un linge, j'*abstrais* sa blancheur, je *fais abstraction* de sa forme, de son poids, etc.
2 (Litt.) Un *style abstrait* est un style qui exprime plutôt des idées qu'il ne décrit des objets concrets, des spectacles, des personnages vivants : Ex. le style de LA ROCHEFOUCAULD est abstrait; celui de LA BRUYÈRE est beaucoup plus concret. ANTON. *concret**.
3 *Art abstrait* : peinture, sculpture qui ne reproduisent pas le réel, mais utilisent les lignes et les masses pour produire certains effets et traduire l'univers de l'artiste. ANTON. *figuratif**.

Abstrus (lat. *abstrusus*, «caché») **1** Qui est caché, inhabituel pour la pensée.
2 (Péj.) Inutilement compliqué. Un *style abstrus* est un style difficile à comprendre (ne pas confondre avec abstrait*).

Absurde 1 (Adj.) Qui viole les lois de la logique et du sens commun (SYN. *illogique, irrationnel*), mais est de plus inconcevable pour l'esprit du fait d'une contradiction interne : se jeter à l'eau pour n'être pas mouillé est proprement *absurde*.
2 (N.) Sentiment que donne à l'homme la confrontation avec un monde auquel son esprit ne trouve aucun sens satisfaisant et qui contredit ses aspirations. Une *philosophie de l'absurde* consiste à prendre conscience de cette contradiction et à l'assumer en essayant de réaliser des valeurs* (2) proprement humaines, de donner un sens à ce monde du

non-sens (cf. PASCAL, KIERKEGAARD, KAFKA et surtout, au sens moderne, CAMUS dans *Le Mythe de Sisyphe*, 1942).

Abyme Cf. *Mise* en abyme*.

Académie 1 (Ant.) L'école philosophique de PLATON qui se réunissait dans les bois d'Académos au N.-O. d'Athènes.
2 (BAÏF, 1570) Réunion de beaux esprits pour discuter d'art, de littérature ou de science. *Académie française* : société de lettrés, fondée par RICHELIEU (1635), qui lui donna pour mission de rédiger un dictionnaire, une rhétorique, une poétique et une grammaire.

Académique 1 *Philosophie académique* : celle de PLATON et de ses disciples.
2 (Litt., dès le XVIIe s.) Composé dans le style d'une académie, c.-à-d. dans une forme soignée, mais en même temps solennelle et assez traditionnelle. LA FONTAINE : «*Tout ce qui sent sa conférence* académique.»
3 *Académisme* a donc pris un sens légèrement péj., caractérisant une observation trop étroite des règles, avec froideur et prétention.

Accent 1 *tonique*. Intensité de la voix sur une syllabe d'un mot (en français la dernière syllabe sonore).
2 *rythmique*. Accent tonique qui, par sa périodicité*, marque le rythme* (1) d'un vers ou d'une phrase de prose.

Acception cf. *Sens** (5).

Accident Par opposition à *essence**, ce qui dans un être ou une chose peut exister ou disparaître sans modification du sujet et par conséquent ne lui appartient pas par essence. Ex. l'homme est mortel par essence, mais triste ou gai par accident.

Acmé (1751, grec *akmê*, «sommet») Apogée, point culminant d'une intrigue ou de l'émotion suscitée par cette intrigue.

Acrostiche (grec *akros*, «initial») Poème dont la première lettre de chaque vers, si on lit dans le sens vertical, donne le sujet du poème, le nom de l'auteur ou de celui à qui le poème est destiné, etc. Ex. ces vers adressés à Louis XIV sont un acrostiche :
L*ouis est un héros sans peur et sans reproche.*
O*n désire le voir. Aussitôt qu'on l'approche,*
U*n sentiment d'amour enflamme tous les cœurs*
I*l ne trouve chez nous que des adorateurs.*
S*on image est partout, excepté dans ma poche.*

Actant (Actantiel) (Ling.) **1** Celui qui fait l'action indiquée par le verbe ou le groupe verbal. SYN. *agent, sujet.*
2 Dans un récit, *actant* se dit soit pour un rôle joué dans l'action, soit, plus précisément, pour le protagoniste* de cette action. Les **paradigmes actantiels** sont les personnages types que l'on retrouve d'un récit à l'autre, de manière plus ou moins constante : ils ont été repérés par E. SOURIAU (*Les 200 000 Situations dramatiques*), par V. PROPP pour le conte (*La Morphologie du conte*), et sont habituellement désignés des termes fixés par A.-J. GREIMAS (*Sémantique structurale*) : le *sujet**, l'*objet**, le *destinateur**, le *destinataire**, l'*adjuvant**, l'*opposant**.

Acte Partie d'une pièce de théâtre qui correspond à une étape importante dans le déroulement de l'action. La division en actes est une règle établie par les critiques alexandrins* d'après la fréquente division en cinq parties observée dans la tragédie grecque (épisodes* séparés par un chant du chœur*). Les Latins appelèrent chaque partie *actus* (HORACE, *Art poétique*, 189). Cette règle, reprise à la Renaissance, s'illustre surtout au XVIIe s. : la tragédie* doit avoir cinq actes, d'environ trois cents vers chacun, soumis à la règle de liaison des scènes. Mais la comédie* ne la respecte déjà pas et, au XIXe s., le drame* s'en libère. De plus, le rideau peut tomber plusieurs fois au cours d'un acte, à la fin d'un tableau, par ex. Néanmoins, l'acte se caractérise toujours par le groupement des scènes* et des tableaux* autour d'une péripétie*; il se termine au moment où l'action, momentanément suspendue, laisse le spectateur dans une angoisse que l'acte suivant devra soit accroitre, soit apaiser.

Acte de parole (Ling.) Énoncé effectivement réalisé par un locuteur* déterminé dans une situation donnée. On dit aussi **événement de parole**; cet acte relève de la compétence* et de la performance*.

Action 1 La marche des événements dans le récit ou dans le drame* (1).
2 *Action d'une pièce, d'une épopée*, d'un roman**, etc. : série d'événements liés par des rapports de cause à effet de façon à créer une intrigue* qui a un commencement, un développement et un dénouement. *Unité d'action* : règle d'ARISTOTE, selon laquelle le récit et le drame* ne doivent comporter qu'une seule action; cette règle s'est imposée en France entre 1630 et 1640. CORNEILLE essaya de l'élargir par la notion d'unité de péril*. Les romantiques ont maintenu le principe de l'unité d'action, en l'élargissant toutefois au nom de l'unité d'intérêt*.

Actualisation (Ling.) Opération par laquelle la langue* se transforme en paroles.

Adage cf. *Pensée** (4). **1** Sentence ou proverbe anciens (Ex. les *Adages* d'ÉRASME, 1500-1506, maximes tirées d'œuvres antiques).
2 Formule, règle qui a rapport au droit coutumier (un *adage juridique*) ou à une spécialité. J.-J. ROUSSEAU : « *Ce bel* adage *de morale si rebattu par la tourbe philosophique.* »

Adaptation Opération par laquelle on modifie une œuvre parce qu'elle doit s'adresser à un autre public (Ex. M. TOURNIER a fait une *adaptation* pour la jeunesse de son roman *Vendredi ou les Limbes du Pacifique*, intitulée *Vendredi ou la Vie sauvage*) ou être exprimée par un autre art (Ex. l'*adaptation* pour la télévision d'un roman de BALZAC). Les écrivains classiques* pratiquaient volontiers l'*adaptation*, puisant leurs sujets dans des modèles existants, souvent ceux de l'Antiquité, sans faire crier au plagiat*.

Adjuvant Dans un récit*, personnage ou objet qui aide le héros* (Ex. dans un conte, la fée bienfaitrice). SYN. *auxiliaire**. ANTON. *adversaire**, *opposant**.

Adversaire cf. *Opposant**.

Aède cf. *Rapsode**.

Affectation Défaut qui consiste à s'éloigner du naturel : Ex. BOILEAU (*Art poétique*, III, 135-136) critique l'affectation de la douleur d'Hécube dans *Les Troyennes* de SÉNÈQUE : « *Que devant Troie en flamme Hécube désolée | Ne vienne pas pousser une plainte ampoulée...* ». **Afféterie** se dit quand on cherche plus particulièrement la grâce et l'esprit délicat (Ex. les *afféteries* des Précieuses).

Affectif Qualificatif de tout ce qui dans la conscience* est douleur, plaisir, émotion, tendance, inclination, passion* par opposition à ce qui appartient à l'activité et à l'intelligence* : Ex. la peur que fait éprouver un serpent est un phénomène affectif.

Afféterie cf. *Affectation*.

Affinité (lat. *affinitas*, « rapport de parenté ») **1** Rapport naturel entre des êtres ou des choses en apparence différents, qui crée entre eux une sorte de parenté : Ex. les affinités entre le théâtre espagnol et celui de CORNEILLE.
2 D'où tendance d'un être à se rapprocher des êtres ou des choses qui lui ressemblent (comme certains corps chimiques ont tendance à se

combiner) : *Les Affinités électives* de GOETHE (1809) peignent l'attraction que certains êtres exercent les uns sur les autres.

Affixe (Ling.) Tout élément qui s'ajoute au radical d'un mot et fait corps avec lui pour en modifier la signification. Avant le radical, c'est un **préfixe** (Ex. *sur*prendre), après, c'est un **suffixe** (Ex. forte*ment*). La forme du suffixe détermine la classe grammaticale du mot (nom, adj., etc.) et son sens, alors que la **désinence** est un élément dont les variations appelées **flexions** marquent le cas, le genre, le nombre d'un substantif, les personnes, les voix, les temps des verbes, etc. **Terminaison**, plus général, fin d'un mot considérée de n'importe quel point de vue (Ex. aussi par rapport à la sonorité, à la rime, etc.).

Âges *Théorie des mœurs selon les âges* : théorie d'ARISTOTE (*Rhétorique*, II) suivant laquelle à chaque âge de l'homme, correspondent des façons de penser et d'agir différentes (cf. HORACE, *Art poétique*, 156 sqq.; RÉGNIER, *Satires V*, 119 sqq.; BOILEAU, *Art poétique*, III, 373 sqq.).

Agnosticisme (1884, grec *agnôstos*, «ignorant») **1** Doctrine de Herbert SPENCER, philosophe anglais, qui postule, au-delà du domaine positif* que peut connaître la raison, un domaine qui est inaccessible à la science ou à la religion tout en leur servant de substrat* (1), par ex. celui de l'absolu* ou de l'origine et de la finalité des choses.
2 Par ext. toute attitude philosophique qui affirme que la connaissance est limitée et relative : cf. *Relativité**.

Alchimie **1** Science occulte qui se donnait pour tâche au M.A. de découvrir la pierre philosophale, capable de transmuer les métaux et d'assurer la régénération des êtres et de la nature.
2 Analyse subtile. BAUDELAIRE : «*L'*alchimie *de la douleur.*»

Alexandrin **1** (Adj.) Qui rappelle le style de la poésie grecque d'Alexandrie, sous les Ptolémées (IVe-Ier s. av. J.-C.) : d'un style érudit et raffiné.
2 (N.) Vers héroïque* de douze syllabes utilisé pour la première fois dans le *Roman d'Alexandre* (XIIIe s.) : tombé en désuétude, il fut remis en honneur par RONSARD et la Pléiade en 1555. Son rythme se caractérise par le nombre de syllabes et le retour régulier d'accents*. L'alexandrin classique est en général à quatre accents*, répartis sur quatre mesures*, avec un fort arrêt à l'hémistiche. BOILEAU : «*Que toujoúrs*|, *dans vos vérs*|, *le séns*|, *coupant les móts.*» Les romantiques ont mis à la mode l'alexandrin à trois mesures*, déjà connu avant eux. V. HUGO : «*J'ai*

disloqué | ce grand niais | d'alexandrin. » De nos jours accents et coupes* sont très libres.

Aliénation, **Aliéner** (lat. *alienus*, « qui appartient à un autre »)
1 Abandon ou privation de ce qui vous appartenait en propre au profit d'un autre. EX., au XVIIIe s., c'est, pour ROUSSEAU, l'aliénation des droits fondamentaux de l'Homme (liberté, droit de propriété,...), c.-à-d. leur perte, leur disparition considérées comme un mal.
2 Dans la pensée marxiste (XIXe et XXe s.), état du travailleur qui, ayant vendu sa force de travail, est dépossédé du produit de celle-ci.
3 *Aliénation de l'esprit* : fait de déposséder un individu de sa conscience, de le rendre irresponsable. En médecine, SYN. de folie, démence (*aliéné*, SYN. fou). *Aliénation idéologique* : situation de l'individu si dépossédé de lui-même par une idéologie dominante qu'il en considère comme naturels un ordre social, une tradition, des croyances qui lui sont en fait imposés par une classe supérieure. Par ext., dans le langage actuel, *aliéner qqun*, lui ôter sa liberté et sa personnalité par certaines influences oppressives : la propagande, le machinisme *aliènent* l'homme.

Allégorie 1 Figuration d'une abstraction par une image, un tableau, souvent par un être vivant, etc. (EX. l'Amour, la Mort,...). L'allégorie : « expression d'idées par des images » qui « se présentent à nous sous la forme d'une intention nette, précise, détaillée » est à distinguer du symbole* : « création libre où l'idée et l'image sont indiscernablement fondues » (THIBAUDET). EX. *La Carte du Tendre* de Mlle DE SCUDÉRY est une allégorie parce que chaque détail géographique correspond *exactement* à une nuance de l'amour; *Moïse* de VIGNY est un symbole parce que le récit se développe librement et nous suggère simplement une idée.
2 L'interprétation *allégorique* des Écritures saintes consiste à retrouver, sous le sens littéral, l'expression des dogmes religieux : cf. *Figuré** et *Typique**.

Alliance 1 ***De mots*** : procédé consistant à employer des mots qui ne vont pas ensemble habituellement pour former une expression originale. EX. CORNEILLE : « *Cette* obscure clarté *qui tombe des étoiles.* » SYN. *oxymore* ou *oxymoron*.
2 *De phrases, de sentiments, d'idées* : l'expression s'emploie aussi quand on rapproche deux assertions, deux sentiments, deux idées inverses mais non incompatibles.

Allitération Répétition d'un son identique. L'harmonie* qui en résulte peut être imitative (EX. RACINE : « *Pour qui* sont ces ser*pents qui* sif*flent* sur *vos têtes?*») ou simplement une mise en relief de la phrase (Ex. BOSSUET : «*Ô nuit désastreuse, ô nuit effroyable, où retentit tout à coup, comme un éclat de tonnerre, cette étonnante nouvelle.*»). À la différence de l'assonance*, l'*allitération* est généralement réservée aux répétitions de consonnes.

Allocution cf. *Harangue**.

Allusion cf. *Intertextualité**.

Alternance (*de rimes*) Entrelacement régulier des rimes* masculines et féminines : soit *m* une rime masculine, *f* une rime féminine, l'ordre des rimes sera *mmffmmff*, etc.; règle définitivement mise en pratique par la Pléiade après 1555.

Alternative cf. *Dilemme**.

Altruisme 1 Sentiment d'amour pour autrui; ANTON. *égoïsme*.
2 Doctrine morale d'après laquelle le bien consiste à chercher l'intérêt de ses semblables; ANTON. *hédonisme*, utilitarisme*, individualisme** : Ex. la morale d'Auguste COMTE, «vivre pour autrui».

Ambiance (sur *ambiant*, T. de physique, qui se dit, depuis le XVIe s., du milieu fluide qui nous entoure : «atmosphère, température ambiantes») Néol. de la fin du XIXe s., pour désigner fig les conditions matérielles, morales, intellectuelles qui nous entourent (SYN. *milieu, atmosphère, climat*), s'emploie lorsqu'il s'agit de qqch de momentané ou d'assez particulier qui agit sur notre sensibilité (*une ambiance de sympathie; l'ambiance d'une rue*). De nos jours, ce mot s'emploie, de manière absolue, dans un sens fam. et vague, pour désigner une atmosphère d'excitation joyeuse. Ex. : «*Il y a de l'*ambiance!»

Ambiguïté Ce qui est *ambigu* a deux ou plusieurs sens possibles entre lesquels l'esprit ne sait pas nettement se déterminer. L'*ambiguïté* est donc un manque de clarté, d'évidence, souvent un défaut et parfois un charme. Ce qui est équivoque* offre deux sens et tantôt embarrasse l'esprit qui ne comprend pas, tantôt lui propose un jeu entre ces sens, tantôt le fait hésiter sur la valeur morale. **Amphibologie** (en grec, «discours ambigu»), ambiguïté de sens qui résulte d'une mauvaise construction grammaticale ou de l'emploi imprécis de mots qui ont plusieurs sens. Ex. CORNEILLE a écrit dans *Polyeucte* : «*Et Dieu qui tient votre âme et vos jours dans sa main*| *Promet-il à vos vœux* de le vouloir *demain.»* — «*Est-ce Dieu qui promet* de le vouloir demain, *ou qui promet que Polyeucte voudra?*» note VOLTAIRE dans son commentaire.

Ambivalent (**Ambivalence**) (Psych.) Qui a deux valeurs simultanées, qui ne s'excluent pas, quoique différentes ou opposées : l'attirance qu'exerce sur nous une personne est *ambivalente* si elle s'explique à la fois par l'amour et par la haine, alors que si elle était *ambiguë*, elle n'aurait qu'une seule raison, mais difficilement discernable.

Âme Principe* de la pensée et de la vie. **1** Le principe* spirituel par opposition à la matière*. BOSSUET : «L'âme *est ce qui nous fait penser, entendre, sentir, raisonner.*» DESCARTES : «L'âme *est d'une nature qui n'a aucun rapport à l'étendue ni aux dimensions ou autres propriétés de la matière dont le corps est composé.*» SYN. *esprit**. Mais la philosophie moderne distingue les deux mots, car, sous l'influence de la religion, la notion d'*âme* est plus précise que celle d'*esprit* : elle implique l'idée d'une substance individuelle, créée par Dieu (cf. *une âme* : un être humain à l'image de Dieu), et vouée à l'immortalité. MUSSET : «*J'enfouis ce trésor dans mon* âme *immortelle| Et je l'emporte à Dieu.*»
2 Le principe vital, par opposition à la matière*. SYN. *vie*. FÉNELON : «*La passion est l'*âme *de la parole.*»
3 (au sens moral) Le sentiment*, l'élan le plus personnel et le plus intime, avec l'idée d'une haute valeur morale liée à l'origine divine de l'âme. Mme DE STAËL : [avoir de l'âme]... «*c'est ce souffle divin qui fait tout l'homme : aimer en apprend plus sur les mystères de l'*âme *que la métaphysique* la plus subtile.*»

Amoral (Néol.) Qui suppose l'*absence* de toute obligation morale : tandis que ce qui est *immoral* va contre la morale, mais suppose que celle-ci existe. Par exemple, les actes d'un petit enfant sont *amoraux* parce qu'il n'a pas encore assez de raison pour concevoir l'existence d'une morale.

Amphibologie cf. *Ambiguïté**.

Amphigouri Langage obscur et embrouillé, soit par maladresse, soit à dessein. EX. la plaidoirie de Petit-Jean dans *Les Plaideurs* : cf. *Logogriphe**.

Amplification (Rhét.) Développement d'un thème par l'énumération de tous les détails qui s'y rapportent : EX. dans le dernier chapitre de *Candide*, Pangloss, pour montrer que «les grandeurs sont fort dangereuses», énumère toute une série de princes qui ont péri de mort violente. SYN. *étoffement*. ANTON. *résumé, concision, condensation.*

Ampoulé (lat. *ampulla*, «vase à large ventre») Se dit d'un style qui emploie des mots trop beaux et trop brillants pour le sujet. MARMONTEL : «*On appelle un style, un vers, un discours* ampoulé, *celui où on emploie de grands mots à exprimer de petites choses.*» Cf. *Emphase** (2).

Anachronisme (grec *ana*, «en arrière» et *chronos*, «temps»; XVIIe s.) Mauvais placement d'une chose, d'un événement. **1** Par rapport à sa date, *anachronisme*, de nos jours, ne précise pas la nature de l'erreur qui peut consister à placer avant la date exacte (**prochronisme**) ou après (**métachronisme** ou **parachronisme**).
2 Par rapport à l'époque qui lui correspond. *a*) Faute d'un écrivain, d'un artiste qui attribue à une époque des mœurs, des costumes, un langage, etc., qui ne sont pas les siens : EX. l'*anachronisme* de V. HUGO qui fait dire à Charlemagne : «*Tu rêves comme un clerc en Sorbonne*», alors que la Sorbonne n'existait pas à l'époque de Charlemagne. ANTON. *couleur* locale*. *b*) Caractère de ce qui paraît vieilli, déplacé par rapport à l'époque où il a réellement eu lieu : l'*anachronisme*, à notre époque, de l'éclairage à la chandelle.

Anacoluthe (grec *an* + *colouthos*, «qui ne suit pas») Rupture de construction. RACINE : «*Vous voulez* que *ce Dieu vous comble de bienfaits*| Et *ne* l'aimer *jamais.*»

Anagramme Mot formé par la transposition des lettres d'un autre mot : EX. *Alcofribas Nasier* = *François Rabelais*.

Analogie (grec *analogia*, «rapport») **1** Ressemblance partielle entre deux choses qui ne se ressemblent pas dans leur aspect général : EX. entre un poème et un tableau. L'imagination poétique use des *analogies* pour découvrir des correspondances* secrètes entre les mots et les choses.
2 *Raisonnement par analogie* : celui qui conclut d'une ressemblance connue entre deux choses à une ressemblance encore inconnue : EX. VOLTAIRE pense que le monde est bâti aussi rationnellement qu'une horloge. Or, l'horloge suppose un horloger; *donc* le monde suppose un créateur.

Analyse **1** Décomposition d'un tout en ses parties : ANTON. *synthèse**.
2 (Litt.) Résumé méthodique d'un écrit ou d'un discours qui met en valeur ses idées essentielles.
3 En ling., l'*analyse distributionnelle* est l'étude des contextes d'une unité ling. donnée; l'*analyse actantielle* d'un récit consiste à repérer les paradigmes actantiels*.

Anaphore (grec *ana* + *phoros*, « report, retour ») **1** (Rhét.) Procédé qui consiste à commencer par le même mot les divers membres d'une phrase. CORNEILLE :

« Rome, *l'unique objet de mon ressentiment,*
Rome *à qui vient ton bras d'immoler mon amant,*
Rome... »

2 Désigne un mot qui renvoie au contexte* ling. déjà connu. EX. le pronom *la* dans : « *Ma mère, je* la *vois.* » Cf. *Mot-outil**.

Anarchie (grec *an* + *archia*, « absence d'autorité ») **1** Absence d'autorité, désordre.
2 Doctrine politique qui rejette toute organisation d'État s'imposant à l'individu.

Anastrophe Renversement de l'ordre habituel des mots. R. QUENEAU : « *Jour un midi vers* » (au lieu de « *Un jour vers midi* »).

Ancien **1** Écrivain dont les œuvres datent de longtemps; spécialement les écrivains latins et grecs : ANTON. *moderne**.
2 Partisan des Anciens : EX. la querelle des Anciens et des Modernes (1687-1714).

Anecdote (**Anecdotique**) Petit fait curieux ou bref récit de ce fait qu'on raconte pour son intérêt piquant, afin d'illustrer et faire comprendre un événement ou une théorie plus importants. Une œuvre est dite *anecdotique* si elle ne touche pas à l'essentiel, si elle rapporte seulement des détails réels. SYN. *historiette.*

Anglicisme cf. *Idiotisme.*

Animation Action d'animer, c.-à-d. de donner la vie et le mouvement :
1 (Cinéma, télévision) à des choses qui ne l'ont pas naturellement : *l'animation d'un film* consiste à donner par un procédé artificiel quelconque (pour un dessin animé, par la succession rapide de dessins projetés sur l'écran) l'illusion d'un mouvement qui n'est pas photographié dans la réalité par la caméra;
2 à des personnes ou à leurs activités, que l'on rend plus vives : *l'animation d'un club de jeunes* consiste, pour l'« animateur », à proposer à ses membres diverses activités.

Animaux machines Théorie de DESCARTES, d'après laquelle les animaux n'éprouvent rien et ont des réactions toutes mécaniques, comme une machine. C'est une conséquence du dualisme* cartésien : les animaux n'ayant point d'âme* (1) ne sont que matière* et donc ne ressentent rien. Cette théorie, excellent exemple de la méthode cartésienne, qui déduit sans tenir compte de l'expérience, fut critiquée dès le XVIIe s. (LA FONTAINE, *Discours à Mme de la Sablière*) et réfutée définitivement au XVIIIe s. par les philosophes qui, au nom de l'expérience, reconnaissent, chez les animaux, une certaine sensibilité.

Animisme Croyance d'après laquelle tous les êtres et objets de la nature ont une âme* (1) semblable à celle de l'homme : on parlera, par exemple, de l'*animisme* de V. HUGO, ou de LAMARTINE : « *Objets inanimés, avez-vous donc une âme*...? »

Annales Ouvrage historique qui rapporte les événements année par année : EX. les *Annales* de TACITE rapportent les événements en les classant par consulats, c.-à-d. par années; les *Histoires*, du même auteur, les groupent autour du règne de chaque empereur; cf. *Chronique**.

Anthologie (grec *anthos* + *legein*, « cueillir des fleurs ») Recueil de morceaux choisis, considérés comme les plus beaux ou, au moins, les plus caractéristiques des ouvrages de poésie, prose ou musique. SYN. *florilège* (mot formé sur les racines latines).

Anthropocentrisme Tendance à faire de l'homme le centre du monde et à le considérer comme la cause finale* de la création : EX. l'*anthropocentrisme* de BUFFON qui prétendait que la nature avait été créee pour l'homme.

Anthropologie (fin du XVIIIe s.) Histoire naturelle de l'homme, qu'on étudie scientifiquement comme la zoologie le fait des animaux. Certaines branches spécialisées s'intéressent aux groupes sociaux humains : l'**ethnographie** les décrit, l'**ethnologie**, en partant de ces descriptions, et par comparaison, essaie de découvrir les lois selon lesquelles ils sont organisés, leur structure* (4). En France, l'*anthropologie structurale* est surtout représentée par C. LÉVI-STRAUSS.

Anthropomorphisme 1 Action d'imaginer la divinité à l'image humaine : EX. l'*anthropomorphisme* de la religion grecque.
2 (dans un sens plus récent) Tendance à attribuer à ce qui n'est pas l'homme (animaux, choses, etc.) des réactions humaines.

Anti Préfixe qui signifie « contre » et qu'il est de mode de placer devant certains noms de genres littéraires (*antiroman, antithéâtre, antimémoires,* etc.) non pour signifier qu'on veut les annuler, ce qui aboutirait au silence, mais pour marquer qu'on les renouvelle en prenant le contre-pied des procédés traditionnels qui les ont sclérosés. L'analyse de ce qui se dit *anti* suppose donc : *a*) la recherche de ce qui est nouveau; *b*) la mise en lumière de son opposition avec ce qui est traditionnel; *c*) l'étude de son effet par rapport au but ou à la nature permanents du genre, ou, au moins, à l'idée que s'en fait le nouvel auteur.

Anticipation *Anticiper*, c'est devancer le temps, empiéter en quelque sorte sur lui, et spéc. imaginer ce qu'il sera ou éprouver par avance ce qu'il apportera. **1** Une *œuvre d'anticipation* a son sujet dans le futur, essaie d'imaginer ce qui peut se produire : Ex., en leur temps, les romans de Jules Verne; les romans d'astronautique, de nos jours. Cf. *Science-fiction**.
2 Absolument, *une anticipation* : *a*) une vue du futur géniale que l'expérience a confirmée : *les anticipations de Léonard de Vinci*; *b*) (Philos.) une construction de l'esprit qui va au-delà de l'expérience ou s'en passe (Syn. *prolepse, prénotion, idée à priori) c*) (Rhét.) une réfutation, par avance, d'objections (Syn. *prolepse, antéoccupation*); *d*) (Phonétique) l'exécution d'un mouvement articulatoire avant le moment où il devrait avoir lieu régulièrement.

Antihéros Personnage qui occupe le rôle principal dans une œuvre sans présenter les qualités physiques ou morales supérieures qu'on prête d'ordinaire au héros. C'est volontairement, dans le but d'illustrer une certaine conception du monde, que l'auteur choisit un idiot, un naïf, un faible,... comme figure centrale. Ex. le Candide de Voltaire, le Plume d'H. Michaux.

Antilogie, Antinomie Contradictions. L'*antilogie* a lieu entre deux arguments ou raisonnements qui se contredisent : c'est donc parfois une faute, un manque de logique, parfois un équilibre entre deux raisons opposées qui produit l'hésitation, par ex. chez les sceptiques. L'*antinomie* est apparente ou réelle : *a*) en théologie, science, droit, etc., entre deux lois ou principes qui vont en sens contraire dans leur application à des cas particuliers (Ex. la Providence de Dieu et le libre arbitre de l'homme semblent une *antinomie*); *b*) en un sens plus large, entre deux raisonnements aussi démonstratifs l'un que l'autre et qui pourtant s'excluent, deux phénomènes qui vont en sens inverse, deux conditions opposées d'une même fin, etc. : dans la dialectique* de Hegel, l'*antinomie* entre la thèse* et l'antithèse* est résolue et dépassée par la synthèse*.

Antiphrase (Rhét.) Procédé qui consiste à exprimer une idée par son contraire. Ex. «*C'est du joli!*» pour signifier sa désapprobation. L'ironie* repose souvent sur l'*antiphrase*.

Antique 1 (Adj.) Qui a les caractères de l'Antiquité et spécialement une certaine beauté plastique ou morale. CHÉNIER : «*Sur des pensers nouveaux, faisons des vers* antiques.»
2 N. (Art) Les chefs-d'œuvre de peinture et de sculpture laissés par les Grecs et les Romains, par opposition aux objets vulgaires appelés *antiquités*.

Antithèse (Rhét.) **1** Procédé qui consiste à rapprocher deux pensées, deux expressions, deux mots opposés pour mieux faire ressortir le contraste. Ex. V. HUGO : «*Ver de terre amoureux d'une étoile.*» LA BRUYÈRE : «*L'*antithèse *est une opposition de deux vérités qui se donnent du jour l'une à l'autre.*»**2** Cf. *Dialectique**.

Antonomase (Rhét.) Figure* par laquelle on remplace un nom par un autre ou par une périphrase* : Ex. un Aristarque = un critique; la capitale de la France = Paris.

Antonyme Mot qui a un sens opposé à celui d'un autre.

Aparté Brèves paroles que, plusieurs personnages étant en scène, l'un d'eux prononce de façon à être entendu des spectateurs, mais sans que les autres personnages soient supposés les entendre (ne pas confondre avec *parler à la cantonade*, c.-à-d. du côté du décor et, par ext., de la coulisse : s'adresser à un personnage dans la coulisse et, par ext., parler haut, pour n'importe qui, sans paraître s'adresser à ceux qui sont présents).

Aphérèse Suppression ou chute d'une lettre ou d'une syllabe au commencement d'un mot : Ex. *Colas* vient de *Nicolas* par *aphérèse*.

Aphorisme Formule brève et frappante qui résume l'essentiel d'une pensée. Ex. «*Donner et retenir ne vaut*», *aphorisme* de droit. Le mot peut prendre un sens péj. pour désigner un énoncé succinct d'une vérité banale. Cf. *Pensée** (4).

A.P.I. Alphabet phonétique* international : système de signes* servant à transcrire les phonèmes* des diverses langues*. Cf. p. 2.

Apocalypse 1 Dernier livre du Nouveau Testament où saint Jean fait état de révélations concernant toutes les époques.

2 Allégorie dont le thème est la révélation d'événements à venir et qui prend souvent la forme d'une catastrophe.

Apocope Chute d'une lettre ou d'une syllabe à la fin d'un mot : Ex. *encor* pour *encore*. L'*apocope* se fait surtout en poésie.

Apocryphe (en grec, «caché») **1** (Ant.) Se dit de tout livre tenu caché, dérobé à la connaissance du public.
2 Dans les religions juive et chrétienne, est *apocryphe* tout livre qui ne figure pas dans le canon*, c-à-d. dont l'Église ne reconnaît pas le caractère divin : Ex. les évangiles *apocryphes*.
3 Par extension, *apocryphe* se dit de tout livre qui n'est pas ce qu'il paraît être, qui n'est pas de l'époque ou de l'auteur auxquels il prétend appartenir : Ex. le testament de RICHELIEU est un ouvrage *apocryphe*. ANTON. *authentique**.

Apodose cf. *Protase*.

Apologétique Partie de la théologie qui a pour but de défendre la religion chrétienne contre ses adversaires.

Apologie Discours qui cherche à défendre, justifier et même louer une personne ou une doctrine. Ex. *l'Apologie de Socrate* par PLATON; «*faire l'*apologie *du crime*».

Apologue Récit en prose ou en vers contenant une morale. LA FONTAINE : «*L'*apologue *est composé de deux parties dont on peut appeler l'une le corps, l'autre l'âme; le corps est la fable, l'âme est la moralité.*»

Apophtegme **1** Sentence mémorable de quelque sage illustre.
2 Vérité de bon sens : Ex. les *apophtegmes* de Sancho Pança; cf. *Pensée** (4).

Aporie (grec. *aporia*, «embarras») État de dubitation dans lequel on se trouve quand le raisonnement débouche sur une contradiction insoluble. Par exemple, l'*aporie* désignait le désarroi des interlocuteurs de SOCRATE quand ils étaient mis en face de l'insuffisance de leurs définitions. Adj. *Aporétique*.

Apostrophe (Rhét.) Figure* par laquelle on adresse la parole à des personnes présentes ou absentes, à des objets inanimés, etc. LAMARTINE : «*Ô lac, l'année à peine a fini sa carrière...*»

Apparence S'oppose à l'*essence**.

Appel Discours par lequel on exhorte un public à faire qqch.

Appellative cf. *Fonction*conative.*

A priori 1 (M.A.) Raisonnement qui va du principe* à la conséquence par opposition à celui qui va de la conséquence au principe (*a posteriori*) : ce raisonnement aboutit donc à une idée qui n'est pas tirée de l'expérience. Ex. si tous les Athéniens sont bavards, on peut affirmer *a priori* que l'Athénien SOCRATE est bavard.
2 En conséquence, on appelle *a priori* un jugement qui ne tient pas compte d'une connaissance préalable de la réalité et qui risque d'être partial.

Arbitre 1 *Libre arbitre* : « puissance de choisir ou de ne pas choisir un acte » (BOSSUET) lorsque aucune raison ne nous détermine dans un sens plus que dans l'autre (ne pas confondre avec liberté*). *Problèmes posés par la notion de libre arbitre* : *a*) Existe-t-il vraiment? Les déterministes* et les fatalistes* le nient. *b*) Comment le concilier avec la prescience de Dieu? Calvinistes et jansénistes*, croyant à la prédestination, nient l'existence du *libre arbitre* : ou l'homme est abandonné par Dieu aux tendances de sa nature* corrompue qui l'entraînent fatalement au mal; ou la grâce* de Dieu le sauve sans intervention de sa volonté. Pour l'orthodoxie catholique, la grâce aide l'homme, mais Dieu laisse à celui-ci le *libre arbitre* de la solliciter ou non. Le *libre arbitre* existe donc et, s'il ne paraît pas conciliable avec la prescience de Dieu, il n'en reste pas moins que nous devons admettre simultanément ces deux vérités.
2 *Serf arbitre* : l'opposé du *libre arbitre* (LUTHER, *De servo arbitrio*, 1525) : dépendance absolue de la volonté* humaine par rapport à la puissance et à la grâce* divines.

Archaïsme 1 Mot ou tournure de la langue qui ont vieilli : Ex. *heur* pour *bonheur*.
2 Affectation d'user d'*archaïsmes*; ANTON. *néologisme**.

Archétype 1 Chez PLATON, désigne, comme nom, les idées* (1) ou s'applique à elles comme adjectif.
2 Par ext., modèle primitif ou idéal que reproduit toute une série d'êtres ou de choses (en ce sens, ajoute à type* [1] soit l'idée d'unicité, de supériorité du modèle, soit celle d'une sorte de filiation des reproductions remontant toutes à une seule origine ancienne : un manuscrit *archétype* est celui d'après lequel sont faits tous les autres). CHATEAUBRIAND : « *La Trinité est l'*archétype *de l'Univers ou, si l'on veut, sa divine charpente.* » **Prototype**, de nos jours, est du langage technique et désigne le premier

objet d'une série d'objets semblables : *un* prototype *d'avion*. Mieux vaut le réserver pour ce sens ou, au moins, lui laisser sa connotation de fabrication en série, car il a vieilli pour désigner un modèle premier ou parfait.

Argot Distinct de la langue familière* ou vulgaire*, l'*argot* désigne, à l'origine, le langage propre aux vagabonds, voleurs et intelligible pour eux seuls; par ext., langue codée entre gens de même profession ou vivant ensemble : *argot des peintres, des coulisses, de l'École normale supérieure*. **Jargon**, langage compliqué de spécialistes d'une science ou d'un art (LA BRUYÈRE : «jargon *de la médecine*»; J.-J. ROUSSEAU : «jargon *de la métaphysique*»); par ext., langage peu intelligible ou affecté d'une coterie sociale (MOLIÈRE : «jargon *des Précieuses*»). **Langue verte** (c.-à-d. «énergique»), moins précis que *argot*, ensemble de mots forts, de locutions imagées, non usités dans le français courant, et tirés de la langue triviale* ou de divers *argots* : certains romans policiers sont écrits en *langue verte*.

Argument 1 Raisonnement à l'appui d'une affirmation : EX. l'argument du *pari**.
2 (Litt.) Résumé du contenu d'un ouvrage; en tête d'une pièce de théâtre, exposé sommaire du sujet* et de l'action* (2).

Argutie (Souvent au plu.) Vaines subtilités de raisonnement ou de langage qui cachent souvent sous le raffinement le vide ou la tromperie. A. GIDE : «*La discussion se perdait en* arguties.» SYN. *distinguo*.

Aristocratie (en grec, «gouvernement des meilleurs») Pouvoir exercé par une minorité réputée supérieure au reste de la nation (par les lumières et la vertu, d'après PLATON) et dans l'intérêt de tous (sinon, il s'agit d'une *oligarchie*). En fait, quand on parle d'aristocratie, il faut toujours préciser par rapport à quel idéal on définit la supériorité de la classe envisagée. Le mot prend, à partir du XVIIIe s., un sens péj pour désigner la minorité dont la supériorité réside dans les privilèges et non dans les mérites.

Aristotélisme Philosophie d'ARISTOTE (384-322 av. J.-C.).

Art A|1 (Sens primitif du lat. *ars*) Ensemble de procédés par lesquels l'intelligence humaine atteint un résultat pratique; SYN. *technique**; en ce sens, l'art s'oppose à la science* considérée comme un effort vers la connaissance théorique. *Arts libéraux* (lat. *artes liberales*) : les techniques que l'homme libre peut exercer sans déchoir, par opposition aux

arts mécaniques ou *manuels* réservés aux esclaves; au M.A., les *sept arts* : grammaire, rhétorique*, dialectique* (trivium); arithmétique, géométrie, astronomie, musique (quadrivium).
2 Spéc., *la technique littéraire* : *a*) en général, souvent par opposition à l'inspiration* (A. CHÉNIER : «*L'*art *ne fait que des vers, le cœur seul est poète*»; *b*) les procédés* de style* d'un écrivain : l'art de RACINE.
B | 3 Du sens de technique s'est dégagé le sens d'activité qui cherche une fin esthétique*, désintéressée et idéale. *Les beaux-arts* : à l'origine, les techniques, comme la peinture, la sculpture, l'architecture, la gravure, etc., qui joignaient à la réalisation pratique une certaine recherche de la beauté. Ce n'est que dans la seconde partie du XVIIe s. qu'on a distingué nettement les beaux-arts des techniques industrielles. Dès lors l'expression désigne les arts plastiques par opposition aux belles-lettres*.
4 *L'art* : toute œuvre d'un homme qui cherche consciemment à produire une impression de beauté. *L'art pour l'art* : théorie suivant laquelle le but de l'art est de produire uniquement une impression esthétique* sans aucun souci moral (ce point de vue éternel fut nettement exprimé, vers 1850, par Th. GAUTIER et Th. DE BANVILLE, et repris par les Parnassiens*).
5 Dans un sens encore plus général, la puissance qu'a l'homme de créer, par une œuvre consciente, des êtres ou des choses à qui la nature n'avait pas donné l'existence, et cela sans se préoccuper forcément de la beauté. V. HUGO : «*Tartuffe n'est pas beau, Pourceaugnac n'est pas noble; Pourceaugnac et Tartuffe sont d'admirables jets de l'*art.» Aux sens 4 et 5, l'art participe, depuis le romantisme, du caractère sacré que les Anciens reconnaissaient à la poésie*, il englobe la technique et l'inspiration, les arts plastiques, la littérature et la musique, et s'oppose à la science, mais cette fois dans le sens de création esthétique* opposée à connaissance logique*.

Art poétique Ouvrage qui traite de la théorie, des règles de la poésie. Ex. l'*Art poétique* d'HORACE, celui de BOILEAU, le poème de VERLAINE,... Un *art poétique* est donc un métatexte* et illustre la fonction* métalinguistique* du langage*.

Article 1 Terme grammatical désignant les déterminants du nom, à valeur définie ou indéfinie.
2 Écrit formant à lui seul un tout, mais se situant dans un ensemble plus vaste : *article* de journal, de dictionnaire.

Articulation (du langage) [Ling.] La double articulation du langage, telle qu'elle a été définie par A. MARTINET (*Éléments de linguistique générale*, 1960), se décompose en : 1) la première articulation, celle qui construit l'énoncé en unités significatives (ou monèmes*) minimales : Ex. *Le/ vent/ souffle./* → trois monèmes*; 2) la seconde articulation, celle qui construit le monème* à partir d'unités successives distinctes (ou phonèmes*) : Ex. [vã]→deux phonèmes*.

Artifice (lat. *artificium*, «ruse») **1** (Sens vieilli) Procédé particulier d'une technique. RÉGNIER : «*Les nonchalances sont ses plus grands* artifices.»
2 (Péj.) Procédé qui déforme la nature* (1), ruse avec elle. MARMONTEL : «*Les* artifices *de l'éloquence pathétique.*»

Artiste 1 (Sens général vieilli) N. Celui qui pratique une technique, un art* (1). Adj. Qui en est le résultat; MONTAIGNE «*On ne fait point tort au sujet, quand on le quitte pour voir du moyen de le traiter, je ne dis pas moyen scolastique et* artiste [technique, fourni par la dialectique*], *je dis moyen naturel, d'un sain entendement.*» Jusqu'à la fin du XVIIe s., on ne distingue pas toujours entre artiste et artisan.
2 N. (par spécialisation de sens) Celui qui pratique les beaux-arts, par opposition à l'écrivain et à l'artisan.
3 N. (depuis le début du XIXe s.) Celui qui pratique l'art* (4 et 5).
4 Adj. Qui est le fruit d'un art* (4) très poussé. Th. GAUTIER : «*Le luxe* artiste du *catholicisme.*» *Écriture artiste* : expression des GONCOURT qui résume leur conception du style; il s'agit d'un style longuement élaboré, mais qui tend à donner l'impression de la sensation toute pure, sans déformation ni interprétation, par la suppression des liaisons logiques, le choix et les alliances des noms, le jeu des épithètes (cf. *Impressionnisme**).

Ascétisme (en grec, «exercice») Méthode morale qui consiste à exercer sa volonté à accomplir le bien sans tenir compte du plaisir, de la douleur, ni des instincts naturels : en ce sens le stoïcisme* est un *ascétisme*. Mais on appelle plus spécialement *ascétisme* l'attitude qui consiste, par sentiment religieux, à rechercher la douleur comme expiation ou mortification : Ex. PASCAL pratiquait l'*ascétisme*.

Asianisme, Asiatique cf. *Atticisme**.

Aspect (Ling.) Nom donné aux différentes formes verbales qui permettent de déterminer l'angle sous lequel le locuteur* envisage l'action, suivant sa durée et son degré d'accomplissement. On distingue l'aspect *momentané* (*SYN. instantané, ponctuel*) par opposition à l'aspect *duratif* : Ex. «*Le canon tonna*»/ «*Le canon tonnait*»; l'aspect *inchoatif* (*SYN. ingresif*) : Ex. «*La pluie* commence à *tomber*»; l'aspect *itératif* (répétition de l'action); l'aspect *progressif* : Ex. «*Le mal va* croissant»; l'aspect *médian* : Ex. «*Il est* en train de *réparer*»; l'aspect *terminatif* : Ex. «*Il* a fini de *réparer*»; l'aspect de *proximité* dans le passé ou le futur : Ex. «*Il* vient de/ va *rentrer*»; et enfin, l'aspect *accompli* (*SYN. achevé, perfectif*) par opposition à l'aspect *non accompli*, (SYN. *inachevé, imperfectif*) qui seuls, en français, s'expriment par une forme verbale : temps simples pour le *non-accompli*, temps composés pour l'*accompli* : Ex. «*Nous arrivons*»/ «*Nous sommes arrivés.*»

Associationnisme Doctrine philosophique d'origine anglo-saxonne (XVIIIe s.) d'après laquelle tous les principes* de la raison et, d'une façon générale, toute la vie mentale s'expliquent en partant de l'association de certains états de conscience* élémentaires comme la sensation* (on appelle *association d'idées* le fait psychologique par lequel une idée ou une image en évoque une autre sans que la volonté le provoque consciemment).

Assonance Répétition, à des fins expressives, d'une même voyelle ou diphtongue dans une phrase ou un vers. Ex. *assonance* en [e] et [ã] dans ce vers de VERLAINE : «*Je f*ais *souv*ent *ce rêve étrange* et *pénétr*ant...» À la différence de la rime*, l'assonance ne tient pas compte de la consonne qui suit la voyelle accentuée. Elle suffisait à la poésie française jusqu'à la découverte de la rime* au XIIe s. À ne pas confondre avec l'allitération*.

Asymétrie cf. *Symétrie**.

Asyndète (en grec, «absence de liaison») Suppression des particules de coordination ou des conjonctions (Hommes, femmes, enfants, etc. pour *et* enfants) et par ext. de toute liaison attendue ou logique, dans l'ordre grammatical ou sémantique. V. HUGO : «*Aussi, dès qu'on m'a vu* : «*Le voilà*»*; ils accourent.*» **Parataxe**, forme d'*asyndète* consistant à juxtaposer deux propositions qui devraient être unies par un rapport syntaxique de subordination. J.-P. SARTRE : «*Les enfants courent, les pigeons s'envolent.*»

Ataraxie (en grec, «absence de trouble») Tranquillité du sage* (spéc. chez les stoïciens ou les épicuriens) qui ne se laisse troubler par rien. J.-J. ROUSSEAU : «*L'*ataraxie *même du stoïcien n'approche pas de sa profonde indifférence* [de l'homme à l'état de nature].»

Athéisme Attitude consistant à nier l'existence de Dieu. Mais on a abusé du mot, au cours des discussions religieuses, en traitant d'athées ceux qui se faisaient de Dieu une idée qu'on jugeait fausse. Le mot peut s'employer avec précision : **1** pour désigner la doctrine qui n'éprouve point le besoin, afin d'expliquer le monde, de remonter jusqu'à Dieu. PASCAL : *«Les* athées *doivent dire des choses parfaitement claires : or, il n'est point parfaitement clair que l'âme soit matérielle»*; **2** en morale, pour désigner l'attitude de ceux qui agissent comme si Dieu n'existait pas. BOSSUET : «*Il y a un* athéisme *caché dans tous les cœurs... on compte Dieu pour rien.*»

Atome, Atomisme **1** Pour les Anciens, l'*atome* est une parcelle indivisible de matière, qui, s'unissant à d'autres, constitue les choses. L'*atomisme*, une *théorie atomique*, un *philosophe atomiste* (EX. ÉPICURE, LUCRÈCE) expliquent l'univers par des combinaisons fortuites d'*atomes* et tendent au matérialisme*. Certains supposaient ces *atomes* munis d'un croc, pour s'attacher, d'où *atomes crochus*, fig., éléments mystérieux de sympathie qui rapprochent les gens.
2 Pour la chimie, l'*atome* est une partie insécable et inaltérable de la molécule, ou, autrement dit, la plus petite masse de matière qui puisse entrer en combinaison. En ce sens *atomique*, qui se rapporte à l'*atome* : *masse atomique*, *notation atomique*; *atomisme*, nom de diverses théories ou hypothèses scientifiques fondées sur cette conception de l'*atome*; *atomistique*, qui se rapporte à l'*atomisme*.
3 Mais les physiciens du XXe s. ont réussi à désintégrer l'*atome*, libérant ainsi l'énergie dite *atomique*; *atomique* désigne, dès lors, ce qui a rapport à cette énergie ou en découle : *industrie atomique*, *guerre atomique*. Un *physicien atomiste* s'occupe de cette énergie, dont la science et la technique se disent *physique atomique* ou, plus précisément, *nucléaire*, plutôt que «*atomisme*».

Atticisme Style propre aux écrivains athéniens de la grande époque (Ve et IVe s. av. J.-C.) par opposition au style hellénistique, moins correct et plus recherché. À l'époque romaine, l'école néo-attique, qui avait pour maître l'orateur grec Lysias, s'opposait à l'école *asiatique*, qui préconisait une élégance plus somptueuse, à l'imitation des écoles d'Asie Mineure. Se dit d'un style avant tout *simple*, mais qui allie aussi à la *correction* et à la *pureté* de la langue une *élégance* fine et de bon goût : EX. l'*atticisme* de RACINE; cf. *Urbanité**. ANTON. *asianisme*.

Auditeur cf. *Destinataire**.

Aura (en lat., «souffle») **1** (Physiologie ancienne) Sorte d'émanation d'une substance produisant certains effets physiologiques : on appelait *aura vitalis*, le principe vital. **2** Fig., atmosphère subtile émanant d'un être, d'un milieu, parfois d'une chose, et lui conférant un charme et un pouvoir particuliers.

Auteur Personne qui produit, crée un texte écrit, de quelque genre que ce soit (paroles d'une chanson, roman, pièce de théâtre,...). L'auteur est le plus souvent distinct de l'*éditeur** et du *narrateur**.

Authentique 1 Certifié par un officier public, et dans les formes requises, en parlant d'un document ou d'un acte : *contrat authentique*.
2 Dont la provenance ou l'origine ne peut être contestée, en parlant d'une œuvre : un tableau, un livre *authentiques* sont bien de l'auteur à qui on les attribue. ANTON. *apocryphe*.
3 Qui arrive à notre connaissance sous sa forme réelle, sans avoir été falsifié. SYN. *exact*; ANTON. faux, controuvé.
4 Par spécialisation de ce sens, en parlant de ce que dit ou éprouve une personne et par ext. de cette personne, *authentique* exclut la falsification et suppose un état brut, naturel, correspondant à l'essentiel et à la vérité profonde de la personnalité. M. PROUST : « *Exprimer nos impressions profondes et* authentiques. » L'*être authentique* de qqun, c'est ce qu'il est réellement par opposition au personnage qu'il joue ou se croit. L'*authenticité d'un style*, c'est son naturel qui donne l'impression d'exprimer exactement l'objet sans affectation ni convention. « Sincère » suffirait souvent, mais fait penser à une vertu de l'auteur, alors qu'*authentique* insiste davantage sur le caractère brut de l'impression ou de l'aveu.

Autobiographie Ouvrage qui raconte la vie de son auteur; fiction* et vérité* peuvent s'y mêler étroitement. Sur la différence entre *autobiographie, confession** et *mémoires**, cf. *Mémoires**.

Automatique cf. *Écriture* automatique*.

Autoportrait Portrait* du narrateur* rédigé par lui-même; cf. *Autobiographie*, Confession*, Mémoires*, Souvenirs**. Le terme s'emploie aussi en peinture.

Autorité 1 Droit ou pouvoir de se faire obéir en vertu d'une supériorité de fait ou de droit.
2 *Méthode d'autorité* : le fait d'appuyer ses affirmations sur celles des philosophes reconnus comme maîtres de la pensée. ANTON. *sens* commun, critique* individuelle.* EX. les règles classiques étaient fondées sur l'*autorité* des Anciens.
3 La révélation chrétienne (Écriture, témoignage des Apôtres). PASCAL : « *Mais où cette* autorité *a la principale force, c'est dans la théologie,*

parce qu'elle y est inséparable de la vérité, et que nous ne la connaissons que par elle.»

Avant-propos cf. *Introduction** (2).

Avant-texte (Ling.) Tout état antérieur du texte final qui est publié : Ex. le *brouillon**, le *manuscrit**, le *placard**, l'*épreuve**,... Pour la sociocritique*, il faut le prendre en considération comme «un texte masqué mais toujours présent dans le texte publié» (R. FAYOLLE, *La Critique*). Cf. J. BELLEMIN-NOËL, *Le Texte et l'avant-texte.*

Avatar 1 Dans la religion hindoue, chacune des incarnations du dieu Vishnou.
2 Par ext., transformation, métamorphose d'une chose.**3** Puis, par contresens fait sur l'idée que le dieu devait descendre du ciel sur la terre, ce qui constituait une déchéance pour lui, malheur, mésaventure.

Avertissement, Avis cf. *Introduction** (2).

Axiome 1 Vérité générale reçue pour vraie sans démonstration, parce qu'elle s'impose à l'esprit, comme évidente, par elle-même.
2 Proposition indiscutée, admise par tous.
3 En mathématiques, proposition admise arbitrairement comme point de départ d'une théorie : Ex. par deux points, il passe une droite et une seule.

B

Bachique **1** Qui a rapport au vin et à l'ivresse (dont Bacchus, pour les Romains, était le dieu) : *une chanson bachique.*
2 En parlant de l'inspiration, *bachique* la présente comme ardente, désordonnée, digne d'un homme ivre, **dionysiaque** (sur Dionysos, dieu grec identifié par les Romains à Bacchus) comme poétique, passionnée et parfois mystérieuse.

Badinage Plaisanterie légère, moins poussée que l'ironie*, l'humour*, plus superficielle que le comique*, avec des éléments de fantaisie. **Marotisme**, forme de *badinage* propre à Marot et défini, à l'époque classique, par le style naïf* (2).

Ballade (provençal *ballada*, « chanson à danser ») (Ne pas confondre avec *balade*.) **1** (M.A.) Poème* lyrique* à forme fixe, se composant de trois strophes* et d'un envoi* qui commence en général par le mot *Prince*. Chaque strophe et l'envoi se terminent par le même vers. Les trois strophes sont symétriques par le nombre de vers (6, 8, 9, 10, 11 ou 12), par la position et la nature des rimes*, par la mesure* des vers, tous de même longueur (8 ou 10 syllabes). *Double ballade* : ballade à six strophes, au lieu de trois. *Ballade redoublée* : ballade à deux refrains, l'un au milieu, l'autre à la fin de chaque strophe.
2 (XIXe s.) Poème épico-lyrique, à strophes égales, emprunté par les romantiques français à l'Angleterre et à l'Allemagne; ce poème a pour sujet une légende guerrière, un amour tragique, un drame sanglant, un récit fantastique*; il est d'inspiration populaire. Les ballades romantiques françaises chantent surtout des légendes populaires du M.A. : Ex. les *Odes et Ballades* de V. HUGO.
3 De nos jours, le mot *ballade* évoque surtout l'idée de chant populaire : Ex. *Ballades françaises* de Paul FORT (commencées en 1897).

Ballet (ialien *balleto*) Suite de danses accompagnées de vers. Le ballet fut introduit d'Italie par Catherine DE MÉDICIS, dans la seconde moitié du XVIe s. Le ballet développait un thème mythologique, légendaire et parfois comique, dans une série d'entrées de personnages muets qui mimaient des scènes. Il comportait deux sortes de vers : *a*) des vers imprimés sur le programme qui commentaient les entrées et que lisaient les spectateurs; *b*) des récits débités ou chantés comme prologue aux diverses parties du ballet. Fort à la mode, sous cette forme, jusqu'en 1670, le ballet devint, à cette époque, un divertissement chorégraphique inclus dans l'opéra*; il se détacha de nouveau de l'opéra, vers la fin du XVIIIe s., mais ne comporta plus désormais que de la danse.

Ballon cf. *Bulle*, Bande* dessinée.*

Bande dessinée Récit mêlant le texte rédigé au dessin. La bande dessinée, abrégée B.D. dans le langage courant, apparue au XIXe s., est devenue, dans les années 1970, un genre* à part entière.

Baragouin cf. *Logogriphe**.

Barbarisme Faute contre la langue consistant à forger des mots qu'elle ne possède pas et ne saurait admettre, à déformer des mots (Ex. une «estatue»), ou à se servir d'un mot dans un sens qu'il n'a pas (Ex. dire «urbanisme» pour «urbanité», «viduité» pour «vacuité»; on préfère, dans ce cas, **impropriété**). **Solécisme**, faute contre la syntaxe (Ex. emploi du subjonctif avec *après que*).

Barde cf. *Rapsode**.

Baroque, Baroquisme (espagnol *barrueco*, «perle de forme irrégulière») Irrégulier, étrange; se dit d'un art très orné, peu naturel, extravagant, bizarre, et, spéc., de la période 1580-1660 qui correspond à la préciosité* italienne, espagnole et française. En architecture, décoration, le style jésuite de cette époque. Le *baroquisme* désigne une recherche des idées*, des figures* et des mots les plus rares, les plus curieux. SYN. *maniérisme*, préciosité*, asianisme**. ANTON. *classique*, classicisme.*

Beau Ce qui provoque chez l'homme un certain sentiment appelé esthétique*. Mais il faut encore définir quels sont, dans l'œuvre d'art, les éléments à la source de l'émotion esthétique et, sur ce point, les écoles littéraires sont d'avis très différents. Pour les classiques*, un élément essentiel du beau était la vérité*. BOILEAU : «*Rien n'est* beau *que le vrai*» : mais cette vérité devait être agréable. PASCAL : «*L'agréable et le* beau *n'est que la même chose...*» Pour atteindre la beauté, l'œuvre d'art devait donc s'écarter des spectacles répugnants de la nature et des laideurs morales : l'objet dépeint devait donner un plaisir esthétique* et moral*. Les romantiques* ont critiqué cette notion du beau. V. HUGO : «*Si le poète doit choisir dans les choses (et il le doit), ce n'est pas le* beau, *mais le caractéristique**. » Pour eux, des êtres physiquement ou moralement laids peuvent être objets de l'art* pourvu que leur personnalité puissante bouleverse la sensibilité. Le *beau* s'oppose au *bien*, en ce qu'il n'implique pas de jugement moral, à l'*utile* par l'aspect désintéressé de l'émotion esthétique, à la *grâce** (1) en ce sens qu'il ne provoque aucune communication personnelle entre l'objet et celui qui l'admire, mais conserve un caractère universel et absolu*.

Béhaviorisme (angl. *behaviour*, « comportement ») Théorie psychologique qui étudie un être suivant ses comportements. ANTON. *mentalisme**.

Bénéficiaire cf. *Destinaire**.

Béotien Profane (c.-à-d. personne non initiée aux lettres, aux arts et, par ext., à quelque spécialité) dont l'esprit est lourd et le goût grossier (tels étaient, selon les autres Grecs, les habitants de la Béotie). En un sens voisin, on a dit, avec des connotations variées, aux XVIIe et XIXe s., *bourgeois**. **Philistin** (N. d'un peuple de l'Ant. cité dans la Bible) est un terme romantique qui désignait les ennemis de l'esprit dans l'argot des étudiants allemands. Th. GAUTIER : « *Vous n'êtes, ne fûtes et ne serez jamais que ce que les étudiants allemands appellent un* philistin *et les artistes français un bourgeois.* » G. FLAUBERT disait volontiers **épicier**.

Bestiaire 1 (M.A.) Petit traité ou recueil qui réunit des observations et des fables sur les bêtes et en tire des conclusions morales et religieuses, en vertu de l'idée que tout, dans la création, est le reflet de la volonté de Dieu.
2 Par ext., ouvrage, souvent recueil de poèmes en prose ou en vers, qui a pour thème les animaux. EX. *Le Bestiaire* de G. APOLLINAIRE.

Bibliographie 1 Science qui recherche, décrit et classe les textes imprimés : *bibliographie alphabétique, méthodique, critique*.
2 Répertoire de textes ayant rapport à un sujet donné : *la bibliographie de* Polyeucte.
3 Partie d'un périodique ou périodique donnant la liste ou le compte rendu d'ouvrages récemment parus.

Bienséance 1 Ce qui sied bien dans la société.
2 Terme de la critique classique : *a*) *bienséance externe* : le fait que l'œuvre d'art ne choque pas les idées reçues du public tant politiques que morales, religieuses, littéraires,...; *b*) *bienséance interne* : l'accord de chaque détail de l'œuvre d'art avec les règles générales qui régissent

celle-ci. P. RAPIN : «*Tout ce qui est contre les règles du temps, des mœurs*, du sentiment, de l'expression est contraire à la* bienséance.»

Billet 1 Petit message écrit. *Billet doux* : lettre d'amour. SYN. vieilli : *poulet*.
2 Dans un journal, très court éditorial, souvent ironique ou humoristique, sur un événement d'actualité.

Blason 1 Objet formé par l'ensemble des *armoiries*, c.-à-d. des signes symboliques ou héraldiques servant à distinguer une personne, une famille, un pays.
2 Science des éléments figurant dans les blasons et de leur signification : «gueules» est un terme de *blason*.
3 (M.A., XVe s.) Pièce de petits vers à rime plate et, par ext., texte ou paroles contenant l'éloge ou la critique d'une personne qu'on voulait «blasonner», c.-à-d. célébrer et, plus souvent, en un sens ironique, blâmer. Au XVIe s., ce genre a souvent été pratiqué en prenant pour objet un élément du corps humain, plus particulièrement du corps féminin. EX. le *Blason du beau tétin* de C. MAROT.

Blasphème Parole outrageante pour la divinité ou pour tout ce qui est considéré comme sacré et respectable. **Juron** est une exclamation grossière, non nécessairement blasphématoire.

Bohème (nom ancien des *Bohémiens* nomades; ne s'écrit cependant pas comme Bohême) **1** (N. f.) *La bohème* (XIXe s.), genre de vie et milieu d'artistes et d'écrivains vivant librement, sans règle, spéc. autour de GAUTIER, NERVAL (cf. NERVAL, *La Bohème galante*) ou de MURGER et CHAMPFLEURY (cf. MURGER, *Scènes de la vie de Bohème*); par analogie, à d'autres époques : *la* bohème *de Montparnasse en 1930*.
2 (N. m. ou adj.) Personne, et spéc. artiste, écrivain qui a un tel genre de vie.

Bon sens A| (XVIIe s.) SYN. de *raison** (4, 7) : **1** au sens philosophique. DESCARTES : «*La puissance de bien juger et distinguer le vrai d'avec le faux, qui est proprement ce qu'on nomme le* bon sens *ou la raison*»;
2 au sens littéraire. BUSSY-RABUTIN : «*Nous croyons tous que le* bon sens, *la raison et le bon esprit* sont la même chose.*» BOILEAU : «*Que toujours le* bon sens *s'accorde avec la rime.*»
B| (De nos jours) **3** La faculté de résoudre des problèmes dont la solution exige de la justesse d'esprit plutôt que des connaissances techniques ou des raisonnements compliqués.

Bonté (*des mœurs*) Qualité réclamée pour les mœurs par ARISTOTE (*Poétique*). Les théoriciens du XVIIe s. pensent qu'ARISTOTE entend, par *bonté des mœurs*, qu'il faut donner aux personnages un caractère moral* (1) et ne pas les faire méchants sans nécessité. Mais pour CORNEILLE (*Premier Discours*), la bonté des mœurs «*c'est le caractère brillant et élevé d'une habitude vertueuse ou criminelle, selon qu'elle est propre et convenable à la personne qu'on introduit*».

Boucle Texte qui se termine par un retour au point de départ, de telle sorte qu'on puisse imaginer que tout recommence et recommencera sans fin. Ex. *La Leçon* et *La Cantatrice chauve* d'Eugène IONESCO; *Le Chiendent* de R. QUENEAU.

Bouffon (italien *buffone*) Qui dit ou fait des plaisanteries (*buffe*).
1 Qui fait rire. BOILEAU : «*Le Païs sans mentir est un* bouffon *plaisant.*» *Opéra bouffon* (vieilli) : opéra* bouffe, opéra fait de scènes comiques.
2 Qui fait rire par un comique grossier. BOILEAU : [La cour] «*distingua le naïf* du plat et du* bouffon.»

Boule de neige Texte utilisant des mots de plus en plus longs. Ex. BENS : «*À la mer nous avons trempé crûment quelques gentilles Allemandes stupidement bouleversées.*»

Bourgeois 1 Qualificatif d'un certain nombre de genres littéraires dont les héros appartiennent à la classe moyenne : Ex. *Le Roman bourgeois* de FURETIÈRE (1666), le *drame* bourgeois* de DIDEROT.
2 (avec une nuance péj.) *a*) Au XVIIe s., qui manque de distinction. LA ROCHEFOUCAULD : «*L'air* bourgeois... *ne se perd jamais à la Cour.*» *b*) Au XIXe s., qui manque d'idéal*, par opposition à *artiste** (3); cf. *Béotien**.

Bouts-rimés Jeu littéraire consistant à composer un poème sur des rimes* fournies par autrui, à propos d'un sujet imposé ou libre, de n'importe quel genre. Ce divertissement fut très à la mode dans les milieux précieux et mondains tout au long du XVIIe s.; par ex., en 1682, le duc de Saint-Aignan organisa un concours du meilleur sonnet sur les rimes de *Jupiter* et de *Pharmacopole*.

Bovarysme Mot créé par le philosophe Jules DE GAULTIER pour désigner le défaut d'esprit qui consiste à se faire de soi et de sa condition une idée fausse comme Emma Bovary dans le roman de G. FLAUBERT.

Brachylogie cf. *Ellipse**.

Brouillon Premier état d'un écrit que l'on corrige, rature, surcharge et qui doit être mis au propre. Cf. *Avant-texte**.

Bucolique (grec *boucolos*, « gardien de bœufs ») SYN. de *pastoral** : THÉOCRITE et, dans ses *Églogues*, VIRGILE sont des poètes bucoliques.

Bulle Dans une bande* dessinée, emplacement réservé, dans l'image, aux paroles ou pensées des personnages et généralement terminé par un appendice indiquant à qui il faut rattacher ces propos (trait continu pour les paroles, petits ronds distincts pour les pensées). SYN. *ballon**, *phylactère**.

Burlesque (italien *burlesco*, de *burla*, « plaisanterie ») **1** Genre littéraire, en vogue de 1640 à 1660 environ, qui se définit : *a*) par l'emploi de termes comiques, archaïques et vulgaires pour parler de choses nobles et sérieuses; ce procédé distingue le burlesque de l'héroï-comique* : EX. dans le *Virgile travesti* de SCARRON, poème *burlesque*, Didon et Énée parlent comme des gens vulgaires; dans *Le Lutrin* de BOILEAU, poème *héroï-comique*, des gens vulgaires parlent comme Didon et Énée; *b*) par l'emploi de l'octosyllabe* à rimes plates.
2 (De nos jours) Comique* bas et outré, très bouffon* (2), souvent provoqué par un décalage entre le ton adopté et le sujet traité.

Byzantinisme Tendance à s'occuper de questions frivoles, comme firent les Byzantins des XIVe et XVe s., qui discutaient de grammaire alors que les Turcs les menaçaient.

C

Cabale (en hébreu, « tradition ») **1** Tradition juive concernant l'interprétation de l'Ancien Testament, dont le spécialiste est appelé *cabaliste.*
2 Science occulte qui prétend faire communiquer avec les êtres surnaturels. Anatole FRANCE : « *Je ne suis pas très instruit dans la* cabale, *mon maître ayant péri au début de mon initiation.* » SYN. *magie, hermétisme**, *occultisme**, *théosophie**.
3 (Fig.) Sorte de complot (et collectivement personnes qui en font partie, appelées *cabaleurs* ou *cabalistes*) pour dresser les esprits contre qqun ou qqch. : la *cabale des dévots* contre *Tartuffe*. SYN. *ligue, faction, conspiration, intrigue*.

Cabalistique cf. *Hermétique**.

Cacophonie Rencontre de mots et de syllabes formant un son désagréable pour l'oreille. VOLTAIRE : « *N*on, il *n'*est rien que *Nan*ine *n'*ho*n*ore. » À ne pas confondre avec la **dissonance** (en musique, réunion de deux ou plusieurs sons n'appartenant pas à la même harmonie naturelle et qui surprennent l'oreille sans pourtant la blesser), mélange de *tons*, dans le style, qui peut être agréable.

Cadavre exquis Jeu littéraire surréaliste combinant le hasard et une structure du langage : il « *consiste à faire composer une phrase, ou un dessin, par plusieurs personnes sans qu'aucune d'elles puisse tenir compte de la collaboration ou des collaborations précédentes* » (le plus souvent en pliant la feuille sur laquelle on écrit de manière à masquer les mots déjà inscrits). « *L'exemple devenu classique, qui a donné son nom au jeu, tient de la première phrase obtenue de cette manière : le cadavre/ exquis/ boira/ le vin/ nouveau.* » (*Dict. abrégé du surréalisme.*)

Cadence **1** Terminaison d'une phrase, d'une période*, d'un vers*, d'un hémistiche* que la voix accentue en s'y appuyant. SYN. *chute**.
2 Le rythme qui résulte de la disposition de ces accents. P. RAPIN : « *Une* cadence *trop harmonieuse et trop régulière finit par ennuyer.* » SYN. *tempo*.

Cadrage En photographie, au cinéma et, par ext., dans la bande* dessinée, mise en place du sujet* dans les limites du viseur de l'appareil ou de la vignette*. Ex. « *Par le* cadrage, *le metteur en scène oblige le spectateur à partager sa vision du champ.* » (*Dict. des médias.*) Syn. *plan**.

Calembour Jeu d'esprit fondé sur la différence de sens entre des mots qui se prononcent de la même manière : mot mis à la mode au XVIIIe s. par le marquis de Bièvre qui écrivit des facéties comme *la Fée-Lure, l'Ange-Lure.*

Calligramme (grec *callos*, « beauté », + *gramma*, « écrit ») Mot inventé par Apollinaire pour désigner un poème dont la disposition des mots forme un dessin en rapport avec le sens du texte. Ex. « *Le chant de la Dive Bouteille* » (Rabelais, *Cinquième Livre*). Syn. *idéogramme*, poème figuratif**.

Calque Reproduction d'un dessin en repassant exactement sur ses lignes qu'on fait apparaître sur une surface par un procédé quelconque. D'où fig. : **1** (Litt.; péj.) Imitation totale et servile d'une œuvre. Syn. *copie, plagiat, démarquage.*
2 (Ling.; non péj.) Locution faite, dans une langue, sur le modèle d'une locution d'une autre langue qu'elle traduit : Ex. *bas-bleu* est un *calque* de l'angl. *blue-stocking. Calque sémantique* : procès par lequel un mot étranger déteint sur un mot indigène de forme identique ou voisine et lui apporte sa signification : Ex. c'est par un *calque sémantique* que l'angl. *to realize* a donné à notre *réaliser* le sens néologique de *se rendre compte de.*

Canon (en grec, « règle, modèle ») **1** (Ant.) *Canon d'Alexandrie* (IIe s. av. J.-C.) : liste des écrivains que les grammairiens d'Alexandrie considéraient comme des modèles dans tous les genres.
2 (Théol.) Liste des textes sacrés considérés comme authentiques et faisant autorité. *Droit canon* : droit ecclésiastique catholique fondé sur l'autorité des conciles et des papes.
3 (Art) *Canon de la beauté* : chez les sculpteurs de l'Ant., le type sculptural sans défaut qui devait servir de modèle; d'où, en général, le modèle à imiter parce qu'il se rapproche le plus de tel ou tel idéal artistique.

Cantate, Cantilène, Cantique Termes de musique passés dans la critique littéraire. **1** *Cantilène*, chant profane par opposition au chant religieux ou motet : *a*) (M.A.) Chant lyrico-épique sur un événement célèbre ou récent, selon une mélodie connue des contemporains : *la Cantilène de sainte Eulalie*. *b*) Poème, développement sentimental et

surtout monotone. SYN. *complainte**, *romance**.
2 *Cantique*, chant d'action de grâces à la gloire de Dieu chez les Hébreux et, de nos jours, chant en langue vulgaire dans une église : *a*) (fig.) Poème qui chante Dieu, ou exprime avec lyrisme de vifs sentiments : *cantique de douleur, de joie*. *b*) *Cantique des cantiques*, fig., poème d'amour passionné et voluptueux, par allusion au livre de la Bible qui porte ce nom et qui est littéralement un dialogue d'amour.
3 *Cantate*, pièce en vers mise en musique et chantée avec récitatifs et airs (*une cantate de Bach*); fig., poème, expression en général nobles et heureux. CHATEAUBRIAND : «*La* cantate *du plaisir est devenue la complainte de la douleur.*»

Cantonade cf. *Aparté**.

Canular (mot venu de l'argot employé à l'École normale supérieure et passé en langage courant) Mystification, souvent à caractère littéraire, pour abuser de la crédulité de qqun. Le thème* du canular apparaît souvent dans l'œuvre du normalien J. ROMAINS (*Knock, Donogoo-Tonka, Verdun*, etc.). SYN. *blague**, *farce**, *mystification*. Adj. *canularesque*. SYN. *burlesque**, *cocasse*.

Canzone Poème lyrique* italien, dont les stances (en vers inégaux) ont une longueur égale, sauf la dernière qui peut être plus courte : au M.A. (DANTE, PÉTRARQUE), les thèmes en sont l'amour et la religion; les romantiques* (LEOPARDI) y ajoutèrent des thèmes patriotiques et philosophiques.

Capitalisme (Économie politique, XIXe s.) Système économique et social fondé sur le fait que le *capital* (c.-à-d. la richesse qui n'est pas consommée immédiatement, mais est utilisée pour produire des revenus ou des biens) n'appartient pas aux travailleurs qui le font fructifier.
1 D'où, péj., ce système considéré comme favorisant les possédants qui tirent leur profit du travail des autres.
2 Sans nuance péj., libéralisme économique permettant à qui que ce soit d'avoir un capital et de fournir les investissements, instruments de travail, etc., qui donnent de l'emploi, avec partage du profit entre capitaliste et travailleur. ANTON. *socialisme**.

Caractère (grec *character*, «signe distinctif servant à reconnaître un objet») **1** Les signes distinctifs servant à reconnaître les divers types humains : EX. les *Caractères* de THÉOPHRASTE; d'où la manière d'agir et de sentir qui distingue un individu ou un groupe; SYN. *mœurs**.
2 (Par opposition à mœurs* et à conditions*) Les traits moraux* (1) qui

appartiennent naturellement : *a*) à une classe d'êtres, par opposition à ce qui est dû à l'influence de la société : Ex. *L'Avare* est une comédie de *caractères*, *Les Précieuses ridicules* sont une comédie de *mœurs*; *b*) à un individu particulier, qu'ils servent à définir : le *caractère* de Julien Sorel;
3 La personnalité morale, par opposition à l'intelligence : Ex. avoir du *caractère*.
4 Ce qui donne à l'œuvre d'art une forte personnalité.

Caractéristique Ce qui marque nettement le caractère* (1) d'une chose, d'un être, d'une époque. V. HUGO (*Préface de Cromwell*) l'oppose au beau*, à la couleur* locale extérieure, au commun, et ajoute : «*Il faut qu'à cette optique de la scène, toute figure soit ramenée à son trait le plus saillant, le plus individuel, le plus précis. Le vulgaire et le trivial même doit avoir un accent.*»

Caricature cf. *Charge**.

Cartésianisme Méthode et doctrine de DESCARTES, et avant tout : **1** la substitution à la méthode d'autorité* de la démonstration rationnelle;
2 le dualisme* esprit*/ matière*;
3 la connaissance logique par déduction *a priori** (1), par opposition à la méthode expérimentale*;
4 en morale, l'idée que la passion* est une emprise du corps sur l'esprit et doit être dominée par la raison.

Casuistique **1** Étude des *cas* de conscience, c.-à-d. de la façon dont, dans chaque circonstance particulière, doivent être appliquées les lois générales de la morale et de la religion. **2** Par suite de la subtilité et de l'indulgence excessives de certains casuistes, que stigmatisent notamment les *Provinciales*, le mot, dans un sens péj., désigne l'art de masquer la mauvaise foi sous de fallacieuses subtilités.

Catachrèse (Rhét.) Figure* qui consiste à employer un mot par métaphore pour désigner un objet pour lequel la langue n'offre pas de terme propre : Ex. *les bras* d'un fauteuil.

Catastrophe (XVIIe s.) L'événement décisif qui amène le dénouement d'une pièce de théâtre. D'AUBIGNAC : «*Je sais bien qu'on le prend* [le mot catastrophe] *communément pour un revers ou bouleversement de quelques grandes affaires et pour un désastre sanglant et signalé qui termine quelque dessein. Pour moi, je n'entends, par ce mot, qu'un renversement des premières dispositions du théâtre, la dernière péripétie**

et un retour d'événements qui changent toutes les apparences des intrigues au contraire de ce qu'on en devait attendre. »

Catharsis Mot grec tiré de la *Poétique* d'ARISTOTE qui désigne ce que ce philosophe appelle la *purgation des passions*, c.-à-d. la purification que produit, chez le spectateur, le spectacle tragique. Les théoriciens diffèrent d'avis sur la façon dont s'effectue cette purification. Le mot s'emploie pour désigner surtout le ravissement esthétique* qui fait taire momentanément dans l'âme toutes les autres passions.

Causalité (*principe de*) L'un des axiomes* fondamentaux de la pensée : «*Tout phénomène a une cause.*»

Causes finales cf. *Finalité**.

Caviardage Action de supprimer un ou des passages d'un texte. À l'origine, cela se faisait à l'encre noire (d'où le rapport avec *caviar*, en raison de la couleur), afin de rendre illisible le passage désigné par la censure; par ext., jeu qui consiste à amputer un texte selon son bon plaisir ou en suivant certaines règles.

Célébration (Rhét.) Formule stéréotypée ou forme plus étendue (*vers**, *verset**, *strophe**, *paragraphe**) par laquelle on exprime sa joie ou son admiration pour qqch. ou qqun. EX. «Vive...», «Béni soit...», «Heureux qui...», «Bravo...». SYN. *blason**, *épithalame**, *panégyrique**.

Cénacle **1** Depuis l'époque romantique (1829), réunion d'écrivains, d'artistes, de philosophes ayant les mêmes idées : le *Cénacle de la Muse française*, autour de V. HUGO.
2 Péj., avec l'idée d'encensement mutuel et de goût exclusif. **Chapelle** et parfois **petite église** insistent sur cette nuance.

Censure **1** Action de critiquer les actes ou les ouvrages de qqun.
2 Examen qu'une autorité, généralement un gouvernement, impose à toute œuvre écrite ou audiovisuelle avant d'autoriser sa publication ou sa diffusion.
3 Par suite, organisme chargé de cet examen et de *censurer*, c.-à-d. d'interdire tout ou partie de l'œuvre qu'il estime être contraire aux valeurs politiques et morales en vigueur.

Centon (lat. *cento*, «vêtement fait de morceaux») **1** Poésie composée à l'aide de fragments empruntés à des auteurs différents. De nos jours, on dit «*patchwork*».

2 Ouvrage sans originalité fait d'emprunts : cf. *Mélange**.

Césure (lat. *caesura*, «coupure») Repos placé, dans un vers, entre deux groupes rythmiques. *Césure médiane* : césure placée au milieu du vers : celle que les classiques recommandaient pour l'alexandrin*. BOILEAU : «*Que toujours dans vos vers,| le sens coupant les mots,| Suspende l'hémistiche,| en marque le repos.*» SYN. *coupe**. Mais la *coupe* est beaucoup moins nette que la *césure*, elle marque simplement, par la séparation de deux mots, le passage d'une mesure* à une autre sans qu'il y ait repos ni arrêt. Dans ce vers de BOILEAU : «*Derrière elle faisait dire Argumentabor*», il y a une coupe après *faisait*, mais sans aucune suspension, à l'hémistiche, qui permette de parler de césure.

Champ lexical Ensemble des mots qui se rapportent à une notion donnée : EX. le *champ lexical* du «camping» comprendra les mots «tente», «toile», «piquet», «monter», «déplier», «caravane»,... Le sens de cette notion varie suivant les spécialistes; il serait peut-être plus simple d'employer l'expression, proposée par G. BAILLY-MAÎTRE, de «galaxie dénotative» : «*ensemble de mots, renvoyant à des réalités sensibles, que l'on associe à une notion donnée*». La «galaxie» se distingue de la «nébuleuse connotative», qui désigne l'«*ensemble des notions (abstraites ou concrètes) que chacun associe suivant son imaginaire, à une notion donnée*». La «galaxie» se démarque également du *champ lexical*, qui est alors réduit à un «*ensemble large de synonymes*». EX. pour «rose», le *champ lexical* est «pervenche», «tulipe», «iris»,... (avec pour terme générique «fleur»); la *galaxie dénotative* est : «épine», «pétale», «tige», «massif», «jardin», «se faner»,...; la *nébuleuse connotative* pourrait être : «jeunesse», «amour», «socialisme»,...

Champ sémantique Ensemble des sens que peut prendre un mot suivant l'énoncé, en comparant les contextes* : EX. le *champ sémantique* du mot «gloire*» chez CORNEILLE. On parle également de «réseau sémantique», mais la définition varie d'un spécialiste à l'autre. (Cf. la «nébuleuse connotative» de G. BAILLY-MAÎTRE.)

Chanson 1 Pièce en vers faite pour être chantée. *Chansons de geste* : poèmes épiques faits pour être déclamés, comme une mélopée, avec accompagnement de vielle. Ils évoquaient les exploits (lat. *gesta*, «geste») de héros historiques ou fabuleux. Ils comptaient parfois jusqu'à dix mille vers, en général de dix syllabes, groupés en strophes* ou laisses* de longueur variable.
2 Spéc., petit poème*, divisé en stances* égales, avec parfois un refrain,

fait pour être chanté. (M.A.) *Chanson courtoise* : poésie lyrique qui chante la valeur de la dame et, à travers elle, la purification de l'âme et le culte du bien. (M.A.) *Chanson de danse* (XIIIe. s.) : couplets et refrains dont le rythme était calqué sur celui de certaines danses auxquelles ils servaient d'accompagnement. (M.A.) *Chanson de toile* : suite de strophes* monorimes avec refrain; leur action se passe souvent dans un ouvroir : une jeune fille, en cousant, raconte une histoire d'amour ou avoue sa passion. (M.A.) *Chanson farcie* : chanson en langue vulgaire entremêlée de latin. (M.A.) *Chanson à personnages* : petit poème à couplets dialogués : Ex. la *pastourelle*, dialogue entre un chevalier et une paysanne (XIIIe. s.). *Chanson de table, à boire, bachique** : chanson qui chante la joie du vin. La chanson connaît un grand développement au XXe. s. grâce à l'expansion des médias*. Elle est créée par un *auteur* ou *parolier* pour le texte et par un *compositeur* pour la mélodie; l'un et l'autre peuvent être confondus en une même personne.

Chant 1 Vers lyriques* (destinés à l'origine à être chantés).
2 Vers épiques* (chantés par les rapsodes).
3 La grande poésie. MUSSET : «*Les plus désespérés sont les* chants *les plus beaux.*»
4 Partie d'un poème épique* ou didactique* : Ex. le chant II de l'*Art poétique*.
5 (M.A.) *Chant royal* : ballade* (1) de cinq strophes de onze vers et d'un envoi de huit vers.

Chapelle cf. *Cénacle**.

Charabia cf. *Logogriphe**.

Charge Le fait de représenter un modèle en grossissant, en exagérant certains de ses traits, souvent pour le ridiculiser. La caricature déforme encore plus l'original dans le sens du grotesque et du bouffon, et ne le rappelle parfois que de loin. VIGNY : «*La comédie tient toujours plus ou moins de la* charge *et de la bouffonnerie.*»

Chassé-croisé cf. *Hypallage**.

Cheville Mot, expression qui, inutile à la pensée, ne sert qu'à tenir une place dans la phrase et surtout dans le vers pour faire la mesure. SYN. *redondance, inutilité, remplissage*.

Chiasme («croisement», mot provenant de la forme de la lettre grecque *chi*) Il y a *chiasme* lorsque, dans deux expressions symétriques, souvent antithétiques, formées de deux termes principaux, les termes correspondants sont dans l'ordre inverse : Ex. Plus l'*offenseur* est *cher* et *plus grande* est l'*offense* (CORNEILLE). **Régresion**, simple reprise, dans l'ordre inverse, des mots énoncés; on dit aussi **réversion** : Ex. Il faut *manger* pour *vivre* et non *vivre* pour *manger*.

Chic **1** (1832, peut-être sur un mot allemand signifiant « talent ») Dans l'argot des peintres, facilité à peindre rapidement des tableaux à effet. *Travailler de chic*, sans modèle, d'imagination. *Écrire de chic*, sans peine, du premier jet.
2 Dans le langage de la mode, élégance hardie, un peu surprenante et cossue.

Chœur (Ant.) Dans la tragédie et la comédie, groupe de personnages qui intervenaient dans l'action comme un personnage multiple et, dans les intermèdes, chantaient des vers d'un rythme* particulier accompagnés de danses. Ils commentaient l'action et représentaient souvent l'opinion, le bon sens, la morale populaire. La tragédie française utilise les chœurs, au XVIe. s., en leur donnant un rôle plus réduit dans l'action. Les chœurs disparaissent à la fin du XVIe. s. RACINE les a repris dans *Esther* et *Athalie*.

Chrétien (*merveilleux**, *poésie**) Ce qui, dans l'art, est emprunté à la Bible ou au christianisme, par opposition à ce qui vient du paganisme et de la mythologie antique : Ex. *Polyeucte* est une tragédie chrétienne.

Chronique (grec *chronos*, « temps ») **1** Récit historique qui suit l'ordre du temps (sans toutefois classer les événements par années comme les annales*); ce fut, par excellence, la forme de l'histoire au M.A. : Ex. les *Chroniques de Saint-Denis*.
2 Événements d'actualité qui caractérisent une partie de la société : Ex. la chronique mondaine.
3 Récit littéraire d'événements particuliers qui peuvent avoir un intérêt historique (P. MÉRIMÉE, *Chronique du règne de Charles IX*) ou qu'on présente comme l'histoire d'une famille (G. DUHAMEL, *Chronique des Pasquier*).
4 Articles de journal, de revue, ou émissions traitant chaque jour ou périodiquement d'un ordre particulier de nouvelles ou de choses : *chronique sportive*. SYN. *rubrique*.

Chronologique cf. *Ordre** (5).

Chthonien (grec *chthôn*, « terre ») Dans la mythologie* grecque, ce qui est relatif aux divinités des Enfers, situés dans la Terre. Par ext., dans la classification traditionnelle des mythes*, les mythes* *chthoniens* sont ceux relatifs à la terre par opposition aux mythes* ouraniens*, relatifs au ciel. G. BACHELARD distingue, en outre, les mythes* de l'eau et du feu.

Chute **1** Dernier vers* d'un sonnet*.
2 Pensée mise sous une forme piquante qui termine un petit poème* : EX. *Belle Philis,* on désespère| *Alors qu'*on espère *toujours.*» (Sonnet d'Oronte, *Le Misanthrope*, I, 2.)
3 Se dit aussi de la conclusion inattendue d'un texte en prose*.

Cicéronien **1** (XVIe s.) Se disait des humanistes* qui n'admettaient que la langue et le style de CICÉRON.
2 Dans le style de CICÉRON, donc très correct, d'une amplitude oratoire régulière, avec des ornements et des redondances*.

Circonlocution Expression détournée pour évoquer qqch. qu'on emploie par embarras, par discrétion ou par prudence. SYN. *détour**, *périphrase**.

Citation cf. *Intertextualité**.

Civilisation **1** (XVIIIe s.) État des peuples jugés les plus éloignés de la barbarie, c.-à-d., à cette époque, les peuples d'Europe, considérés comme supérieurs par leur science*, leurs techniques* et le caractère rationnel de leur organisation sociale : en ce sens, on disait *la* civilisation, car les philosophes croyaient que la civilisation de leur temps étendrait ses caractères à tous les peuples.
2 (Fin du XVIIIe s.) *Une* civilisation : ensemble de caractères sociaux, religieux, moraux, esthétiques, techniques ou scientifiques qui se transmettent et sont communs à une société : EX. la civilisation américaine; SYN. *culture** (3).

Classe **1** Collection d'individus qui, dans l'ensemble d'une société, peuvent être distingués par des caractères communs bien définis et fixes, comme naissance, fortune, fonction, etc. : *les classes de Rome; les classes du M.A.* (clercs, nobles, roturiers, serfs). Les syn. impliquent une idée de hiérarchie, effective et accidentelle pour **rang**, fondée sur la nature de la personne et une idée précise des valeurs sociales pour **ordre** (*les trois ordres de l'Ancien Régime*).
2 Plus spéc., de nos jours, partie de la société à qui les circonstances économiques imposent une façon de vivre et de penser commune : *classe riche; classe bourgeoise; classe ouvrière. Lutte des classes*, terme de critique socialiste et marxiste, conflit fatal engendré par le capitalisme*

entre les deux classes auxquelles se ramènent toutes les autres, celle des capitalistes ou possédants et celle des travailleurs sans capital ou prolétaires, et qui devrait se terminer lorsque, d'une façon ou d'une autre, la dernière aura repris à la première la possession du capital et des moyens de production.
3 Grammaire : cf. *Discours** (parties du).

Classique (lat. *classicus*, « du premier rang») [Adj.] Se dit de ce qui est conforme à un idéal conventionnel, généralement fixé au XVIIe s. En ce sens, s'oppose à *baroque** et à *romantique**. (N.) Écrivain que sa valeur met au premier rang et (par contamination du mot «classe») qui mérite d'être expliqué dans les classes; donc : **1** (XVIIe s.) les Anciens;
2 (XVIIIe s.) les Anciens et les écrivains du siècle de Louis XIV; dans ce dernier sens, le mot, à la fin du XVIIIe s., s'oppose au mot *romantique** et prend la nuance péj. de partisan d'un goût suranné, figé dans la tradition scolaire. MUSSET : «Classiques *bien rasés à la face vermeille*»;
3 (de nos jours) : *a*) les Anciens; *b*) les écrivains du siècle de Louis XIV et ceux qui se rattachent à leur conception de l'art; *c*) tous les grands écrivains que leur génie rend dignes d'être des modèles : en ce sens V. HUGO est un «classique».
Postclassique : se dit des écrivains du XVIIIe s. et du début du XIXe s. qui demeurent fidèles à l'art des auteurs du siècle de Louis XIV.

Clausule cf. *Période**.

Clef Indication qui permet de retrouver derrière un personnage littéraire la personne réelle qu'il représente : EX. les clefs des *Caractères* de LA BRUYÈRE. *Roman à clefs* : roman qui raconte, sous des noms imaginaires, les aventures de personnes réelles. **Mot-clef** : cf. ce mot.

Cliché Pensée ou expression devenue si banale qu'elle ressemble à une plaque d'imprimerie reproduite en d'innombrables exemplaires : EX. une prairie *émaillée* de fleurs, la couleur *argentée* de la lune. SYN. *banalité*; cf.*Lieu* commun, Poncif**.

Click cf. *Déclic**.

Code **1** Système conventionnel d'éléments pourvus de sens et de règles permettant de les combiner en vue de produire un sens plus complexe. Cf. *Communication**, *Fonction**.
2 *Code civil, pénal* : recueil de lois ou de décrets.

Cœur L'organe qui est le centre de la vie et passait pour le siège de la sensibilité; d'où, à la fois, ce qui, dans l'homme, est le plus individuel et

ce qui s'oppose à la raison* dont le centre est le cerveau.
A| (XVIIe s.) **1** La sensibilité* (2) par opposition à la raison*. BOILEAU : «*Il faut que le* cœur *seul parle dans l'élégie.*»
2 Le sentiment moral intérieur, la conscience* (3). BOILEAU : «*Le vers se sent toujours des bassesses du* cœur.»
3 La force d'âme, le courage. CORNEILLE : «*Rodrigue, as-tu du* cœur?»
4 Chez PASCAL : *a*) le sentiment immédiat, l'intuition* purement *intellectuelle* d'une vérité : «*Le* cœur *sent qu'il y a trois dimensions dans l'espace et que les nombres sont infinis*»;
b) l'intuition*, dans une conscience individuelle, de l'existence de Dieu, intuition qui s'accompagne toujours d'amour et permet à l'homme d'accéder à l'ordre* de la grâce* : «*C'est le* cœur *qui sent Dieu et non la raison. Voilà ce qu'est la foi. Dieu sensible au* cœur, *non à la raison... Je dis que le* cœur *aime l'être universel naturellement.*»
B| (XVIIIe s.) **5** Les sens 1 et 2 ont tendance à se confondre, car on pense que la sensibilité, plus près de la nature que la raison, est la source des valeurs morales les plus authentiques. VAUVENARGUES : «*Les grandes pensées viennent du* cœur.»
C| (XIXe s.) **6** Les romantiques* croient que la sensibilité, exprimant les sentiments les plus personnels de l'homme, est chez lui la source de la poésie*. Dès lors *cœur* signifie *inspiration** et s'oppose à l'*art**, fruit de la raison. CHÉNIER avait déjà écrit : «*L'art ne fait que des vers, le* cœur *seul est poète*»; MUSSET reprend la même idée : «*Ah! frappe-toi le* cœur, *c'est là qu'est le génie.*»

Cogito ergo sum (*Je pense, donc je suis*) Le premier principe* (c.-à-d. la première idée claire et distincte) de la philosophie de DESCARTES : «*Je me résolus de feindre que toutes les choses qui m'étaient jamais entrées dans l'esprit n'étaient non plus vraies que les illusions de mes songes. Mais aussitôt après je pris garde que pendant que je voulais ainsi penser que tout était faux, il fallait nécessairement que moi qui le pensais fusse quelque chose; et remarquant que cette vérité* : je pense donc je suis *était si ferme et si assurée que toutes les plus extravagantes suppositions des sceptiques n'étaient pas capables de l'ébranler, je jugeai que je pouvais la recevoir sans scrupule pour le premier principe de la philosophie que je cherchais.*»

Collage Procédé qui consiste à coller, sur une toile ou tout autre support, des éléments graphiques (textes, images, bouts de tissus,...) découpés ailleurs. Inventé par les peintres surréalistes*, ce genre a été adopté par certains poètes pour créer «*des rencontres saugrenues d'objets disparates*» (R. CAILLOIS). P. ÉLUARD : «*Seins ô mon cœur.*»

Combinatoire Se dit d'un texte qui propose plusieurs parcours entre lesquels le lecteur peut choisir. Ex. R. Queneau : *Un conte à votre façon*; P. Guimard : *L'Ironie du sort*.

Comédie (grec *cômôdia*, « chanson de fête ») **1** À l'origine, toute pièce de théâtre.

2 Pièce de théâtre dont l'objet par rapport à la tragédie est, au départ, d'inclure des personnages de condition moyenne ou modeste et dont le dénouement est heureux. De plus, l'intrigue* « *ne vient pas de l'histoire et est entièrement soumise à la règle de la vraisemblance* » (R. Bray). Comme ce genre fait généralement rire, le sens actuel est :

3 Pièce de théâtre qui fait rire par un comique* plus fin que celui du vaudeville*, de la farce* ou de la pantalonnade*. Néanmoins, comme le genre n'a pas été codifié par Aristote (la partie II de la *Poétique* qui devait le traiter a été perdue), il a subi de nombreuses interprétations. On distingue cependant : la *comédie de caractère* qui peint les caractères* (2) : Ex. *L'Avare*; la *comédie de mœurs* qui inscrit le personnage dans son milieu social et vise souvent à réformer les mœurs tout en plaisant au public : Ex. *Turcaret* de Lesage. Toutes deux sont de la *haute comédie* par rapport à la *comédie d'intrigue* qui fait surtout rire en compliquant l'action à loisir : Ex. *Le Menteur* de Corneille. *Comédie à ariettes* (XVIIIe s.) : pièce dans laquelle on intercale des couplets; Syn. *vaudeville** (2). *Comédie-ballet* : inventée par Molière et très en vogue au XVIIe s., elle inclut des ballets : Ex. *Le Bourgeois gentilhomme*. *Comédie épisodique* ou *à tiroirs* : composée de scènes rattachées à un thème général mais ne constituant pas une action suivie : Ex. *Les Fâcheux* de Molière. *Comédie héroïque* (XVIIe s., Corneille) : les personnages en sont illustres, mais l'action demeure inventée et ne provoque pas de sentiment tragique : Ex. *Dom Sanche d'Aragon*. *Comédie larmoyante* (XVIIIe s.) : qui cherche à émouvoir la sensibilité par des situations et des caractères touchants : Ex. *Le Préjugé à la mode* de Nivelle de La Chaussée. *Comédie lyrique* : opéra en mélodie continue dont le sujet est proche de la comédie. *Comédie sérieuse* (XVIIIe s.) : Diderot ayant reproché au théâtre de ne placer l'homme que dans des situations comiques ou tragiques, sans rapport avec la réalité, a voulu que la comédie fasse appel à des situations intermédiaires où rires et larmes sont censés se retrouver : c'est le propre de la *comédie sérieuse** et du *drame** (2).

4 *Comédie française* (ou *grande comédie*) : nom que l'on donne aux textes de la fin du XVIIe s., surtout à ceux de Molière, et qui allient la tradition populaire à la réflexion morale, politique ou philosophique. Ne pas confondre avec la troupe ou le théâtre qui portent le même nom

(mais écrit *Comédie-Française)*.
5 *Comédie italienne* : cf. *Commedia dell'arte**.

Comique 1 (Vieilli) Qui touche au théâtre ou aux comédiens : Ex. *Le Roman comique* de Scarron, *Histoire comique* d'Anatole France.
2 Ce qui est le principe du rire dans la comédie*. Boileau : «*Le* comique *ennemi des soupirs et des pleurs* | *Ne veut point en ses vers de tragiques douleurs.*» On distingue le comique de mots (l'effet amusant est produit par les paroles d'une personne : le choix des mots, du niveau* de langue, les répétitions,...); le comique de gestes (produit par les gestes d'un personnage); le comique de situation (produit par la situation d'un personnage : Ex. *L'Arroseur arrosé*, un quiproquo,...); le comique de mœurs*; le comique de caractère*. L'étude du genre comique a été enrichie et renouvelée par les travaux de Ch. Mauron (*Psychocritique du genre comique*).

Commedia dell'arte Genre de comédie* né en Italie (seconde moitié du XVIe s.) : le texte consiste en un simple canevas qui indique les situations et leur évolution; les acteurs improvisent sur scène le dialogue, l'appuient de plaisanteries burlesques (*lazzi*) ou de morceaux de bravoure, par exemple de volubiles déclarations d'amour. Ils représentent des personnages traditionnels, types burlesques d'un caractère, d'une profession ou des mœurs d'une ville : Ex. l'amoureux, le pédant, Arlequin, Pantalon, le docteur Bolonais, etc. Ce qu'on appelle la **comédie italienne** est un genre dérivé de la *commedia dell'arte*, qui fut représenté en France et marqua profondément la comédie* aux XVIIe et XVIIIe s.

Communication (Ling.) Échange d'informations par le moyen d'un système de signes* connus de chacun des interlocuteurs*. La communication est la fonction* centrale du langage. D'après R. Jakobson, elle se développe selon le schéma suivant : le *destinateur** envoie un *message** au *destinataire**; pour être compris, le message requiert un *contexte** linguistique, ou une *situation** extralinguistique, auquel il renvoie et un *code**; enfin, il exige un *contact** qui permet d'établir et de maintenir la communication. Le tout peut se figurer comme suit :

```
                 CONTEXTE
                    ↑
DESTINATEUR → MESSAGE → DESTINATAIRE
                    ↓
                 CONTACT
                    ↓
                  CODE
```

Comparaison (Rhét.) Figure* qui consiste à rapprocher deux idées, deux objets, ou un objet et une idée afin de mieux dégager, par une analogie*, leur sens, leur aspect, ou simplement pour les embellir. La comparaison comprend toujours deux termes. DU BELLAY : « Comme *le champ semé en verdure foisonne*... Ainsi *de peu à peu crût l'Empire romain...* »

Compétence Système de règles intériorisées et intuitivement connues par les locuteurs*, qui constituent leur savoir linguistique et leur permettent de communiquer. On distingue la *compétence universelle* : règles innées qui sous-tendent la grammaire* de toutes les langues*; et la *compétence particulière* : règles spécifiques d'une langue*, apprises grâce à l'environnement linguistique. La compétence est limitée par la *performance**.

Compilation cf. *Mélange**.

Complainte Chant* ou poème* évoquant sur un ton plaintif un sujet triste.

Complexe 1 (Adj.) Qui comporte plusieurs parties, qui n'est pas simple. Un *caractère complexe* ne se ramène pas facilement à un trait dominant : Ex. Alceste est *complexe* parce qu'il est à la fois misanthrope, vertueux, orgueilleux, amoureux, etc.
2 (N.) Groupe d'éléments et de représentations associés en un tout et possédant une puissance affective* : Ex. un *complexe d'infériorité* consiste à se représenter qu'on ne peut réussir en rien, et cela provoque une crainte, une timidité qui sont des phénomènes affectifs.

Composition 1 (Rhét.) Art de disposer et d'arranger ensemble les différents arguments afin d'obtenir l'effet souhaité.
2 Par ext., le plan adopté lors d'une dissertation, d'un exposé, d'un discours, d'un récit, etc.

Compréhension cf. *Extension**.

Compte rendu Résumé qui met en valeur les caractères principaux d'un fait, d'une réunion, d'une lecture, d'un thème traité.

Conative cf. *Fonction**.

Concentration Caractère de la tragédie* classique* qui consiste à ramener l'action* à une crise*, limitée dans le temps, se déroulant en un seul lieu, et débarrassée de tous les éléments qui lui sont extérieurs comme pathétique* de gestes, scènes pittoresques, etc.

Concept Idée* (3) générale résultant d'une abstraction* : le *concept* d'homme est l'idée de l'homme général et abstrait défini par les qualités communes à tous les hommes.

Concetti (italien *concetto*, « pensée rare, raffinée ») Toutes les formules de la poésie* italienne antérieure au XVIIe s. qui frappaient par leur sens subtil et leur forme recherchée (antithèses*, images curieuses, allusions mythologiques); le mot finit, en France, par désigner toutes les pointes précieuses* qui suivaient la mode introduite par l'Italien MARINI avec son *Adonis* (1623).

Concis Qui dit ce qu'il veut dire en peu de mots, en parlant du style et, par ext., d'un ouvrage ou d'un auteur. **Serré** enchérit, en parlant du style seulement. **Pressé**, à la fois concis et rapide. **Laconique**, très concis, s'applique surtout à une façon de parler par sentences ou mots isolés. **Lapidaire** ajoute à la concision la fermeté et la grandeur du style des inscriptions gravées sur la pierre. **Elliptique** (cf. *Ellipse**) suppose la suppression de mots grammaticalement nécessaires. **Télégraphique**, elliptique au maximum (comme dans un télégramme), pour des raisons utilitaires et non esthétiques.

Concret (lat. *concretus*, « épais, matériel ») ANTON. *abstrait**. **1** Qui existe dans le réel ou qui désigne ce qui existe ainsi : EX. un cheval blanc est *concret*, la blancheur est un terme *abstrait*.
2 (Par ext.) Qui tombe sous le sens, qui est matériel : *un style concret* est un style qui, plutôt que des idées, offre l'image des choses.

Conditions (*théorie des*) Théorie de DIDEROT (1757-1758) suivant laquelle le drame* doit substituer à la peinture des caractères* (2), dont le nombre est limité et qui ont été traités par la tragédie* et la comédie*, celle des *conditions*, c.-à-d. l'étude des problèmes que pose aux hommes leur situation dans la société (EX. le commerçant, l'industriel, etc.) ou des **relations**, c.-à-d. des rapports entre les membres de la famille (EX. le père de famille, le fils naturel).

Confession 1 Dans la religion catholique, déclaration de ses péchés devant un prêtre pour en obtenir l'absolution; par ext., aveu d'une faute.
2 (Litt.) Genre* littéraire où l'auteur raconte sa vie en y avouant ses erreurs, mais aussi ses bonnes actions. La *confession* se distingue des mémoires* ou de l'autobiographie* dans la mesure où l'auteur prétend être d'une totale sincérité. EX. *Les Confessions* de J.-J. ROUSSEAU.

Confident Personnage de la tragédie* classique* à qui les héros font des confidences, ce qui permet d'exposer l'état de l'action et les caractères; le *confident* a parfois le rôle du messager de la tragédie antique (Théramène dans *Phèdre*), son caractère est rarement individualisé (cf. cependant Narcisse dans *Britannicus*). Les romantiques* ont critiqué le *confident* comme nuisant à l'impression de réalité que doit donner l'action dramatique.

Conformisme Le fait d'avoir des idées et des sentiments semblables à ceux qui sont les plus courants dans la société contemporaine.

Connotation Ensemble des valeurs affectives que prend un mot suivant chaque individu; tout ce qu'il peut suggérer, consciemment ou inconsciemment, en plus du sens explicite (c.-à-d. la *dénotation**). De nos jours, la publicité joue beaucoup sur les *connotations* du produit : Ex. «parfum» et «odeur» ont la même dénotation, mais le terme «parfum» connote «femme», «luxe», «séduction»,... et sera préféré. Les *connotations* peuvent aussi bien être des termes concrets qu'abstraits.

Conscience A| (Psych.) **1** *Spontanée*. Intuition* plus ou moins claire que nous avons de certains phénomènes psychologiques se déroulant en nous : «*Ce que nous sommes de moins en moins quand nous tombons graduellement dans un sommeil sans rêves... ce que nous sommes de plus en plus quand le bruit nous réveille peu à peu, c'est là ce qu'on appelle* conscience» (BALDWIN, in *Vocabulaire de la philosophie*). **2** *Réfléchie*. Connaissance qui, après une analyse, permet de caractériser exactement un acte psychologique. PASCAL : «*Jamais on ne fait le mal si pleinement et si gaiement que quand on le fait par* conscience.»
B| (Morale) **3** Sentiment intérieur que nous avons de la valeur morale de tel ou tel de nos actes. ROUSEAU : «Conscience! conscience! *instinct divin, immortelle et céleste voix... juge infaillible du bien et du mal, qui rends l'homme semblable à Dieu.*» *Liberté de conscience :* liberté d'adopter la doctrine philosophique ou religieuse qui paraît la meilleure.

Conservatisme Attitude qui consiste à s'accommoder de l'état politique présent sans chercher à le modifier par une révolution qu'on juge dangereuse : Ex. le *conservatisme* de MONTAIGNE.

Consolation Genre* littéraire qui consiste, à travers un écrit, à alléger la peine des gens à qui l'on s'adresse et qui ne sont pas nécessairement des relations intimes : Ex. «*J'ai éprouvé moi-même ce sentiment dans ma* Consolation *à ma mère Helvia, d'une facture très personnelle, que je* *lui fis tenir de la Corse sauvage pour sécher ses larmes.* » (Propos prêtés à Sénèque in *Neropolis* d'H. MONTEILHET.)

Contact (Ling.) Relation physique et/ou psychologique entre le destinateur* et le destinataire* qui permet d'établir et de maintenir la communication*. Maintenir le contact relève de la fonction* phatique* du langage.

Contamination Chez les Latins, le fait d'amalgamer en une seule comédie latine la matière de deux ou plusieurs comédies grecques. Le mot s'emploie en parlant d'une œuvre littéraire composée par un procédé analogue : *Les Fourberies de Scapin* sont le fruit de la *ontamination* d'une comédie de TÉRENCE et d'une farce de TABARIN.

Conte Récit souvent assez court et en prose qui se distingue du roman* et de la nouvelle*; il narre des événements imaginaires et donnés comme tels, et cherche à sortir de la réalité par le merveilleux* : les personnages possèdent des pouvoirs supranaturels comme dans les *contes de fées* (EX. les *Contes des Mille et une Nuits*, les *contes* de PERRAULT), par le fantastique, où rationnel et irrationnel, événements réels et imaginaires se mêlent au point de faire hésiter le lecteur (EX. les *Contes* d'HOFFMANN) ou simplement par la stylisation* des héros ramenés à un trait caricatural ou symbolique : c'est, en particulier, le cas du *conte philosophique* (*Candide, Zadig* de VOLTAIRE) destiné à prouver des données philosophiques (liberté, bonheur,...). Le *conte populaire* est un récit oral, parfois fixé par écrit, dont les héros sont traditionnels et les séquences, interchangeables. À la différence de la nouvelle*, le *conte* entasse une très grande quantité d'aventures, s'étend dans le temps et dans l'espace, mais il demeure plus court que le roman parce qu'il schématise les événements et les ramène à leur signification symbolique sans chercher, par l'abondance des détails, à les faire exister réellement pour le lecteur. Le personnage du *conte* est lui aussi schématisé : il ne nous intéresse pas en tant qu'être existant individuellement, mais plutôt en tant que symbole philosophique, image morale ou marionnette comique. Le charme du *conte* vient surtout de l'intrigue et de son sens philosophique et moral. L'analyse du *conte* se réfère désormais aux travaux de V. PROPP (*Morphologie du conte*) : ce formaliste russe a dégagé, de l'étude de plusieurs contes populaires, les « fonctions », c.-à-d. la place des actions dans le déroulement du récit suivant l'axe *paradigmatique* (les fonctions équivalentes) et l'axe *syntagmatique* (enchaînement des fonctions); cf. l'*analyse actantielle** du récit.

Contempler Regarder longuement, synthétiquement, un objet ou un spectacle, en s'y absorbant, ou examiner une idée de la même manière : *contempler la nature, la mort*. La **contemplation** est donc un long ravissement, avec parfois des réactions affectives de tous ordres (admiration, horreur, amour, etc.) sans exclure la pensée, mais à la différence de ce qui a lieu dans la **réflexion** ou la **méditation**, le sujet raisonne moins qu'il ne saisit intuitivement. En religion, on appelle *contemplation* un état supérieur à la *méditation*, par lequel on rompt avec le corps et les choses sensibles pour communier par l'âme avec Dieu. **Contemplateur** (N. et adj.) se dit de celui qui, parfois avec persévérance et méthode, contemple le monde visible ou les idées : *Molière le contemplateur*. **Contemplatif** (N. et adj.) est plutôt un terme religieux, en général appliqué à ceux qui se consacrent à la vie d'oraison, par opposition à la vie active, et à leurs pratiques (*ordres contemplatifs, vie contemplative*), et spéc. à des mystiques (XVIIe s. : les *nouveaux contemplatifs*, ce sont les quiétistes). Comme syn. de *contemplateur, contemplatif* garde ces nuances et implique l'habitude de se perdre dans la contemplation ou les inspirations mystiques sans agir. ROUSSEAU : «*Jean-Jacques est indolent, paresseux, comme tous les* contemplatifs.»

Contexte 1 Ensemble que forment par leur liaison naturelle les différentes parties d'un texte : les actes notariés doivent être écrits en un seul et même *contexte*.
2 Par opposition à une partie du texte, l'ensemble des autres parties, ou les parties voisines qui l'éclairent : l'acception d'un mot s'explique par le *contexte*.
3 (Ling.) Terme qui désigne l'environnement linguistique propre à chaque sujet parlant, qui lui sert de *référent* (ou *référence*) quand il produit un message.
4 (Fig., néol.) Ensemble de circonstances dans lequel se situe un fait précis et qui lui donne sa signification : le *contexte* social d'une grève. SYN. *conjoncture* (qui a plutôt rapport à l'avenir et implique prévision), *circonstances, climat*.

Contingent Ce qui n'est pas *nécessaire**; dans le futur, ce qui peut arriver ou ne pas arriver; dans le présent, ce qui arrive et aurait pu ne pas arriver : EX. l'existence d'une loterie suppose *nécessairement* l'existence d'un gagnant, mais le fait que le gagnant est telle ou telle personne est *contingent*.

Contradiction (*principe de*) Une des lois essentielles de la pensée : «*le contraire du vrai est faux*» ou «*la même chose, envisagée sous le même rapport, ne peut pas à la fois être ou ne pas être*».

Contrat 1 Convention par laquelle une ou plusieurs personnes s'engagent envers une ou plusieurs autres à donner, à faire ou à ne pas faire qqch.
2 *Contrat social* : *contrat* à l'origine de la société civile. Si l'autorité de celui qui gouverne n'est fondée ni sur le droit* divin, ni sur la nature* (2), ni sur la force, il faut admettre que l'homme, né libre, a volontairement aliéné sa liberté pour jouir, en échange, des avantages de la société civile. Il l'a fait par un *contrat* avec celui qui le gouverne. Ce contrat peut être éternellement durable (monarchie héréditaire) ou limité dans le temps (monarchie élective); l'aliénation des droits de l'individu peut être totale (pouvoir absolu*) ou partielle (monarchie constitutionnelle). Avant ROUSSEAU, on ne concevait le *contrat social* qu'avec un monarque et, à la suite de ce contrat, les hommes devenaient des sujets. L'originalité de ROUSSEAU (*Du contrat social*, 1762) est d'avoir modifié les termes et les parties du contrat : *«Chacun de nous met en commun sa personne et toute sa puissance sous la suprême direction de la volonté* générale; et nous recevons* [nous qualifions] *encore chaque membre comme partie indivisible du tout.»* Ainsi : *a*) le contrat a lieu désormais entre chaque individu et tous les membres de la société (la volonté générale est la somme des volontés particulières); *b*) l'aliénation est totale, mais «*la condition étant égale pour tous, nul n'a intérêt à la rendre onéreuse aux autres*»; *c*) enfin «*chacun se donnant à tous ne se donne* à personne; et, comme il n'y a pas un associé sur lequel on n'acquière le même droit qu'on lui cède sur soi, on gagne l'équivalent de tout ce qu'on perd et plus de force pour conserver ce qu'on a.*» Le *contrat social* de ROUSSEAU fonde donc la société démocratique et, grâce à lui, les hommes deviennent des citoyens et non des sujets.

Contrepèterie cf. *Lapsus**.

Contrepoint 1 Art de composer de la musique en superposant plusieurs lignes mélodiques.
2 Par ext., en litt., alternance ou superposition de thèmes ou d'intrigues dans un roman* ou un poème*.

Contre-Réforme Réforme catholique (seconde moitié du XVIe s.) destinée à débarrasser l'Église de certains défauts que lui reprochait la Réforme protestante. Les principales manifestatons de la Contre-Réforme sont le concile de Trente (1545-1563), la réforme des ordres monastiques, la création d'ordres nouveaux (jésuites); en litt., la naissance d'un courant mystique*, l'effort pour ramener les thèmes païens de la Renaissance à la religion ou au moins pour les rendre plus moraux.

Contre-rejet Il y a *contre-rejet* quand les derniers mots d'un vers commencent une phrase dont la plus grande partie est contenue dans les vers suivants. EX. VERLAINE : «... *et l'épais linceul| Des ténébères vint noyer les suprêmes| rayons du couchant dans ses ondes blêmes.* »

Contresens 1 Toute traduction d'un mot, d'une phrase et, en un sens plus large, toute interprétation (par l'esprit, la lecture, le jeu de l'acteur, le commentaire, l'exécution musicale, etc.) qui s'écarte du sens véritable d'un texte, d'une œuvre et les dénature. SYN. *faux sens. À contresens,* en commettant un contresens. BOSSUET : «*ces passages pris à* contresens *par l'auteur*».
2 Le fait d'agir en allant contre ce qu'on appelle le bon sens, concrètement ou intellectuellement : *une éducation qui est un contresens.* SYN. *absurdité, paradoxe.*

Controverse 1 cf. *Discussion** (2).
2 (Théol.) Discussion* sur une question religieuse : EX. la *controverse* entre FÉNELON et BOSSUET sur le quiétisme.

Coq-à-l'âne 1 Discours sans suite, (où l'on saute du coq à l'âne), et donc incohérent et parfois sans aucun sens. EX. [Le mouton] «*vous emportera haut et court*», écrit RABELAIS, créant ainsi, d'après *pendre haut et court,* une expression burlesque par son inintelligibilité même.
2 Pièce remplie de coq-à-l'âne, qui cache souvent sous son apparente incohérence une vive satire : EX. le *Pot pourri* de VOLTAIRE est un *coq-à-l'âne* dirigé contre le catholicisme.

Corpus Échantillon d'énoncés grâce auquel on s'efforce d'analyser, d'étudier un problème ling. ou un thème* : *établir un corpus de phrases pour une étude de syntaxe.* **Corps** a le même sens, mais des emplois plus larges et peut désigner un recueil complet de textes ou d'ouvrages : *Corps des poètes latins*; *Corps du droit civil*; un *corps de doctrines.*

Correspondances (*théorie des*) Une des théories du symbolisme* de BAUDELAIRE. Les sensations ne sont que les symboles* apparents d'une réalité essentielle* cachée : la même réalité peut s'exprimer par des sensations très différentes. Il y a donc des rapports, des analogies* entre les sensations et les sentiments, le monde réel et le monde spirituel,... La poésie* a pour rôle de faire découvrir ce sens symbolique et d'élever l'âme «*vers une Beauté supérieure*» : «*Comme de longs échos qui de loin se confondent|Dans une ténébreuse et profonde unité|Vaste comme la nuit et comme la clarté,|Les parfums, les couleurs et les sons* se répondent.»

Cosmopolitisme (étym. « le fait d'être citoyen du monde ») Le fait, pour une littérature ou un écrivain, de s'ouvrir à toutes les influences litt. venues de l'étranger : Ex. le *cosmopolitisme littéraire* des écrivains français du XVIIIe s. qui subissent l'influence de l'Angleterre.

Couleur 1 En un sens plus large que *pittoresque**, qualité d'un style dont les expressions vives, souvent concrètes pour exprimer l'abstrait, ne dépeignent pas forcément un objet précis, mais font impression par leur saveur, leurs alliances : le style de Montaigne a de la *couleur*. **Coloris**, en ce sens, suppose un éclat agréable, varié, qui rappelle davantage les effets de la peinture. VAUVENARGUES : « *Il n'y a point de si petits caractères qu'on ne puisse rendre agréables par le* coloris, *le fleuriste de La Bruyère en est la preuve.* »
2 *Couleur locale* : *a*) terme de peinture, prop., couleur propre de chaque objet indépendamment de la distribution de la lumière; *b*) par ext., depuis le romantisme, qualité des ouvrages (peinture, litt., musique) qui reproduisent d'une manière exacte et pittoresque les caractères d'un pays ou d'un temps : la *couleur locale* de *Salammbô*. ANTON. *anachronisme**.

Coupe Séparation, dans un vers, entre deux mots, qui marque la fin d'une mesure* et le début de la suivante : cf. *Césure**.

Courant cf. *Niveau* de langue.*

Courtois (M.A., surtout à partir du XIIe s.) Qui caractérise à tous les points de vue (habillement, manières, sentiments, etc.) les gens les plus distingués, ceux qui fréquentent la cour du suzerain. *Littérature courtoise*, poésie*, roman* qui, d'une façon lyrique ou narrative, expriment l'idéal de cette société et spéc. l'*amour courtois*, c.-à-d. le respect de la femme, les rapports chevaleresques avec elle, l'étude psychologique du sentiment selon des formes assez savantes : Ex. les romans de CHRÉTIEN DE TROYES, les poèmes des troubadours. Cf. *Chanson* courtoise.*

Créativité (Néol.) **1** Pouvoir de création, d'imagination : Ex. *Il faut développer la* créativité *des élèves.*
2 (Ling.) Aptitude du sujet parlant à produire et à comprendre un nombre infini de phrases.

Crise (grec *crisis*, de *crinô*, « juger » : moment bref et périlleux qui met à l'épreuve) **1** Dans la tragédie* classique*, le moment où, les passions étant à leur paroxysme, un événement se produit qui provoque entre elles un conflit bref et dramatique d'où sortira le dénouement : Ex. l'arrivée d'Oreste dans *Andromaque*.

2 En morale, en politique, etc., moment où toutes les valeurs reçues sont mises en doute. ROUSSEAU : «*Nous approchons de l'état de* crise *et du siècle des révolutions.*»

Cristallisation 1 Expression de STENDHAL (*De l'amour*, 1822) : de même que, dans les mines de sel de Salzbourg, un rameau d'arbre se couvre de *cristaux* brillants, de même «*l'esprit... tire, de tout ce qui se présente, la découverte que l'objet aimé a de nouvelles perfections*» : tous les faits sont rattachés par le passionné à l'objet de sa passion pour l'accroître et l'embellir.
2 Par ext., on emploie cette image pour signifier qu'une idée dominante conduit à interpréter toutes les représentations dans un sens qu'elle impose : on peut dire que ROUSSEAU, frappé des fâcheuses conséquences de l'inégalité parmi les hommes, cristallisait toutes ses observations autour de cette idée, c.-à-d. que tout ce qu'il remarquait dans la société renforçait sa conviction. On dit aussi «*faire une fixation*» sur cette idée.

Critique (grec *crinô*, «juger») Examen d'un principe* ou d'un fait pour déterminer sa valeur par rapport à une fin* comme, par exemple, la vérité ou la beauté.
A| Par rapport à la *vérité*. **1** Examen raisonné des faits ou des idées pour juger de leur vérité ou de leur rapport avec un système de valeurs*. L'*esprit critique* consiste à n'admettre aucune assertion sans s'interroger d'abord sur sa valeur. *Critique externe* : examen de la forme d'une assertion destiné à s'assurer si elle est transmise dans son contenu réel; la *critique verbale* ou la *critique des textes* est une partie de la *critique externe* qui examine si les textes nous sont bien parvenus sous leur forme authentique*. *Critique interne* : examen du contenu d'une assertion pour s'assurer si elle correspond bien à la vérité.
2 (Avec l'idée d'un jugement défavorable) Examen destiné à prouver qu'une œuvre ou un système d'idées n'ont aucune valeur*. *Critique sociale* : examen d'un état social donné, destiné à montrer combien il réalise imparfaitement un certain idéal de la société humaine.
B| Par rapport à la *beauté*. **3** L'art de porter un jugement, souvent de valeur, sur les productions littéraires ou artistiques. *Critique dogmatique** : celle qui juge les œuvres par rapport à un idéal du beau* absolu* dont les principes sont nettement posés : Ex. la *Critique du Cid* par l'Académie (1637). *Critique objective** : celle qui prétend se fonder sur une échelle de valeurs indépendante du goût de celui qui juge. *Critique subjective** : celle qui exprime l'idée du beau ou le goût de celui qui juge. *Critique impressionniste* : critique subjective qui analyse

l'impression que l'œuvre produit sur celui qui la juge. Ex. les GONCOURT : «*La séduction d'une œuvre d'art est presque toujours en nous-mêmes et comme dans l'humeur du moment de notre œil.*» *Critique des valeurs* ou, selon THIBAUDET, *des «nourritures»*, celle qui juge d'après l'efficacité du livre sur la sensibilité, l'intelligence, l'action.

C| Sans intention de juger. **4** Art d'expliquer les productions littéraires ou artistiques. Au XIXe s., la *critique explicative* rend compte de la naissance de l'œuvre d'art et de son contenu par l'influence de la société (Mme DE STAËL), la psych. de l'écrivain (SAINTE-BEUVE), la race, le milieu, le moment (TAINE). Au XXe s., la *critique* connaît un essor prodigieux et devient un véritable genre* littéraire. Par opposition à la critique traditionnelle fondée sur des valeurs subjectives, elle prétend élaborer une «science» du fait littéraire : elle cherche donc à se donner des concepts* fondateurs et une méthodologie. En cela, elle subit l'influence des courants de pensée dominants de ce siècle (marxisme*, psychanalyse*, structuralisme*) en même temps qu'elle fait appel aux nouvelles sciences humaines (sociologie*, linguistique*, sémiotique*). Elle se divise en trois courants principaux : le premier, influencé par la pensée de FREUD, regroupe *critique existentielle**, *thématique** et *psychocritique**; le deuxième s'inspire des travaux de SAUSSURE* et des linguistes : *critique structuraliste* et formaliste**, *poétique**, *sémiotique**; le troisième s'inscrit dans le courant de pensée marxiste : *critique sociologique**, *sociocritique**. Notons deux mouvements qui se situent quelque peu en dehors de ces trois principaux courants : la *critique génétique** de SPITZER et l'*esthétique* de la réception**.

5 Ensemble des personnes chargées d'analyser et de juger les productions littéraires ou artistiques dans la presse et les médias*. Ex. «*Ce film a été salué par la* critique *comme un chef-d'œuvre.*»

Cryptogramme Petit écrit en caractères secrets ou en écriture chiffrée. Ex. le poisson que dessinaient les premiers chrétiens comme signe de reconnaissance parce que « poisson » se dit *ichthus* en grec, où l'on retrouve les initiales de I*ésus* Ch*ristus* Th*éou* U*ios* S*ôter* (« *Jésus Christ, fils de Dieu,* [*notre*] *Sauveur* »).

Cubisme (vers 1908, sur «cube») École de peinture (1910-1930 : PICASSO, BRAQUE, LHOTE, etc.) qui ramenait l'apparence des objets aux formes géométriques essentielles leur servant de support et présentait souvent celles-ci dépliées en plan, ou qui, même, jouait avec des formes géométriques ne rappelant pas un modèle, ce qui peut annoncer l'art *abstrait**.

Culture (Par métaphore) **1** (Dès le XVIe s.) Développement d'une faculté par un exercice approprié : Ex. *culture* de mémoire, *culture* physique, etc. En général, il s'agit d'un développement harmonieux; un adverbe peut toutefois introduire une nuance péj. : Ex. une *culture* purement livresque.
2 (Depuis la fin du XVIIIe s.) Caractère d'une personne instruite qui a su utiliser son savoir pour développer son goût, son jugement* et aussi apprendre à bien vivre. En ce sens, la *culture* est plus que le savoir, elle suppose un enrichissement intellectuel et moral qui demeure, même si le savoir est oublié, et peut venir parfois d'autres sources que le savoir (Ex. les voyages, l'expérience de la vie). Émile HENRIOT : «*La* culture, *c'est ce qui demeure dans l'homme lorsqu'il a tout oublié.*»
3 (XIXe s., par transposition du mot allemand *Kultur*) Civilisation* (2) : Ex. la *culture* française.

Cut-up cf. *Découpage**.

Cycle (grec *kuklos*, «cercle») Groupe de poèmes* constituant une sorte de cercle autour d'un fait, d'un héros*, d'une famille. (Ant.) *Le cycle troyen* : ensemble d'épopées se rapportant à la guerre de Troie et complétant l'*Iliade* et l'*Odyssée*. (M.A.) *Le cycle carolingien* : ensemble d'épopées se rapportant à Charlemagne : cf. *Geste**.

Cyclique **1** Se dit d'une œuvre qui appartient à un cycle* ou de son auteur.
2 Par analogie avec la critique musicale, on qualifie parfois de *cyclique*, une œuvre littéraire dans laquelle un thème* central réapparaît périodiquement.

D

Dadaïsme (ou *mouvemet* dada) Mouvement littéraire qui dura quelques années après 1917 (TZARA, BRETON, ARAGON, etc.). Il s'agissait de libérer le mot de la tyrannie du sens pour ne lui laisser que sa valeur d'objet poétique. Le mot *dada*, dénué de ses sens habituels, fut choisi comme symbole.

Dandysme Le fait d'être un *dandy*. On appelait *dandys*, dans la première moitié du XIXe s., un groupe de jeunes aristocrates anglais (G. BRUMMEL, le poète BYRON, etc.) qui donnaient le ton par leur élégance. En France, le *dandysme* de certains poètes (MUSSET, BAUDELAIRE) consiste à rechercher la perfection esthétique dans le costume, le goût, l'attitude sociale, à masquer sous l'élégance le mépris des conventions morales et des sentiments bourgeois. Au sens péj., on appelle *dandysme littéraire* la recherche d'un style affecté qui se veut inimitable.

Dantesque Qui rappelle l'œuvre de DANTE (et surtout l'*Enfer*); se dit de paysages, de spectacles et, par ext., de tout objet ou genre d'expression qui donnent à la fois une sensation de terreur, de sublime, de fantastique et de tourmenté. BARRÈS : «*rocher tout baigné d'horreur* dantesque».

Darwinisme Théorie transformiste* du naturaliste anglais Charles DARWIN (1809-1882), fondée sur la *sélection naturelle*. Dans un milieu donné, la lutte pour la vie entre les individus d'une même espèce fait disparaître les plus faiblement armés. Seuls subsistent ceux qui possèdent les qualités les plus utiles à l'espèce : ces qualités se transmettant par hérédité, elles ne font que s'accentuer, de génération en génération, et provoquent ainsi une transformation de l'espèce.

Débat cf. *Discussion**.

Débit cf. *Énonciation** (2).

Décadent 1 Mot du XVIe s., repris vers 1885 par certains littérateurs, rattachés plus généralement au symbolisme*, qui trouvaient la décadence de l'Empire romain plus riche en sentiments et en poésie que son apogée. Ceux qui se disaient *décadents* (EX. VERLAINE) affectaient un certain

désenchantement et dégoût de l'action, des sentiments mélancoliques raffinés et nuancés qui exigeaient souvent pour être exprimés des néologismes*.
2 D'une façon plus générale, un art, un écrivain *décadents* succèdent à un classicisme (ou à un âge d'or) sur lequel ils raffinent en se complaisant à la fois dans l'exagération de toutes les possibilités qu'il leur fournit et dans la contemplation voluptueuse de sa désagrégation.

Décasyllabe Vers de dix syllabes; le plus ancien de tous les vers épiques français (*Chanson de saint Alexis, Chanson de Roland*); le vers de la grande poésie jusqu'à la Pléiade, qui lui préféra l'alexandrin*.

Déclic Dans la *critique génétique** de L. SPITZER, désigne l'intuition* qui prendra appui sur un détail formel pour pénétrer dans l'œuvre, puisque tout détail doit conduire à l'essentiel. SYN. *click*.

Découpage Procédé qui consiste à découper un texte et à replacer les différents morceaux obtenus dans un ordre arbitraire, afin non seulement de produire de nouveaux textes, mais aussi de lire ou relire d'un œil radicalement critique* (1) n'importe quel texte. EX. : «*La place bétonnée est mouillée — un môme* cum *police — est bouffé par les oiseaux littéraires.*» (W. BURROUGHS, *Le Métro blanc*.) SYN. *cut-up**.

Dédicace cf. *Exergue**.

Déduction Démarche de raisonnement qui consiste à tirer de certaines données les conséquences qu'elles impliquent ou les causes qu'elles présupposent. À l'inverse du raisonnement par *induction**, la démarche déductive va donc du général au particulier. EX. le raisonnement mathématique opère par *déduction*.

Définition Action de *définir*, c.-à-d. : **1** de fixer avec précision, par ex. la valeur du gramme;
2 de déterminer, d'une manière aussi courte, précise et méthodique que possible, le sens* ou l'acception d'un terme, en énonçant en détail sa compréhension*, c.-à-d. les idées essentielles du concept ou les caractères de l'être ou de la chose qu'il signifie.

Déictique cf. *Embrayeur**.

Déisme À l'origine (XVIe s.), croyance qu'il y a un dieu, mais qui n'est pas forcément le Dieu chrétien : ANTON. *athéisme**, *christianisme*. Jusqu'au XVIIIe s., le mot s'emploie dans des nuances très diverses, mais toujours avec l'idée que, si le monde est la création d'un dieu, ce dieu ne s'est révélé exclusivement à aucune religion. KANT a essayé d'opposer le *déisme* au *théisme** (mot d'origine anglaise, XVIIe s.) : le *déisme* se borne, pour lui, à affirmer l'existence d'une cause première du monde, mais ne peut déterminer cette cause; le *théisme** prétend déterminer cette cause par raison et la conçoit comme un être créateur, souverainement libre, providentiel et justicier dans la vie future. Ainsi VOLTAIRE et ROUSSEAU auraient été *théistes*; cela n'empêche pas qu'on les qualifie en France de *déistes*.

Démarquer S'inspirer d'une œuvre en la modifiant de façon à dissimuler l'imitation (comme si l'on ôtait une marque) : Ex. les auteurs d'épopées de l'époque classique ne font que *démarquer* l'*Iliade* ou l'*Énéide*.

Démocratie État politique dans lequel la souveraineté appartient, directement ou par l'intermédiaire de représentants, à la totalité des citoyens considérés comme tous égaux en droit : la France, les États-Unis sont des *démocraties*.

Dénotation Sens premier d'un mot, tel qu'il est donné par le dictionnaire par ex. La *dénotation* s'oppose à la *connotation** : ainsi, la *dénotation* de *rouge* est la couleur, alors que ses *connotations** — selon le contexte* dans lequel il est employé — peuvent être « sang », « révolution », « croix »,...

Dénouement La partie finale d'une composition littéraire et spéc. d'une pièce de théâtre, dans laquelle l'action* se termine soit par le jeu naturel des passions, soit par un événement inattendu. Pour les théoriciens classiques, un bon *dénouement* doit être surprenant, vraisemblable* et complet, c.-à-d. nous renseigner sur le sort définitif de tous les personnages.

Dénudation Procédé, fréquent en litt. contemporaine, qui consiste à dévoiler un artifice littéraire, une « ficelle » du métier *a*) par l'auteur lui-même sur sa propre œuvre : cf. A. GIDE, *Les Faux-Monnayeurs*; A. ROBBE-GRILLET, qui se demande : « *Que fera la servante de son chien au moment où elle entre dans l'appartement*? » et décide de supprimer l'épisode; *b*) par qqun d'autre sur l'œuvre d'autrui : c'est alors le *pastiche**.

Déontologie (XIXe s.) Science des devoirs moraux : *Déontologie* de BENTHAM, 1834; le mot s'est spécialisé pour désigner la *déontologie médicale*, ensemble des règles morales que doit suivre le médecin dans ses rapports avec ses malades, ses confrères, la société. En ce sens, chaque profession peut avoir sa *déontologie*.

Déprécation (Rhét.) Figure* de pensée par laquelle un orateur ou un personnage adresse à la divinité ou à une puissance quelconque une prière pour qu'elle détourne un danger, accorde une protection spéciale : Ex. la *déprécation* de Joad dans *Athalie*, I, 2 «*Grand Dieu*, etc.».

Déréliction État d'abandon profond de l'homme quand il a le sentiment de sa solitude, en particulier quand Dieu ne lui vient plus en aide. Ex. A. Camus : «Déréliction *et espoir ne seront surmontés que dans la libre acceptation de la mort.*»

Dérivation Emploi dans un même énoncé de mots dont l'origine commune est sensible. Ex. Corneille : «*Ton bras est invaincu mais non pas invincible.*»

Descriptif (*style, poésie*) Qui cherche avant tout à représenter l'aspect extérieur des êtres et des choses; ce style ne se confond pas avec le réalisme*, car il peut choisir et embellir : Ex. le style *descriptif* de Chateaubriand.

Description Représentation par un développement plus ou moins détaillé d'une action, d'un lieu, d'un objet, d'une personne (cf. *Portrait**). La description se veut réaliste*. Ex. Balzac : «*Les deux grands côtés du triangle que formait le mur du pignon étaient découpés carrément par des espèces de marches.*» Dans le nouveau* roman*, elle est même garante d'objectivité*, jusqu'à prendre parfois un caractère obsessionnel et caricatural; Ex. A. Robbe-Grillet : «... *net, comme tracé au tire-ligne, un carré de bois verni occupe ainsi le coin arrière gauche, non pas à l'angle même de la table, mais parallèlement à ses bords, en retrait d'environ dix centimètres.*» Toutefois A. Breton trouvait la description inefficace, donc inutile, et la remplaçait par des photographies, comme dans *Nadja*. En fait, elle est souvent assujettie aux valeurs connotatives* de l'ensemble et sert à mettre en perspective* l'action; on parle alors de *cadrage** ou de *focalisation**.

Desiderata cf. *Lacune**.

Désinence cf. *Affixe**.

Despotisme **1** Gouvernement qui a pour fin* non l'intérêt des sujets, mais de celui qui gouverne.
2 (Pour Montesquieu et les philosophes du XVIIIe s.) La monarchie absolue*, par opposition à la monarchie constitutionnelle.

Destinataire **1** Personne à qui est adressée une lettre.
2 (Ling.) Celui à qui l'on adresse un message*. Syn. *interlocuteur**,

récepteur, auditeur**.
3 Dans un récit*, le *destinataire* désigne le *paradigme* actantiel** qui correspond à l'un des personnages* types : celui à qui profite l'action menée par le héros*. EX. l'humanité par rapport à la quête du philosophe, dans l'exemple analysé par A.-J. GREIMAS, à qui ce terme est emprunté. SYN. *bénéficiaire.*

Destinateur (Ling.) **1** Celui qui envoie un message. SYN. *émetteur*, énonciateur*, locuteur*, narrateur*, sujet* parlant, scripteur**.
2 Dans un récit*, le personnage* type qui confie au héros* une tâche, une mission. EX. Eurystée, qui ordonne à Hercule d'accomplir ses douze travaux. SYN. *donateur, mandateur* (dans l'analyse du conte* faite par V. PROPP), *arbitre de la situation*.

Détenteur Dans un récit*, et plus particulièrement un conte*, le personnage* qui possède ou retient l'objet* ou la valeur désirés par le héros* : il peut l'accorder ou le refuser au héros*, ou le donner à qqun d'autre. EX. *le roi*, de la fille duquel le héros* est amoureux.

Déterminisme Ce mot, qui vient d'Allemagne, date, en philos., du début du XIXe s., mais sert à qualifier des doctrines bien antérieures.
1 Toute doctrine philosophique suivant laquelle tous les événements de l'univers et, en particulier, les actions humaines, dépendent de causes qui les ont amenés nécessairement et auront eux-mêmes des effets nécessaires : EX. la philos. de LEIBNIZ; cf. *raison* suffisante*; ANTON. *liberté**; ne pas confondre avec le *fatalisme** qui suppose que les événements sont *fixés d'avance, par une puissance supérieure*.
2 (Spéc., en psych.) Doctrine suivant laquelle la volonté* est poussée nécessairement à agir par des forces extérieures ou intérieures sur lesquelles l'homme ne peut rien : EX. pour les jansénistes, l'homme, sans la grâce, est poussé nécessairement au péché par les impulsions de sa nature* corrompue; ANTON. *libre arbitre*, liberté**.
3 Principe* scientifique d'après lequel tout fait a une cause et les mêmes causes produisent les mêmes effets, si bien que les phénomènes sont régis par des lois nécessaires et universelles. En conséquence, si l'on connaît toutes les causes d'un phénomène*, en produisant ces causes, on produira le phénomène : si je sais que l'eau est portée à ébullition par une température de 100 degrés, en provoquant une telle température j'obtiendrai nécessairement l'ébullition.

Détour cf. *Circonlocution**.

Devenir Terme de philos. mis à la mode par HEGEL, mais qui peut s'employer à propos de toutes les philos., enseignant, depuis HÉRACLITE, que rien n'est immuable mais que tout évolue, pour exprimer le mouvement même par lequel un être ou une chose se forment ou se transforment. R. MARTIN DU GARD : «*Considérer le monde et son éternel devenir.*» SYN. *évolution, transformation, développement.*

Diablerie Pièce populaire dans laquelle le diable joue le rôle principal.

Diachronie (Ling.) Ensemble de faits caractéristiques d'une langue, considérés à travers le temps et marquant donc son évolution : une *étude diachronique*, la *linguistique diachronique* ont rapport aux transformations, à l'histoire d'une langue. Par opposition, **synchronie** : ensemble de faits linguistiques, défini abstraitement — sans tenir compte de l'action du temps —, dont on considère les équilibres à un moment déterminé; la *synchronie* du français actuel, c'est le système* phonologique, morphologique, syntaxique, sémantique, etc., qui le rend significatif, lui donne une structure* qu'étudie la *linguistique synchronique*.

Dialecte Parler d'une région étendue ne différant des parlers voisins que par des changements peu importants, si bien qu'on peut considérer tous les *dialectes* comme les variétés d'une langue* principale, souvent théorique ou qui n'est qu'un *dialecte* érigé en langue commune; en Grèce, les quatre *dialectes* principaux étaient l'ionien, l'attique, le dorien, l'éolien; au M.A., à côté du francien, *dialecte* devenu le français, il y avait des *dialectes* comme le champenois, le picard, le normand, etc. **Patois**, parler local que les variations de ses formes avec les lieux, le fait qu'il n'est pas utilisé dans les ouvrages littéraires ravalent plus bas que le *dialecte*.

Dialectique (en grec, «art de discuter et de deviser logiquement»)
1 (En Grèce) L'art de la discussion qui permet de classer les idées pour les discuter suivant les principes de la logique.
2 (M.A.) La logique* formelle*.
3 (Pour KANT, au sens péj.) Tout raisonnement illusoire qui ne part que des apparences.
4 (Pour HEGEL, sans nuance péj.) Mouvement de la pensée qui résout l'antinomie* constatée entre deux situations de faits ou d'idées inséparables et contradictoires, appelées *thèse** et *antithèse**, par la *synthèse**, qui les unit en les dépassant.
5 De nos jours : *a*) raisonnement logique : *une dialectique serrée*; *b*) péj., d'après KANT, raisonnement ingénieux, mais artificiel qui, sous une apparence formelle*, s'éloigne de la réalité des choses : *se perdre dans les subtilités de la dialectique*; *c*) non péj., d'après HEGEL, tout raisonnement

pour construire une conception de l'histoire, de la société, etc. : EX. la *dialectique marxiste* cherche à constater les contradictions successives naissant de la réalité économique capitaliste et à montrer comment chaque fois elles forcent celle-ci à devenir autre chose, à évoluer vers la société sans classes.
6 (Adj.) *Dialectique*, employé comme adj., renvoie au sens (4).

Dialogisme Terme employé par BAKHTINE pour désigner une forme de dialogue au deuxième ou troisième degré, notamment entre des textes. Cf. *Intertextualité**.

Dialogue 1 Ouvrage littéraire en forme de conversation : les *Dialogues* de PLATON, les *Dialogues des Morts* de FONTENELLE (dérivé : *dialogique*, en forme de dialogue).
2 Ensemble de paroles qu'échangent les personnages d'une œuvre littéraire ou d'un film, manière dont l'auteur les fait parler (*dialoguiste*, néol., auteur du dialogue d'un film).
3 Fig. (d'après le sens : conversation entre deux personnes) discussion suivie entre parties pour trouver un terrain d'accord : *dialogue entre patronat et syndicats*.

Diaphore Répétition d'un mot déjà employé en lui donnant une nouvelle nuance de sens. EX. PASCAL : « *Le cœur a ses* raisons *que la* raison *ne connaît pas.* »

Diatribe 1 Dans l'Ant., écrit en forme de débat, soumettant à la critique une question surtout morale.
2 De nos jours, écrit, discours d'une éloquence violente et injurieuse qui contient une critique amère. D'où, par ext., tout discours violent et injurieux : EX. *Diatribe du docteur Akakia*, de VOLTAIRE.

Diction 1 (Vieilli) Forme, expression, façon de dire. LA BRUYÈRE : « *Les synonymes sont plusieurs* dictions *qui signifient une même chose.* »
2 (Vieilli) Le choix et l'arrangement des mots du point de vue de la propriété*, de la justesse*, de la bienséance*, par opposition à l'élocution qui s'attache au mouvement général de la phrase et au style* qui implique un apport personnel de l'écrivain. RACINE* : « *Les partisans de Térence qui l'élèvent avec raison au-dessus de tous les poètes comiques pour l'élégance de sa* diction. »
3 Cf. *Énonciation**.

Dicton cf. *Proverbe**.

Didactique (grec *didaskein*, «enseigner») **1** Propre à l'enseignement, en général : *ordre didactique*.
2 (Litt.) *Genre didactique, poésie didactique* : qui se donne pour but d'enseigner, d'une façon agréable, les principes d'une science ou d'un art : Ex. l'*Art poétique* de BOILEAU est un poème *didactique*.
3 Spéc., appliqué à l'enseignement de la jeunesse, *didactique* insiste sur la méthode, l'information, l'habileté d'exposition, parfois, péj., sur le pédantisme (*ton didactique, exposé très didactique*), **pédagogique** (au propre, qui a rapport à l'enseignement des enfants ou traite de ce sujet : *méthodes pédagogiques, conférences pédagogiques*), sur l'art d'adapter les connaissances à l'intelligence des jeunes, avec parfois, péj., quelque tendance à moraliser ou à morigéner. **Scolaire** (propre à la classe et spéc. destiné à l'enseignement dans les classes : *manuel scolaire*) suppose parfois, péj., une présentation un peu trop simplifiée. **Éducatif** ne se dit que d'œuvres ou d'activités propres à donner l'éducation à la jeunesse : *télévision éducative*. **Culturel**, propre à donner la culture, a un sens plus large : une *émission culturelle* peut s'adresser à tous les publics.

Diégèse (Terme inventé par G. GENETTE) Histoire* (1) que raconte le discours* (4) du narrateur*. *Diégétique* : cf. *Narrateur**.

Diérèse En prosodie*, le fait de compter pour deux syllabes deux voyelles consécutives qui d'habitude ne comptent que pour une (ANTON. *synérèse**). V. HUGO : «*Le sud, le nord,* l'ouest *et l'est et Saint Matthieu...*», «*Rome était la* truie *énorme qui se vautre...*»

Digression Tout développement, oral ou écrit, qui s'écarte du sujet principal, consciemment ou non. **Excursus** : digression savante. **Épisode*** (2) : digression dans une œuvre narrative. **Écart** : digression excessive. **Parenthèse** : brève digression voulue. **Excursion** : courte digression souvent fantaisiste. **Hors-d'œuvre, à-côté, placage** : développement hors sujet qu'on pourrait supprimer.

Dilemme 1 (Logique) Argument contenant deux propositions différentes ou contraires dont on laisse l'alternative à l'adversaire, pour le convaincre également quelle que soit celle qu'il adopte, car elles tendent toutes les deux à la même conclusion : Ex. le raisonnement de Mathan (*Athalie*, II, 5) pour démontrer à la reine qu'il faut tuer Joas : «*À d'illustres parents s'il doit son origine,* | *La splendeur de son sort doit hâter sa ruine.* | *Dans le vulgaire obscur si le sort l'a placé,* | *Qu'importe qu'au hasard un sang vil soit versé*?»

2 Par ext., **alternative** (c.-à-d. option nécessaire entre deux choses) dans laquelle ce qu'on peut choisir est toujours fâcheux. R. MARTIN DU GARD : « *La culpabilité de Dreyfus ou bien l'infamie de l'état-major* : *voilà dans quel* dilemme *imbécile on a enfermé ces officiers.* »

Dilettante (mot italien) **1** Au XVIIIe s., amateur passionné de musique et, par ext., des arts en général ou d'un art quelconque. SYN. *connaisseur.*
2 Personne qui s'intéresse à un art ou à une activité à titre de passe-temps, seulement par plaisir esthétique (cf. *Esthète**), sans y travailler ou s'y engager à fond, voire parfois sans trop y croire. ANTON. *professionnel, passionné.*

Dionysiaque cf. *Bachique**.

Diptyque 1 (XIXe s.) Ouvrage de peinture ou de sculpture composé de deux panneaux (s'il y en a trois, c'est un *triptyque*) fixes ou se rabattant l'un sur l'autre.
2 D'où, ouvrage littéraire composé de deux parties symétriques, ou ensemble de deux ouvrages symétriques (pour trois, *triptyque*). A. GIDE : « *Peu de temps après la publication de* L'École des femmes [thèse de l'épouse], *puis de* Robert [thèse du mari], *j'ai reçu, en manuscrit, le début d'un récit* [Geneviève, thèse de la fille] *en quelque sorte complémentaire, c'est-à-dire pouvant être considéré, s'ajoutant aux deux autres, comme le troisième volet d'un* triptyque. »

Discours A| Au sens large, tel que le mot était employé au XVIIe s. :
1 Tout acte destiné à dire (BOILEAU : « *Que dans tous vos* discours *la passion émue...* »),
2 Ou à écrire qqch. (BOILEAU : « *Sans cesse, en écrivant, variez vos* discours »).
B| Dans un sens plus restreint : (Ling.) **3** Par opposition à *langue** (2), désigne le langage* mis en action, la parole* individuelle. SYN. *parole**.
4 Par opposition à *récit**, énoncé en situation*, impliquant celui qui parle autour duquel tout s'organise.
5 *Les parties du discours* : les catégories grammaticales (ou *classes*) dans lesquelles on peut ranger les différentes espèces de mots selon leur fonction ou la définition qu'on en donne : EX. nom ou substantif, verbe, adj. qualificatif, adverbe, préposition, conjonction, interjection, déterminant, pronom. On emploie aussi le terme *nature* (d'un mot).
C| Dans un sens plus restreint, pour désigner un genre* : **6** Morceau oratoire dont le but est de persuader : EX. un *discours* politique.
7 Dissertation, traité : EX. le *Discours de la méthode. Discours*

préliminaire : cf. *Introduction** (2).
8 Poème généralement en alexandrins*, à rimes* plates, développant avec éloquence un thème religieux, philosophique, politique, etc.; genre pratiqué pour la première fois par DU BELLAY (1559), développé par RONSARD, conservé dans toute la litt. française : EX. *Discours sur l'homme* de VOLTAIRE; l'« Immortalité », dans les *Méditations* de LAMARTINE.

Discursif Se dit de toute opération de pensée qui atteint son but par un enchaînement d'idées solidement liées entre elles (ANTON. *intuitif**). EX. pour démontrer un théorème de géométrie, je fais un raisonnement, car la vérité du théorème ne m'apparaît pas directement. Ce raisonnement est une opération *discursive* (au XVIIe s. *discours* signifiait aussi *raisonnement*).

Discussion 1 Autrefois, étude d'une affaire par confrontation d'opinions : *discussion d'un projet de loi*; SYN. actuel : *examen*.
2 De nos jours, échange d'opinions opposées, terme le plus général. **Débat** s'emploie bien dans le domaine politique ou judiciaire, et, en général, suppose un sujet important, des joutes oratoires et un grand nombre de participants : *le débat sur la réforme de l'orthographe*. **Controverse***, discussion réglée, suivie, orale ou écrite, sur des sujets de doctrine, spéc. en religion. **Dispute** et **querelle** sont de nos jours péj., *dispute* supposant souvent un malentendu sur la définition des choses (*dispute de mots* : cf. *Logomachie**), *querelle*, mauvaise foi ou injures. Mais, historiquement, *dispute* a eu le sens actuel de *discussion* et désignait spéc. une *discussion publique* faite dans les écoles sur des points de doctrine (*disputes théologiques*), *querelle* s'est dit d'un débat ou d'une contestation qui avait l'allure d'un procès entre deux parties (*la querelle des Anciens et des Modernes*). **Polémique** suppose un débat suivi, vif, voire violent, qui a l'air d'une guerre, sur une question d'actualité. Un *polémiste* est un écrivain, spéc. un journaliste, habile dans la *polémique*.

Disparate (N. f.) Opposition ou dissemblance toujours désagréables et choquantes entre parties d'une chose, ou deux ou plusieurs choses. **Dissonance**, mélange de tons, dans le style, qui n'est pas toujours désagréable. ANTON. *harmonie**.

Disposition cf. *Plan**, *Rhétorique**.

Dissonance cf. *Disparate**, *Cacophonie**.

Dissymétrie cf. *Symétrie**.

Distanciation Terme traduit de l'allemand et spéc. utilisé pour le théâtre de BRECHT : il désigne l'attitude de l'acteur qui « prend ses distances » avec son personnage, ou celle du spectateur avec l'action dramatique, de façon à ne pas perdre un regard critique sur la fiction* théâtrale.

Distique (en grec, « deux fois un vers ») **1** (Ant.) Réunion d'un hexamètre et d'un pentamètre formant un sens complet.
2 Réunion de deux vers français formant un sens complet : EX. chez RONSARD, un alexandrin et un décasyllabe (*Élégie sur le trépas d'Antoine Chateignier*).

Distorsion Terme de science, qui désigne, en médecine, l'état d'une partie du corps tournée d'un seul côté, ou une déformation de l'image par un appareil optique, ou du son dans un appareil sonore; néol. à la mode, au fig. pour indiquer un écart qui détruit l'harmonie entre deux choses : EX. *distorsion entre les salaires et les prix, entre le développement économique et le progrès social*. On dira aussi bien *désaccord, disparate, disproportion, manque d'harmonie*.

Dithyrambe 1 (Ant.) Chant liturgique entonné par les choristes en l'honneur de Bacchus, d'où poème élogieux, sur un ton lyrique enthousiaste*, célébrant Bacchus; la Pléiade essaya de reprendre le genre en 1553 (*Dithyrambes* de BAÏF et de RONSARD *à la pompe du bouc d'Estienne Jodelle*)
2 Louange enthousiaste et exagérée : EX. un éloge *dithyrambique*.

Divertissement 1 Intermède*, le plus souvent accompagné de danses et de chants, pour occuper le public pendant un entracte : EX. *La Princesse d'Élide* de MOLIÈRE est coupée de *divertissements*.
2 Petite pièce écrite pour un théâtre de société : EX. les proverbes* étaient des *divertissements*; cf. *Saynète**.
3 Au sens pascalien, distraction que cherche l'homme pour se détourner de la méditation qui l'obligerait à s'interroger avec angoisse sur la condition humaine. EX. PASCAL : « *Ils ont un instinct secret qui les porte à chercher le* divertissement *et l'occupation au dehors.* »

Dizain Strophe* composée de dix vers; en général un quatrain* suivi d'un sizain* (chez les poètes de la Pléiade, le plus souvent sur les rimes *abab ccdeed*); isométrique* ou hétérométrique*.

Docte Savant en matière de philos., de doctrine littéraire, d'histoire, parce qu'il a beaucoup étudié le passé et réfléchi.

Dogmatisme **1** Toute philos. qui croit que l'esprit humain peut accéder à la vérité* (EX. le stoïcisme*, l'épicurisme*, etc.); ANTON. *scepticisme**. PASCAL : « *Nous avons une impuissance de prouver, invincible à tout* dogmatisme. »
2 (Pour KANT) Tendance à affirmer des vérités que la raison ne peut atteindre.
3 (Péj.) Le fait de se targuer de posséder la vérité et de mépriser, sans esprit critique, tout ce qui va contre ses idées. SAINTE-BEUVE : « *Livre plein d'un* dogmatisme *étroit.* »

Doute méthodique Attitude de DESCARTES (*Discours de la méthode*, IV, 1) : « *Je pensai qu'il fallait que je rejetasse comme absolument faux tout ce en quoi je pourrais imaginer le moindre doute afin de voir s'il ne me resterait point, après cela, quelque chose en ma créance qui fût entièrement indubitable.* » Cette attitude critique se distingue du doute sceptique*, car elle est momentanée et admet qu'on peut arriver à des vérités certaines à condition qu'on puisse les démontrer.

Doxa cf. *Mythologie** (3).

Dramatique **1** Qui s'exprime grâce à la représentation, sur une scène, d'une action* entre personnages (par opposition à l'expression *lyrique**, *épique**).
2 Se dit de l'action d'une pièce de théâtre, spéc. quand une situation donnée met en conflit les passions des personnages qui les poussent à prendre une décision et donc à agir, ce qui dénoue la situation et en amène une nouvelle.
3 (Par ext. à d'autres genres que le théâtre) Se dit de tout récit qui s'exprime par des moyens voisins de ceux du théâtre, c.-à-d. qui met au premier plan l'action, les dialogues, les conflits de passions : EX. l'*histoire dramatique* de TITE-LIVE.
4 Qui provoque une émotion analogue à celle du théâtre : bouleversement devant des événements inattendus, des conflits de passions, attente angoissée du dénouement : EX. une séance *dramatique* à l'Assemblée. *Dramatiser* : interpréter une situation en faisant systématiquement ressortir sa gravité. ANTON. *dédramatiser* (néol.).

Dramaturge Au sens classique, auteur d'ouvrages destinés au théâtre, qu'il s'agisse de tragédies, de comédies, d'opéras, etc. *Dramaturgie* : le genre théâtral en général; spéc. traité étudiant les productions de ce genre.

Drame (grec *drama*, « action ») **1** Le genre théâtral par opposition au lyrisme* et à l'épopée*.

2 (à partir du XVIIIe s.) Pièce de théâtre qui n'est ni une tragédie* ni une comédie*. Le *drame bourgeois* de DIDEROT : né sur les ruines de la tragédie classique, il traduit la volonté de poser des problèmes plus proches de la réalité des spectateurs, de fonder une certaine aspiration à la vertu et de montrer un individu sensible, autant de valeurs d'une classe bourgeoise en expansion (sujets sérieux*, peinture des conditions*, personnages bourgeois*, respect des unités*, style en prose). (XIXe s.) *Drame romantique* : en général, le drame tel que le définit la Préface de *Cromwell* (1827), mais aussi le drame tel que l'ont conçu les divers auteurs romantiques : leurs conceptions n'ont guère de commun que le mépris des unités*, le mélange plus ou moins net des genres*, le fait que les personnages ont des sentiments modernes. (XXe s.) L'opposition *drame*/tragédie n'est plus nette du fait qu'on n'écrit plus de tragédie dans les règles : toutefois le *drame* suppose une action plus lâche que celle de la tragédie, moins concentrée dans une crise, soumise davantage à l'influence des événements extérieurs.
3 De nos jours, on appelle *drames* des pièces antérieures au XVIIIe s. qui ne sont pas des tragédies ou des comédies au sens classique du terme : EX. on qualifie de *drame* le *Dom Juan* de MOLIÈRE parce que la pièce mêle le comique et le tragique.
4 (M.A.) *Drame liturgique* : on appelle ainsi, de nos jours, le dialogue religieux qui, aux fêtes de Noël et de Pâques, s'ajoutait à l'office, dans l'église; des personnages, tels qu'ils figuraient dans l'Écriture, récitaient des fragments de l'Évangile. Le spectacle finit par avoir lieu sur le parvis de l'église et le dialogue se tint en français; dès lors le théâtre du M.A. était né : EX. le *Jeu d'Adam* (XIIe s.).
5 Au sens fig. toute série d'événements qui, par leur complication et l'émotion qu'ils soulèvent, rappellent le *drame*.

Droit (étym. par métaphore, «ce qui est conforme à une règle et qui va droit», *directum*) **1** Ce qu'il est légitime d'exiger ou ce qui est permis en vertu d'une règle (loi, contrat, exigence morale, etc.); ANTON. *fait* (ce qui se passe réellement, par opposition à ce qui est permis). *Science de droit* : celle qui donne des règles : EX. logique, esthétique (par opposition aux *sciences de fait* qui se bornent à expliquer des faits : EX. la psychologie). *Question de droit* : la question de savoir si un fait tel qu'il s'est produit est conforme à telle ou telle règle (par opposition à la *question de fait*, qui consiste à savoir exactement comment un événement s'est produit).
2 *Le droit* : l'ensemble des règles qui permettent de déterminer ce qui est permis.

3 *Droit divin* : celui qui est établi par Dieu. *Monarchie de droit divin* : celle qui est fondée sur le fait que Dieu a délégué au roi le pouvoir qu'il possède sur toutes les créatures.
4 *Droit positif** : les règles qui résultent des lois et des coutumes en vigueur dans un pays à un moment donné. *Droit coutumier* : ensemble des règles non écrites nées spontanément de l'usage.
5 *Droit naturel* : règles idéales reposant sur une idée de la nature* de l'homme indépendamment de toute convention ou législation de fait. Mais le mot nature* est équivoque : si l'on pense qu'avant la civilisation l'homme n'avait aucune idée du bien ni du mal, on admetra qu'à l'état de nature (avant toute civilisation) la force était la seule règle; par conséquent, le *droit naturel*, c'est tout ce qui est permis par la nature* (2, 6) en cet état, donc tout ce qui est possible : Ex. le loup a un *droit naturel* de manger l'agneau. Mais, pour les philosophes du XVIIIe s., les *droits naturels* désignent les droits qui, reconnus ou non par le droit positif, sont inaliénables à l'homme parce qu'ils lui appartiennent par nature* (4, 5) et donc par essence : Ex. le droit à la vie, à la liberté, etc.; des philosophes comme ROUSSEAU pensaient, ce qui est plus contestable, qu'à l'état de nature, avant toute civilisation, l'homme jouissait de ces droits. La *Déclaration des droits de l'homme* a cherché à faire passer les droits naturels dans le droit positif.
6 *Droit des gens* (Ant.-XVIIe s.) : *droit naturel* par opposition au droit positif; (à partir du XVIIe s.) : droit international public et privé par opposition au droit intérieur de chaque État.

Drôle N. (fin du XVIe s.), employé comme adj. depuis le XVIIe s. au sens de *qui fait rire*, ajoute à *plaisant* ou à *amusant* une idée de singularité ou d'originalité inattendue, sans la mise en œuvre artistique qu'implique *comique** : *une histoire drôle*; *une pièce drôle*; un homme est *drôle* tantôt sans le vouloir (SYN. *ridicule, bizarre*), tantôt par son talent de raconter ou de faire de l'esprit (SYN. *spirituel*). **Drolatique**, adj. du XVIe s., avait le sens actuel de *drôle*, avant que ce mot ne devînt adj. BALZAC l'a repris, en ce sens, par archaïsme, dans ses *Contes drolatiques* et le mot garde, de nos jours, cette connotation littéraire. On l'emploie parfois aussi pour éviter l'ambiguïté avec les autres acceptions de *drôle* (Ex. bizarre, anormal) ou pour marquer dans l'objet une drôlerie en puissance, et dans l'œuvre qui le reproduit l'art d'exploiter cette drôlerie : un personnage *drolatique* a tout ce qu'il faut pour qu'on le trouve ou le rende *drôle*; un *conte drolatique* met en œuvre des effets *drôles*.

Dualisme Toute doctrine qui, dans un domaine déterminé, admet deux principes* essentiellement irréductibles : Ex. dans la philos. de DESCARTES, l'esprit* et la matière*. ANTON. *monisme*.

Durée Le mot, par opposition à *temps**, implique l'idée : **1** d'un espace compris entre un début et une fin;
2 de l'expérience intime qu'a le sujet de cet espace et qui ne coïncide pas forcément avec le temps physique et abstrait qui l'exprime : Ex. l'espace de temps d'une minute peut avoir une *durée* différente selon que nous attendons qqun avec angoisse ou que nous sommes pris par un plaisir.

E

Éclectisme **1** Méthode philosophique qui consiste à réunir des thèses conciliables, en les empruntant à différents systèmes*, tout en négligeant les parties non conciliables de ces systèmes : Ex. la philosophie de Victor Cousin (début du XIXe s.).
2 (En litt.) Goût très large qui s'accommode de formes très diverses.

École **1** *L'école* : l'enseignement de la théologie et de la philosophie suivant les méthodes et les principes des écoles du M.A. Par ext., toute philos. dogmatique, formelle, rigide et pédante. Voltaire : «*Les bavards fourrés de l'*école.»
2 Ensemble ou suite de personnes qui partagent la doctrine d'un philosophe : *l'école de Platon*.
3 Groupe ou suite d'écrivains, d'artistes ou de savants qui professent et appliquent les mêmes principes : *l'école classique*.
4 Ce qui enseigne qqch., donne des préceptes, en bien ou en mal. Voltaire : «*Le théâtre de Corneille est une* école *de grandeur d'âme.*»

Écologie (grec *oikos*, «demeure» + *logos*) Partie de la biologie qui étudie les rapports des espèces végétales et animales avec leur milieu et les effets de la pollution sur l'équilibre naturel; l'homme relève, comme les autres animaux, de l'*écologie* dans la mesure où il dépend de son *environnement*. Cette science est souvent associée à une idéologie, ce qui lui donne une connotation politique.

Économie (en grec, «art de bien régir sa maison») **1** De nos jours : *a*) science des phénomènes concernant la production, la distribution et la consommation des richesses; le XVIIIe s. disait *économie politique* (art d'administrer les biens publics); *b*) l'ensemble des faits qui, de ces trois points de vue, se produisent dans une collectivité à un moment ou selon un système donnés : *l'économie de la France; l'économie capitaliste*.
2 (Litt., fig.) Toute disposition et coordination de parties, spéc. dans un ouvrage de l'esprit considéré comme une sorte d'organisme dont les parties concourent à un effet d'ensemble. Racine : «*L'*économie *d'une pièce de théâtre.*» Rollin : «*Ce qu'on admire dans Démosthène, c'est le plan, la suite, l'*économie *du discours.*» Syn. *disposition, composition, plan, distribution, harmonie*.

Écriture 1 Ensemble des signes graphiques exprimant un énoncé.
2 Manière particulière qu'a un écrivain d'utiliser la langue, qui résulte d'une intention, d'un choix et d'une élaboration. Pour R. BARTHES, l'*écriture*, étant définie comme «*produite par la réflexion de l'écrivain sur l'usage social de sa forme et le choix qu'il en assume*», est révélatrice de son engagement*; il distingue le «*degré zéro*», l'écriture blanche qui ne veut rien déformer (EX. celle de CAMUS dans *L'Étranger*) et l'écriture parlée (EX. celle de QUENEAU) comme écritures exemplaires (cf. *Le Degré zéro de l'écriture*). EX. un roman d'une *écriture* recherchée. SYN. *style**.
3 *Écriture automatique* : activité surréaliste* qui consiste à écrire au fil de la plume, sans réfléchir. EX. A. BRETON : «*Faites-vous apporter de quoi écrire, après vous être établi en un lieu aussi favorable que possible à la concentration de votre esprit sur lui-même. Placez-vous dans l'état le plus passif, ou réceptif, que vous pourrez. Faites abstraction de votre génie, de vos talents et de ceux de tous les autres.* [...] *Écrivez vite, sans sujet préconçu, assez vite pour ne pas retenir et ne pas être tenté de vous relire.*»
4 *L'Écriture* ou *les Écritures* : la Bible.

Édition 1 Action de faire paraître un livre. *Édition*, toutes les opérations de l'éditeur (choix de l'ouvrage et de l'auteur, surveillance de l'impression, des corrections, publication, vente, etc.), y compris même, parfois, l'adjonction de notes, de présensation, d'apparat critique à un ouvrage par un autre que l'auteur. **Impression**, travail de l'imprimeur, comprenant la **composition** (choix et arrangement des caractères) et le **tirage** (mise des feuilles sous presse). [Depuis la disparition du plomb au profit de techniques photographiques et informatiques, la composition et l'impression sont devenues des techniques distinctes, généralement confiées à des ateliers séparés.] **Publication**, action de l'éditeur pour répandre l'écrit dans le public; cette action se décompose en la **diffusion** (publicité, service de presse) et la **distribution** (vente aux libraires). La *diffusion* et la *distribution* sont souvent assurées par des sociétés spécialisées. **Parution**, néol., le fait pur et simple qu'un écrit est mis à la disposition du public pour la première fois. LE FIGARO : «*La publication* in extenso *des attendus du jugement nous oblige à reporter à demain la* parution *de notre chronique aéronautique.*»
2 Exemplaires d'un ouvrage édités en même temps. Alors qu'en principe un **tirage** désigne tous les exemplaires d'un ouvrage imprimés en une seule fois avec les mêmes clichés, *édition* se dit de l'ensemble des exemplaires appartenant à tous les *tirages* effectués avec les mêmes clichés : une même *édition* peut donc avoir plusieurs *tirages* (on confond

souvent cependant *tirage* et *édition* : cela tient au fait que, naguère, on entendait par *édition* un *tirage* de 500 exemplaires). **Réimpression** suppose qu'on imprime l'ouvrage à nouveau, avec d'autres clichés, mais d'après un texte inchangé. **Réédition** suppose qu'on modifie le texte (corrections, mise à jour), mais se dit souvent pour *réimpression*.
3 Texte d'un livre, qualifié par la date de son édition. *Première édition* marque la simple antériorité et se dit pour tous les livres. *Édition originale* ne se dit que de la première édition authentique* d'un ouvrage important par opposition aux autres éditions, à leurs variantes de texte, c'est un terme de critique ou d'histoire littéraire, alors que, dans le même sens, *édition princeps** est un terme de bibliophilie. Cf. aussi *Préoriginal**.
Éditeur désigne la personne ou la société qui édite les textes : il ne se confond pas avec l'auteur* de ces textes, mais un éditeur peut très bien éditer ses propres écrits et un auteur peut devenir son propre éditeur. Les deux mots renvoient à des fonctions différentes.

Égalité 1 (Litt.) *Égalite des mœurs**, règle de théâtre formulée par ARISTOTE. CORNEILLE : «*L'*égalité *qui nous oblige à conserver jusqu'à la fin à nos personnages les mœurs que nous leur avons données au commencement.*»
2 (Morale et politique) Terme équivoque qui doit être précisé selon le point de vue auquel on se place pour envisager l'égalité; *égalité juridique* : le fait que toutes les lois s'appliquent pareillement à tous les citoyens; *égalité politique* : le fait que tous les citoyens jouissent des mêmes droits* politiques et, dans la mesure de leurs capacités, ont le même droit d'accéder aux fonctions, grades et dignités publiques. À ces deux égalités, dites *formelles*, s'oppose l'*égalité réelle* ou *matérielle* fondée sur le fait que deux hommes ont même fortune, même instruction, même dignité, etc. Les *égalités formelles* ont été réclamées par les philosophes du XVIIIᵉ s. et proclamées dans la *Déclaration des droits de l'homme*. ROUSSEAU a insisté sur l'*égalité réelle*.

Églogue (étym. «pièce choisie») Appliqué à Rome aux *Bucoliques* de VIRGILE, le mot a fini par désigner un poème pastoral consistant en un dialogue entre deux bergers. Le genre de l'*églogue* fut repris, au XVIᵉ s., en France.

Égotisme (angl. *egotism*)**1** Mot mis à la mode par STENDHAL au début du XIXᵉ s. : l'étude détaillée qu'un écrivain fait de lui-même (et cela sans complaisance, sans égoïsme). STENDHAL, *Souvenirs d'égotisme* : «*L'*égotisme, *mais sincère, est une façon de peindre* [le] *cœur humain.*»
2 Le mot a fini par signifier aussi le *culte du moi*, la jouissance raffinée

de toutes les sensations, avec un sens parfois péj. GEORGE SAND : «*L'*égotisme *est une qualification par laquelle les Anglais désignent l'amour de soi considéré comme un droit de l'homme.*»

Élégie (en grec, «action de dire hélas») **1** (Ant.) Poème lyrique, caractérisé par l'alternance des hexamètres et des pentamètres, qui finit par se spécialiser dans l'expression des sentiments mélancoliques provoqués par un deuil ou un amour malheureux.
2 (XVIe s.) Le genre est repris, mais avec des thèmes très divers : poème d'amour ou de tristesse (*Élégie sur le trépas d'Antoine Chateignier*); mais aussi louange des grands avec des thèmes patriotiques (*Élégies* de cour du Recueil de 1565).
3 (XVIIe s.) BOILEAU (*Art poétique*, II, 38-57) spécialise l'*élégie* dans l'amour et le deuil, mais l'amour que chante l'élégie n'est pas forcément triste.
4 (XVIIIe s.) Tout poème sentimental, spéc. d'inspiration amoureuse : Ex. les élégies de PARNY, de CHÉNIER.
5 (fin du XVIIIe s.— romantisme) Poème triste qui peu à peu s'enrichira de toute la philos. romantique : Ex. *Le Lac* de LAMARTINE. De nos jours l'élégie est avant tout un poème qui exprime la mélancolie : Ex. *Élégie double* (HENRI DE RÉGNIER, *Les Jeux rustiques et divins*). L'adj. *élégiaque* s'emploie pour qualifier un ton, un thème, un poème plaintifs, mélancoliques, ou un poète qui compose des élégies.

Élevé (*style*) Par opposition au style *simple**, et au-dessus du style *tempéré**, style qui cherche à produire une impression de grandeur par la qualité des pensées, par le soin d'éviter tout ce qui est bas, par la beauté des figures et l'ampleur du rythme. ROLLIN : «*Y a-t-il un style plus délicat, plus élégant, plus nombreux, plus* élevé *que celui de Platon?*» **Relevé** enchérit. **Héroïque*** (2) qualifiait au XVIIe s. une variété de style *élevé*. **Haut style**, VX, souvent ironique, supposait au XVIIe s. affectation ou emphase. MOLIÈRE : «*Quel diable de jargon entends-je? Voilà bien du* haut style.» **Noble** a surtout rapport au choix des termes consacrés par le goût du temps et qui s'élèvent même au-dessus de la pensée si celle-ci descend trop bas pour que le langage la suive. BOILEAU : «*Le style le moins* noble *a pourtant sa noblesse.*» Le style de l'abbé DELILLE est *noble*, mais non *élevé*; celui de P. CLAUDEL dans ses *Odes* est *élevé* sans être *noble*. **Style sublime**, le plus élevé de tous les styles, avec les connotations indiquées à *Sublime** (1 et 2). **Soutenu** (et parfois **tenu**) dit beaucoup moins que tous ces mots et qualifie un style qui, dans le genre élevé, tempéré ou simple, garde un certain niveau qui exclut tout ce qui est du langage parlé ou populaire, voire familier : une dissertation est écrite en *style soutenu*. On dit aussi **littéraire*** (2) qui a quelques connotations spéciales.

Ellipse 1 Figure qui consiste à retrancher un ou plusieurs mots qui seraient nécessaires pour la régularité de la construction grammaticale : Ex. *la Saint-Jean* pour «*la* fête de *saint Jean*». **Brachylogie**, toute façon de s'exprimer avec le moins possible de mots et dont l'*ellipse* est un des moyens. Cf. aussi *Zeugma** (1).
2 (Fig.) Procédé de style qui consiste à omettre volontairement certains éléments logiquement nécessaires à l'intelligence du texte. On préfère ce mot à *sous-entendu* pour marquer que le langage choisit dans le réel seulement ce qu'il veut rendre significatif, alors que le *sous-entendu* laisse deviner tout : l'*ellipse* chez MALLARMÉ, chez A. ROBBE-GRILLET. *Elliptique* : cf. *Concis**.

Élocution 1 La façon de s'exprimer; troisième partie de la rhétorique*, après l'invention* et la disposition (le plan); SYN. *style**.
2 Cf. *Énonciation**.

Éloge Discours à la louange d'un homme, d'un corps social ou d'une œuvre : Ex. *un éloge académique*; les *Éloges* de D'ALEMBERT (1779-1787) à la gloire des membres de l'Académie française de 1700 à 1771. Si l'éloge est exagéré, on parle alors de *dithyrambe**. *Éloge funèbre* : discours public fait en l'honneur de qqun après sa mort. Ex. les éloges faits par BOSSUET dans ses *Oraisons funèbres*.

Éloquence L'art de persuader : **1** dans un genre déterminé : l'*éloquence* de la tribune (politique), de la chaire, du barreau, académique, militaire.
2 *L'éloquence* considérée comme un art* (1) obéissant à des règles (les règles de la rhétorique*) est souvent opposée à l'éloquence naturelle qui est un don. PASCAL : «*La vraie* éloquence *se moque de l'*éloquence.»
3 La poésie oratoire, pleine de rhétorique*, par opposition à la poésie intérieure du symbolisme*. VERLAINE : «*Prends l'*éloquence *et tords-lui son cou.*»

Embrayeur Terme créé par R. JAKOBSON pour désigner les mots dont le sens* varie avec le contexte*, c.-à-d. que le référent* de ce signe* n'est pas immuable et que sa signification dépend du sujet* qui parle. C'est le cas de tout pronom personnel, possessif, démonstratif, ou des adj. correspondants : Ex. *je, ma, cette*,... ou encore de *demain* qui désigne le jour suivant celui où *je* parle alors que *le lendemain* renvoie chaque fois au jour suivant n'importe quel jour. *Demain* est donc un *embrayeur*. SYN. *déictique, shifter*.

Émetteur cf. *Destinateur**.

Emphase 1 (Rhét.) Figure* consistant à donner à un terme une importance qu'il n'a pas d'ordinaire. CORNEILLE : «*Contre tant d'ennemis que vous reste-t-il?* Moi| Moi, *dis-je,...*» En syntaxe on parlera d'*emphase* ou de *tournure emphatique* quand on mettra en valeur un terme en le détachant et en perturbant l'ordre normal de la phrase : EX. «C'est lui que *nous devons observer*», au lieu de «*Nous devons l'observer*».
2 Exagération dans les termes ou dans le ton qui fait que l'expression dépasse l'objet : EX. BRÉBEUF traduit l'expression de LUCAIN «*tant de morts répandus sur le champ de bataille*» par «*De morts et de mourants cent montagnes plaintives*» (BOILEAU, *Art poétique*, I, 101). ANTON. *litote**. **Pompe**, au XVIIe s., qualité d'un style noble, éclatant et solennel, est péj. de nos jours, et marque l'excès fâcheux de ces caractères. **Ampoule** (cf. *Ampoulé**) implique des mots trop pompeux pour le sujet. **Bouffissure** va au-delà et suppose un faste spécieux qui veut en imposer. **Enflure**, **boursouflure** qui enchérit, et **grandiloquence** ont moins rapport à la pompe des mots qu'à leur signification et impliquent qu'ils dépassent tellement l'objet qu'ils en deviennent parfois vides de sens et d'idées. MARMONTEL : «*De grands mots et de petites idées ne sont jamais que de l'*enflure.» **Déclamation** suppose un ton et un style qui recherchent les effets oratoires, alors que le sujet ne l'exige pas. D'ALEMBERT : «*de la vérité sans* déclamation». Tous ces termes impliquent une disproportion entre la pensée et les mots qui l'expriment, alors que dans l'*hyperbole**, c'est la pensée qui est volontairement exagérée et le terme fort qui l'exprime s'accorde avec elle.

Empirisme, Empirique 1 Attitude philosophique qui consiste à penser que toutes nos connaissances viennent de l'expérience* (grec *empeiria*) et que, par conséquent, il n'existe pas dans notre esprit des idées innées : ANTON. *innéisme**. Connu dès l'Ant. (épicurisme*), l'*empirisme* fut surtout répandu en France, au XVIIIe s., sous l'influence de LOCKE; il avait l'avantage, pour les philosophes, d'expliquer rationnellemnt la formation de l'esprit humain sans faire appel à la métaphysique*. VOLTAIRE : «*Descartes* [innéiste] *a fait le roman de l'âme, Locke en a fait l'histoire*» (cf. *Associationnisme**).
2 Action qui se fonde sur des cas particuliers ou des habitudes sans en tirer une vue générale ou scientifique : EX. *une politique empirique*; ANT. *systématique, rationnel*.

Emploi 1 (d'un acteur) Catégorie de rôles pour laquelle il convient d'après son physique, sa voix, son âge, ses talents, etc. : *l'emploi de*

duègne, de soubrette, d'ingénue, de père noble, etc.
2 (d'un mot) Cf. *Sens** (5), *Usage** (2).

Enclitique (Grammaire) Mot qui s'appuie sur le mot précédent (si c'est sur le mot suivant, on dit **proclitique**) et, de ce fait, n'a en français aucun accent propre : *le* est *proclitique* dans «*le chat*» (l'chá); *je, enclitique* dans *disais-je* (dizéj).

Encyclique Lettre circulaire du pape sur un point de doctrine religieuse.

Encyclopédie (en grec, «enseignement qui fait le tour de toutes les connaissances») **1** Ouvrage qui expose les principes* et les résultats de toutes les sciences. L'*Encyclopédie* : «Dictionnaire raisonné des arts et des métiers» publié sous la direction de D'ALEMBERT et de DIDEROT.
2 Ouvrage qui embrasse toutes les parties d'une science spéciale : Ex. *l'Encyclopédie du droit. Encyclopédie méthodique* : encyclopédie disposée par matières et non par ordre alphabétique.

Encyclopédique Se dit d'un ouvrage ou d'un écrivain possédant toutes les connaissances relatives à un ordre déterminé ou manifestant une érudition universelle : EX. LÉONARD DE VINCI fut un esprit *encyclopédique*.

Encyclopédiste Collaborateur d'une encyclopédie; spéc. les collaborateurs de D'ALEMBERT et de DIDEROT, surtout ceux qui partagent les idées philosophiques contenues dans l'*Encyclopédie* (1751-1777).

Engagement (terme contemporain) Le fait, pour un écrivain, un cinéaste, etc., de ne pas considérer l'art comme un jeu gratuit destiné simplement à atteindre la beauté, mais comme un moyen de servir une idée de l'homme. Cette théorie s'oppose à l'art* pour l'art. Elle a été défendue, par ex., par J.-P. SARTRE et A. CAMUS : «*Tout artiste aujourd'hui est embarqué dans la galère de son temps.* [...] *Nous sommes en pleine mer. L'artiste, comme les autres, doit ramer à son tour, sans mourir s'il le peut, c'est-à-dire en continuant de vivre et de créer.*» (*Discours de Suède*, 1957.) On peut aussi considérer que l'écriture* (2) est un engagement en tant qu'elle exprime l'attachement à un ordre, une classe.

Énigme Description métaphorique*, soit en vers, soit en prose, d'une chose et de ses qualités pour la rendre plus difficile à deviner. Au XVIIe s., genre précieux. EX. BOILEAU : «*Du repos des humains implacable ennemie,* | *J'ai rendu mille amants envieux de mon sort.* | *Je me repais du sang et je trouve la vie,* | *Dans les bras de celui qui me donne la mort.*» Il faut deviner qu'il s'agit de la puce.

Enjambement Rejet* au vers suivant d'un ou plusieurs mots nécessaires au sens du premier vers : toléré, malgré MALHERBE et BOILEAU, à l'époque classique, dans le style familier et même dans la tragédie, quand les mots rejetés étaient suivis d'un développement qui complétait le vers, d'une suspension, réticence* ou interruption. EX. RACINE : «*Je répondrai, Madame, avec la liberté* | D'un soldat *qui sait mal farder la vérité.*»

Enjouement, Enjouer (XVIIe s.) L'art de badiner avec grâce. BOILEAU : «*Il* [La Fontaine] enjoue *sa narration.*»

Énoncé (Ling.) Toute suite de mots prononcés, écrits ou imprimés, c.-à-d. «fait de parole» qui sert de matériau au linguiste. Mais la description syntaxique et lexicale qu'on peut en faire ne suffit pas à en épuiser le sens : sa valeur informative dépend du moment où le message est dit, de la situation de celui qui le dit, c.-à-d. des circonstances de l'*énonciation**.

Énonciation 1 (Ling.) Acte individuel de produire un *énoncé** : c'est une *actualisation** de la langue* dans une situation* donnée et précise. Chaque *énonciation* ne se fait donc qu'une fois et s'oriente suivant les pôles de la communication*, répondant ainsi à, au moins, une des *fonctions* du langage*.

2 Manière dont on s'exprime. *Énonciation* est lié aux rapports de la pensée et du langage, et au ton de la voix (*une énonciation est claire, calme, abrupte*, etc.); **élocution**, au choix, à l'arrangement des mots, à la correction grammaticale (*élocution nette, facile, élégante, embarrassée*, ACAD.); **débit**, au rythme qu'on donne à l'élocution; **prononciation**, à la façon dont on profère et articule les phonèmes*. **Diction**, débit et prononciation dans la poésie et l'art oratoire ou, avec quelque art, dans le langage ordinaire.

Ensemble (*unité d'*) cf. *Intérêt**.

Entendement 1 La faculté de comprendre : en philos. (XVIIe s.), la raison* (2) par opposition à la sensibilité* et à la volonté* — ou aux sensations. DESCARTES : «*Notre imagination* et nos sens ne nous sauraient jamais assurer d'aucune chose, si notre* entendement *n'y intervient.*»

2 De nos jours, en philos., le mot ne désigne plus que l'ensemble des opérations discursives* de la pensée (concevoir, juger, raisonner) par opposition à la raison* (2) qui a un sens plus large. SYN. *raison** (3).

Enthousiasme (en grec, «le fait d'être possédé par un dieu») **1** Mot repris des Anciens par la Pléiade pour désigner l'inspiration* poétique qui, d'après PLATON*, est d'origine divine : SYN. *travail artistique*. MARMONTEL : «*L'*enthousiasme *est la chaleur de l'imagination au plus haut degré.*»

2 À partir du XVIIIe s., le mot désigne une sorte d'intuition* des vérités morales par le cœur* sans l'intermédiaire de la raison*. VAUVENARGUES : «*On ne s'élève point aux grandes vérités sans* enthousiasme; *le sang-froid discute et n'invente point.*» Pour DIDEROT et Mme DE STAËL, l'*enthousiasme* représente une vie morale intense, fondée sur les élans du cœur, qui fournit au poète son inspiration*. DIDEROT : «*L'*enthousiasme *naît d'un objet de la nature.* [...] *Sans l'*enthousiasme, *ou l'idée véritable ne se présente point, ou, si par hasard on la rencontre, on ne peut la poursuivre.*»

Entité 1 (Philos. du M.A.) Chose conçue ou constatée seulement par l'esprit, qui est tantôt l'essence d'un être, d'un genre, tantôt la condition de leur existence, et que l'on dégage par l'abstraction (cf. *Abstrait**) : la vertu est une *entité* par rapport à toutes les vertus effectives; la forme est une *entité* par rapport à la matière.

2 (Péj.) Par opposition à ce qui est *positif**, *scientifique*, *objectif**, concept, idée ne correspondant à aucun objet réel : l'homme à l'état de nature est une *entité*.

3 (Sans nuance péj.) Chose bien réelle, qui a son individualité, mais dont on ne perçoit pas directement l'existence objective, existence qu'on ne peut établir que par un effort de l'esprit se fondant sur des faits et sur leurs rapports : *l'État, la société sont des entités*.

Énumération Procédé qui consiste à juxtaposer les différents éléments d'un ensemble que l'on veut décrire. EX. J. JOYCE : «*... divers instruments... Pièges à anguilles, casiers à homards, cannes à pêche, hachette, balance romaine, meule, casse-mottes, botteleuse, chancelière, échelle pliante, râteau à dix dents, des socques, une fourche à foin, trident, une serpe, un pot de peinture, un pinceau, une serfouette et cætera.*» Quand l'énumération cherche à être exhaustive, c'est un *inventaire*.

Envoi Vers placés à la fin de la ballade*, de la double ballade*, du chant* royal ou d'autres poèmes pour en faire hommage à qqun. L'envoi commence souvent par *Prince*, reprend les rimes* et le refrain des couplets, est égal pour le nombre de vers à la moitié du couplet (quatre pour la ballade, cinq ou sept pour le chant royal).

Épicurisme 1 La doctrine d'ÉPICURE et de ses disciples, c.-à-d. avant tout : *a*) le matérialisme*; *b*) l'empirisme*; *c*) l'irréligion* : l'âme* matérielle meurt avec le corps et n'a rien à craindre des dieux inventés par la peur de l'homme; *d*) la morale, qui propose comme souverain bien le plaisir, c.-à-d. surtout l'absence de douleur et, pour cela, conseille au sage une vie raisonnable et équilibrée qui suit la nature* (2, 6) et se garde des passions* (3).
2 (Par ext.) Toute façon de vivre qui se propose de jouir de tous les plaisirs de la vie, et souvent des plus matériels, avant que la mort ne vienne priver l'homme de tout sentiment : EX. l'*épicurisme* de RONSARD.

Épigone (XVIIIe s.; en grec, «successeur», nom des héros grecs qui vengèrent leurs pères dans une seconde expédition contre Thèbes). (Litt.) Celui qui appartient à la seconde génération d'une école*, et, par ext., proche successeur ou imitateur d'une école ou d'un écrivain. JULES ROMAINS : «*un* épigone *de Mallarmé*». SYN. *disciple, héritier*.

Épigramme 1 À l'origine, chez les Grecs, tout poème assez court pour être gravé sur une pierre : les *épigrammes* développent des thèmes très divers.
2 Chez les Latins, petit poème satirique très bref.
3 (XVIe s.) Chez MAROT, l'*épigramme* est satirique, comme chez les Latins : EX. *Du Lieutenant criminel et de Semblançay*; la Pléiade y joint la forme grecque (surtout pièces votives et funéraires, cf. le *Bocage* de RONSARD, 1554).
4 (XVIIe s.) L'*épigramme* devient définitivement un poème très bref que termine une pointe satirique. BOILEAU : «*L'*épigramme...| *N'est souvent qu'un bon mot de deux rimes orné.*»
5 (Fig.) Mot très piquant ou railleur. BÉRANGER : «*Poursuivons de nos* épigrammes| *Ce sexe que j'ai trop aimé.*»

Épigraphe 1 Inscription sur un édifice. L'*épigraphie* est la science qui étudie ces inscriptions.
2 Courte citation placée en exergue* en tête d'un livre ou d'un chapitre pour en indiquer l'esprit.

Épilogue 1 (Chez les Anciens) Petit discours en vers que faisait au public un acteur à la fin de la représentation pour attirer sa bienveillance.
2 (De nos jours) *a*) Conclusion, résumé, à la fin d'un apologue ou d'un discours. ACAD. : «*L'*épilogue *doit résumer les principaux points d'un discours.*» *b*) À la fin d'un poème narratif, d'un roman, d'une œuvre dramatique, morceau rajouté, récit ou tableau d'un ensemble de faits

postérieurs à l'action principale et lui donnant une lointaine conclusion : l'*Épilogue* des *Thibault* de R. MARTIN DU GARD.

Épiphénomène (Philos., XIXe s.) Phénomène* accessoire accompagnant un phénomène principal, mais n'influant en rien sur lui, ni comme cause ni comme agent de développement. Pour l'*épiphénoménisme*, la conscience est un *épiphénomène*, une illusion sans aucun pouvoir sur les automatismes purement nerveux qui nous font agir.

Épiphonème (Rhét.) Exclamation sentencieuse terminant un développement.

Épique 1 (Adj.) Caractérise ce qui donne aux faits ou aux héros une grandeur et une force extraordinaires. La noblesse des personnages, la démesure de leurs sentiments et de leurs actions, l'intervention du merveilleux* (à travers la présence des puissances divines) en sont les principales composantes. On peut qualifier d'*épique* des œuvres qui ne sont pas obligatoirement des *épopées**.
2 Par ext. et dans un sens familier, *épique* qualifie tout ce qui présente un caractère d'aventure hors du commun : Ex. «*Ce voyage fut* épique!» Cet emploi devient alors une *hyperbole**.

Épisode (en grec, «ce qui vient du dehors») **1** (Ant.) Dans la tragédie*, dialogue* compris entre deux chants* du chœur* : d'où, pour certains théoriciens classiques, un acte* ou tout au moins l'essentiel d'un acte.
2 (En général) Action accessoire liée à la principale. Cf. *Digression**.

Épistémologie (Philos.) Étude critique des sciences par rapport à l'esprit humain, c.-à-d. de leur origine logique, de leur portée, de leur valeur.

Épistolaire (lat. *epistula*, «lettre», au sens de «missive») **1** (Adj.) Qualifie tout ce qui a rapport aux lettres, à la correspondance : être en relations *épistolaires* avec qqun, le style *épistolaire*. L'*art épistolaire* est devenu un genre*, ayant ses propres règles et son propre pouvoir. Ex. J. ROUSSET : «*Le roman* épistolaire *rapproche le lecteur du sentiment vécu tel qu'il est vécu.*» (*Forme et Signification*) Ce genre s'illustre en particulier par le *roman par lettres* : Ex. *La Nouvelle Héloïse*, *Les Liaisons dangereuses*, *Obermann*, etc.
2 *Épistolaire* (N.) est vieilli et l'on emploie plutôt *épistolier* pour désigner celui qui écrit ou a écrit beaucoup de lettres auxquelles il doit sa célébrité actuelle ou posthume : Ex. Mme DE SÉVIGNÉ, GUEZ DE BALZAC qui se voulait le *grand épistolier de France*.

Épitaphe (grec *epi* + *taphos*, « qui est sur un tombeau ») Petit poème destiné à servir d'inscription funéraire; genre remis à la mode par la Pléiade; le ton est tantôt ému, tantôt satirique. RONSARD, *Épitaphe de Rabelais* : « *Si d'un mort qui pourri repose*| *Nature engendre quelque chose,*| *Et si la génération*| *Se fait de la corruption,*| *Une vigne prendra naissance*| *De l'estomac et de la panse*| *Du bon Rabelais qui buvait*| *Toujours cependant qu'il vivait.* »

Épithalame (en grec, « sur le lit nuptial ») Poème à la louange de deux époux : genre repris par la Pléiade qui y introduisit des thèmes mythologiques, érotiques*, moraux et parfois patriotiques : EX. *Épithalame sur le mariage de Philibert Emmanuel et Marguerite de France...* (DU BELLAY, 1559).

Épithète 1 Mot, expression qu'on ajoute à un nom, un pronom pour le qualifier. *Épithète de nature*, celle qui exprime une qualité permanente, essentielle, ou spéc. qui revient toujours dans certaines œuvres littéraires : EX. les *verts* feuillages; chez HOMÈRE, l'Aurore *aux doigts de rose* (par opposition à l'*épithète de circonstance*).
2 (N. ou adj.) Qui se rapporte directement au nom, en parlant d'un adj. (EX. un cheval *blanc*), par opposition à l'attribut qui a besoin de l'intermédiaire d'un verbe (le cheval est *blanc*) ou à l'apposition qui implique une pause intermédiaire (le cheval,|| *blanc* d'écume...).

Épître Lettre en vers sur des sujets fort variés : confidences, récits d'aventures, thèmes moraux, religieux, philosophiques, littéraires, etc. Le ton garde la souplesse du genre épistolaire* et varie, suivant le sujet, du badinage (MAROT) au sérieux (BOILEAU), sans jamais atteindre l'éloquence ni la rigueur de composition du *discours**.

Épode Troisième partie d'un chœur lyrique qui suivait la *strophe** et l'*antistrophe* et s'en distinguait par le rythme* : cf. *Odes** pindariques de RONSARD et *Triade**.

Éponyme (grec *onyma*) Se dit d'un héros plus ou moins légendaire qui fonde une cité et lui donne son nom. Par ext., qualifie le héros à qui une famille, une tribu fait remonter son origine. EX. *Athêna, déesse* éponyme *d'Athènes*.

Épopée (en grec, « action de faire un récit ») **1** Genre littéraire qui consiste à *raconter* (par opposition au *drame** et au *lyrisme**).
2 Le poème héroïque*, par opposition au *roman** qui, à l'origine, ne s'en distinguait pas. L'*épopée* a pour but d'exalter, par un récit symbolique,

un grand sentiment collectif (religieux, patriotique, humanitaire). C'est pour cela qu'elle choisit souvent un héros légendaire qui incarne l'idéal d'un groupe humain, ou au moins un héros qui accomplit une action extraordinaire et symbolique. Elle agrandit et simplifie ce héros, donne souvent à ses actions une puissance émotive en faisant appel au merveilleux* qui intéresse les dieux ou les forces de la nature à la lutte pour la conquête de l'idéal collectif. Le style de l'*épopée* est descriptif*, mais doit avoir une puissance hallucinatoire pour nous aider à sortir du réel; il fait aussi appel à toutes les figures* de la rhétorique qui donnent à la pensée une grande force expressive. (M.A.) Les chansons* de geste. (XVIe-XVIIIe s.) L'*épopée* est conçue suivant les règles tirées d'HOMÈRE et de VIRGILE. (XIXe s.) L'*épopée* (LAMARTINE, *Jocelyn*; VIGNY, *Moïse*; HUGO, *La Légende des siècles*) se libère des règles classiques : elle abandonne notamment le merveilleux et n'est souvent qu'un bref récit de l'aventure d'un héros qui symbolise une idée.

Épreuve Second état de la composition d'un livre (le premier étant le *placard**) : le texte y apparaît découpé, mis en pages, folioté. C'est sur l'*épreuve* que l'auteur* et le correcteur effectuent une dernière lecture avant de donner le bon à tirer. Cf. *Édition**, *Avant-texte**.

Équivoque 1 (N.) Emploi d'un mot à double sens, calembour*.
2 (N.) Toute espèce d'incertitude laissant le jugement hésitant.
3 (Adj.) Qui peut avoir divers sens (cf. *Ambiguïté**).
4 (M.A.) *Rime équivoque* ou *équivoquée* : petite pièce de poésie dans laquelle les mots (ou le mot), à la fin de chaque vers, sont repris, à la rime du vers suivant, par des mots consonants qui diffèrent de sens. MAROT : «*À bref parler, c'est Cahors en* Quercy | *Que je laissai pour venir* querre ici...»

Érotique 1 Relatif à l'amour; un *poème érotique* peint la passion amoureuse.
2 De nos jours, ce mot renvoie à l'amour sexuel, sans nuance péj., à la différence de *pornographique*.

Ésotérisme, Ésotérique (en grec, «intérieur») **1** Enseignement qui ne se donne qu'à l'intérieur de l'école, aux disciples complètement initiés.
2 Enseignement réservé à une élite : l'*ésotérisme* est la doctrine suivant laquelle la science ne doit pas être divulguée.
3 Cf. *Hermétique** (2).

Esprit (lat. *spiritus*, «le souffle qui donne la vie et anime la matière*», le mot a évolué vers des sens de plus en plus restreints)

A| (Théol.) **1** Le souffle créateur de Dieu : «*L'*Esprit *de Dieu planait sur la surface des eaux*» (GENÈSE).
2 Dieu : *l'Esprit saint.*
3 Les âmes individuelles faites à l'image de Dieu. BOSSUET : «*Dieu qui est pur* esprit *a voulu créer de purs* esprits *comme lui.*»
B| (par dérivation des sens A) La réalité pensante, le sujet* de la représentation par opposition à l'*objet**.
4 Par opposition au *corps*. BOSSUET : «*L'homme* esprit *et corps tout ensemble.*»
5 Par opposition à la *matière*, avec l'idée que les fins* de l'*esprit* sont supérieures à celles de la matière. PASCAL : «*Il manque quelque chose à* [la] *gloire* [d'un monarque] *s'il n'a pas la prééminence de l'*esprit.» (Cf. *Ordre* de l'esprit.*) VIGNY : *l'Esprit pur**.
6 Par opposition à la *chair*, c.-à-d. à l'ensemble des instincts de la vie animale. MASSILLON : «*Il faut mortifier la chair et la soumettre à l'*esprit.»
7 Par opposition à la *nature** (3) qui est soumise à des lois nécessaires alors que l'*esprit* est libre et peut accéder à la connaissance.
C| **8** Les facultés psychologiques de l'homme (qui peuvent être plus ou moins développées). PASCAL : «*À mesure qu'on a plus d'*esprit *les passions* sont plus grandes, parce que les passions n'étant que des sentiments* et des pensées, qui appartiennent purement à l'*esprit, *quoiqu'elles soient occasionnées par le corps, il est visible qu'elles ne sont plus que l'*esprit *même, et qu'ainsi elles remplissent toute sa capacité.*»
D| **9** (Par limitation de sens) Les facultés qui permettent à l'homme d'arriver à la *connaissance* et à la *création artistique* : raison*, jugement*, goût*, sens artistique. *Bel esprit* : l'activité intellectuelle tournée vers la création artistique (XVIIe s.). BOILEAU : «*Vous qui...*| *Courez du* bel esprit *la carrière épineuse*»; ou personne capable d'avoir une telle activité : HOMÈRE est un «*bel esprit*» (PERRAULT). *Esprit fort* (XVIIe s.) : celui qui ne compte que sur la puissance de ses lumières* naturelles pour arriver à la vérité, sans le secours de la foi; cf. *Libertin**, *Libre* pensée*.
E| **10** (Dans un sens encore plus limité) Une *seule* faculté intellectuelle, en général précisée par un mot : *esprit* de géométrie, de finesse, *esprit* critique, etc.
11 (XVIIe s.) Spéc., raison* logique : *a*) par opposition au jugement*, au goût*, à l'intuition. PASCAL : «*La finesse est la part du jugement, la géométrie est celle de l'*esprit»; *b*) par opposition à la sensibilité* (2). LA ROCHEFOUCAULD : «*L'*esprit *ne saurait jouer longtemps le personnage du cœur.*»
F|**12** (Par limitation du sens 9) L'art d'opérer des rapprochements inattendus et piquants : l'*esprit de saillie*. *Bel esprit* finit par désigner celui

qui cherche à briller par des idées superficielles ou trop recherchées : Ex. le portrait de Cydias, *bel esprit* (LA BRUYÈRE, *Caractères*, V, 75).
G| (D'après le sens étymologique) **13** *Esprits animaux* : corps légers et subtils regardés, par l'ancienne physiologie, comme le principe* de la vie.
14 (Par métaphore) Ce qui constitue l'idée centrale d'un système, ce qui l'anime comme l'esprit le fait du corps. MONTESQUIEU : *De l'esprit des lois*.

Essai 1 Chez MONTAIGNE, le mot, au plu., signifie ses « expériences » et, par suite, le résultat de ses études et de ses méditations.
2 Tout ouvrage ou article de revue qui ne prétend pas traiter à fond une question, mais propose quelques idées pouvant servir de principes : Ex. l'*Essai sur l'entendement humain* de LOCKE.

Essence 1 Ce qui constitue le fond de l'être par opposition aux modifications qui l'atteignent. DESCARTES : « *Mon* essence *consiste en cela seul que je suis une chose qui pense;* »
2 (Logique) Ce qui appartient à un être par définition : Ex. l'homme est mortel par *essence*. En philos., l'*essence* s'oppose à l'*apparence*, aspect visible ou immédiatement sensible des choses et des êtres.

Essentialisme cf. *Existentialisme**.

Esthète 1 (Fin du XIXᵉ s.) Partisan ou pratiquant de l'*esthétisme*, attitude d'artistes et d'écrivains anglais du dernier quart du XIXᵉ s., reprise en France vers 1890-1900, qui consistait à afficher la religion du beau et à chercher celui-ci dans des formes inconnues au vulgaire, par ex. l'art primitif (le *préraphaélisme**) ou naïf, les mobiliers ou vêtements anciens, les formes de langage ésotérique, etc.
2 D'où, de nos jours : *a*) (souvent péj.) celui qui prétend ne juger une œuvre que d'après la beauté formelle et a une conception très raffinée de celle-ci : cf. *Dilettante**; *b*) (en bonne part) celui qui a un sens raffiné du beau et sait créer la beauté.

Esthétique (1753, sur le latin *aesthetica*, créé en 1735 sur le grec *aesthêticos* : « qui a la faculté de sentir ») **1** (N.) Science qui étudie le sentiment en général (chez KANT, l'*Esthétique transcendantale* étudie « les formes *a priori* de la sensibilité ») et s'est spécialisée dans le sentiment du beau. D'où, de nos jours, science qui essaie à la fois de donner la théorie de ce qui est beau et d'analyser comment nous sentons la beauté (le spécialiste de cette science est dit *esthéticien*).
2 (N.) Ensemble de principes, de critères qui servent à définir le beau

pour qqun et, spéc., pour une école littéraire : *l'esthétique romantique**.
3 (Adj.) Qui concerne le beau, ou fondé sur le beau; par ext., qui cherche la beauté, artistiquement. *Émotion esthétique* : l'état de conscience que produit en nous ce qui est beau. *Jugement esthétique* : appréciation d'une œuvre du point de vue de sa beauté. *Style esthétique* : style* qui cherche une beauté formelle* plutôt qu'une expression directe des choses.

Étatisme cf. *Socialisme**.

Éthique (en grec, «qui concerne les mœurs») La science qui étudie en quoi consistent le bien et le mal; SYN. *morale** (3).

Ethnographie, Ethnologie cf. *Anthropologie**.

Étiologie (grec *aition*, «cause» + *logos*, «discours») Étude et recherche des causes, spéc. en philos., biologie, médecine (il ne faut pas donner à ce mot le sens abusif de «ensemble des causes de», on dira : *origine, explication, genèse*).

Étirement Allongement démesuré d'un phonème* afin de rendre plus sensible l'objet ou l'idée exprimée. EX. A. SARRAZIN : «*Docteur, c'est atrôôôce, un vrai martyre.*» (*L'Astragale*.) Procédé fréquent dans les bulles* de bande* dessinée.

Étymologie **1** Science de la filiation des mots qui, en partant d'un mot actuel, essaie de remonter, à travers ses formes et ses sens divers, à sa forme et à son sens originels ou les plus anciennement attestés, ou à la racine, appelée *étymon*, sur laquelle il a été formé, et à établir la date de sa création ou de sa première apparition, en se fondant sur la phonétique, la sémantique, la philologie, l'histoire, la sociologie, etc.
2 *L'étymologie d'un mot* : son origine et l'histoire de sa filiation. *Étymologie populaire* : démarche qui consiste non à donner à un mot son origine scientifique, mais à le comprendre, à l'expliquer, à l'écrire selon des analogies de sens ou de forme avec des mots usuels : EX. *feignant* qui venait de *feindre* : «agir mollement», a été rattaché, par étymologie populaire, à *fait* + *néant* (qui ne «fait rien») et écrit *fainéant*. Une *orthographe étymologique* n'écrit pas les mots d'après leur prononciation (ce que fait l'*orthographe phonétique*) mais en leur ajoutant des lettres souvent non prononcées qui rappellent le mot dont ils sont censés venir : *dict* au XVIe s. était une *orthographe étymologique* pour *dit* (*dictum*), *aile* (M.A. *ele*), *clair* (M.A. *cler*), *pauvre* (M.A. *povre*) ont une *orthographe étymologique* qui rappelle *ala, clarus, pauper*.

Eudémonisme Doctrine morale qui donne pour but à l'action *le bonheur* soit collectif, soit individuel : EX. la morale d'ARISTOTE.

Euphémisme Adoucissement d'une idée désagréable, odieuse ou triste qui consiste à la déguiser sous une expression qui peut aller parfois jusqu'à l'*antiphrase**, figure par laquelle on applique à une personne ou à une chose le contraire du nom qui lui convient; EX. lorsque CHÉNIER écrit : « Elle a vécu, Myrto » pour dire : elle est morte, c'est un *euphémisme*. Quand les Grecs appelaient les Furies les « bienveillantes » (Euménides), cet *euphémisme* allait jusqu'à l'*antiphrase**. Dans la langue courante, « une longue et douloureuse maladie », par ex., est un *euphémisme* pour « cancer ».

Euphonie 1 Effet produit par une suite harmonieuse de sons dans un mot ou dans une phrase. ANTON. *cacophonie**.
2 Un phonème* (et la lettre qui le marque) est dit *euphonique*, ou prononcé *par euphonie*, lorsqu'on ne l'articule qu'exceptionnellement, contrairement à l'usage grammatical, pour éviter une cacophonie* : EX. le *t euphonique* dans *va-t-il*? épargne un hiatus.

Eurythmie 1 (Beaux-arts) Harmonie dans la composition d'un ensemble dont les parties respectent les proportions.
2 (Musique) Heureux choix de sons et de rythmes harmonieux.
3 En litt., le mot n'a que le sens des beaux-arts : beauté qui résulte de l'*harmonie dans la composition* (l'*eurythmie* de *La Jeune Tarentine* de CHÉNIER). Pour la beauté des sons et des rythmes : cf. *Harmonie**, *Mélodie**.

Evangélisme Caractère de la doctrine de l'Évangile ou de ce qui lui est conforme. **1** (Religion) Caractère, doctrine, ensemble de certaines Églises protestantes qui se fondent uniquement sur les Évangiles (un *évangéliste* est un partisan actif de l'*évangélisme* ou d'une de ses formes : *L'Évangéliste* d'A. DAUDET).
2 Caractères d'une œuvre, d'un écrivain qui prêche la morale de l'Évangile ou l'imitation du Christ : l'*évangélisme* de Tolstoï.

Evolutionnisme 1 Toute philos. qui pense que le monde n'est pas fixe et immuable, mais passe sans cesse d'une forme à une autre; EX. l'*évolutionnisme* de DIDEROT dans *Le Rêve de D'Alembert*.
2 Depuis le XIXe s., souvent SYN. de *transformisme**.

Excursion, Excursus cf. *Digression**.

Exégèse 1 Explication grammaticale, historique et doctrinale de la Bible.
2 Explication d'un texte quelconque difficile ou obscur : *exégèse du Code pénal*.
3 Toute explication scientifique de faits fondée sur l'étude de documents, spéc. philologiques ou historiques : de bonnes *exégèses* nous ont fait connaître les sources d'*Aurélia* de NERVAL. L'auteur d'*exégèses* (1, 2, 3) est un *exégète*.

Exergue 1 Désigne d'abord l'espace, puis, par ext., l'inscription mise, à l'origine, au bas d'une médaille et, par la suite, en tête d'un ouvrage, pour souligner l'esprit dans lequel il a été écrit. Ex. «*La femme est la chimère de l'homme*», phrase de H. HEINE mise en *exergue* par NERVAL aux *Filles du Feu* et aux *Chimères*. Cf. *Épigraphe**. *Exergue* et *épigraphe** ne se confondent pas avec la *dédicace** qui indique à quelle personne l'auteur fait l'hommage de son œuvre.
2 *Mettre en exergue* une idée, une phrase, signifie les mettre en évidence pour aider à comprendre ce qui suit.

Exhortation Discours par lequel on essaie d'amener l'interlocuteur à accomplir une action présentée comme méritoire. Ex. BOSSUET : «*Que ce tombeau nous convainque de notre néant* [...] *pourvu que cet autel nous apprenne en même temps notre dignité.*» *(Oraison funèbre d'Henriette d'Angleterre.)*

Existentialisme (Néol. vers 1940 sur *existentiel*), **Essentialisme** (d'abord terme médical : théorie considérant les maladies comme des essences propres indépendamment des lésions de l'organisme) désigne, comme néol. en philos., toute théorie philosophique admettant que l'essence* (c.-à-d. ce qui constitue la nature d'un être, le définit) est antérieure à l'existence ou, au moins, sa condition nécessaire (PLATON est *essentialiste* puisqu'il croit que les idées* sont les archétypes* des choses et êtres réels). Par opposition, *existentialisme* s'applique à toutes les philos. qui affirment qu'il n'y a pas d'essences mais seulement des existences, c.-à-d. des êtres individuels, des réalités concrètes, vécues, irréductibles à la généralité d'un concept. En ce sens on peut parler d'*existentialisme* à propos de SOCRATE, ou de philos. sensibles à l'absurde* dans un univers qui ne paraît pas conçu selon une idée, ou défendant la valeur de la personnalité de chacun menacée par les abstractions uniformisantes de la science (cf. *Personnalisme**), etc. En un sens plus restreint, *existentialisme* se dit de l'existentialisme athée dont J.-P. SARTRE a été en France, après la Seconde Guerre mondiale,

le représentant le plus célèbre : on en trouve l'exposé et la phénoménologie* dans *L'Être et le Néant*. Les thèmes qui ont le plus frappé le public non spécialiste, c'est d'abord la prise de conscience angoissée de sa propre existence et de l'existence des choses autour de lui qu'exprime le héros de *La Nausée*, ensuite l'idée que, s'il n'y a pas d'essence de l'homme, chaque homme n'a pas à se conformer à un type idéal, mais est entièrement libre et responsable du choix de ce qu'il veut être.
Existentialiste (adj.) qualifie ce qui est favorable à l'*existentialisme* ou caractéristique de cette attitude, *existentiel*, ce qui est lié à l'existence en tant que réalité vécue (*angoisse existentielle*) ou dont on considère fondamentalement l'existence (*réalité existentielle*). *Critique existentielle* : courant de critique contemporaine, inspirée par la pensée de FREUD. Cf. *Thématique**.

Exode (Théâtre antique) **1** Dans la tragédie* grecque, partie qui venait après le dernier chant* du chœur* et contenait le dénouement*.
2 À Rome, petite pièce bouffonne jouée en fin de spectacle, après l'ouvrage dramatique principal.

Exorde Entrée en matière d'un discours* qui amène l'attention bienveillante de l'auditeur sur le sujet, expose celui-ci et annonce le plan qu'on va suivre : cf. *Introduction**.

Exotisme Caractère de l'œuvre qui évoque les mœurs ou les paysages des pays étrangers : Ex. l'*exotisme* de *Paul et Virginie*, des romans de P. LOTI.

Expérience (en lat. « le fait d'éprouver ») **1** Le fait d'éprouver directement qqch. CORNEILLE : « *Je ne vous en croirai qu'après l'*expérience. »
2 La connaissance des choses qui résulte du fait qu'on les a éprouvées : Ex. avoir l'*expérience* du monde, du malheur, etc.
3 (Philos.) Les connaissances de faits qui nous sont révélées par la perception (monde extérieur) ou la conscience* (vie intérieure), par opposition à l'imagination* et à la raison* (3) qui peuvent créer des images ou des rapports ne correspondant pas à des faits.
4 (Logique) Observation d'un fait *provoqué* pour vérifier une hypothèse* ou suggérer une idée.

Expérimentale (*méthode*) Méthode de connaissance qui consiste à vérifier les hypothèses* de la raison par des faits. On part de l'observation* des faits sur laquelle l'esprit bâtit une hypothèse* qu'il vérifie par une expérience* (4).

Expérimentation Emploi systématique de l'expérience* (4).

Explétif (Grammaire) Se dit d'un terme qui, sans être nécessaire au sens de la phrase, y est dû à l'usage et parfois la nuance ou la renforce affectivement : *moi* est *explétif* dans *prends-moi le bon parti*.

Explicite (Adj.) Qui est clairement exprimé dans un énoncé. ANTON. *Implicite**.

Exposition Introduction* d'une œuvre dramatique* qui expose le sujet, présente les personnages et, dans la tragédie* classique*, précise le temps et le lieu de l'action. SYN. *protase**.

Expressionnisme 1 Tendance artistique et littéraire (début du XXe s.) réagissant contre l'*impressionnisme**. Alors que celui-ci rend finement l'impression réelle que fait sur l'artiste le monde extérieur, l'*expressionnisme* cherche à faire ressentir au spectateur ou au lecteur les sentiments intérieurs de l'auteur, en leur donnant de «l'expression» (au sens de DIDEROT : qualité du visage, du geste, de la voix, des œuvres qui peignent vivement, fortement la chose représentée ou les sentiments, les pensées) et, pour cela, empruntent au monde extérieur tout ce qui frappe en transposant ou symbolisant le monde intérieur : d'où, en peinture, simplification de formes et violence des couleurs; au théâtre, mise en scène symbolique, suggestive, gestes, diction hors du naturel; en poésie, ellipses, images, cris; au cinéma, violence, horreur.
2 En général, on appliquera le mot : *a*) souvent péj., à un art qui cherche à frapper par de grands effets : l'*expressionnisme* des baroques, de Hugo. ANTON. *litote**, *discrétion*; *b*) à un art qui cherche à traduire l'univers d'un artiste par toute une symbolique violente : en ce sens, GOYA et VAN GOGH sont des *expressionnistes* avant la lettre. ANTON. *réalisme*.

Expressive L'une des fonctions* du langage d'après R. JAKOBSON.

Extension 1 (Logique et lexicologie) Ensemble des objets auxquels peut s'appliquer un terme, pour lesquels on peut l'utiliser comme attribut; qualité de ce terme qui en résulte : *animal* a une *extension* plus grande que *homme*. Par opposition, **compréhension**, ensemble des idées contenues dans un concept qui les englobe, ou qui composent la définition* (2) d'un terme; qualité de ce terme qui en résulte : *homme* a une *compréhension* plus grande que *animal*, puisqu'il contient toutes les idées de *animal*, et en plus celles qui sont spécifiques à la notion d'*animal humain*.

F

Fable (lat. «récit») **1** Récit inventé pour mettre en lumière une morale exprimée au début ou à la fin. La fable use souvent de l'*allégorie**; en particulier, les *fabulistes* — auteurs de fables — grecs et, à leur suite, français utilisent des animaux, afin de mieux cacher, mais en fait mieux montrer, leurs cibles. EX. *Les Fables* de LA FONTAINE.
2 L'intrigue inventée d'une œuvre littéraire; SYN. *affabulation*.
3 (XVIIe s.) Les légendes antiques, spéc. mythologiques. BOILEAU : «*La* fable *offre à l'esprit mille agréments divers.*»

Fabliau (M.A.) Récit en vers d'une aventure plaisante, dans un langage trivial et populaire, sans aucun but moral.

Fabuleux 1 Qui tient de la fable*, prise au sens de récit imaginaire et fantaisiste. EX. *un animal fabuleux*. SYN. *chimérique*, *imaginaire*.
2 Par ext., dans le langage courant : qui dépasse l'imagination. SYN. *fantastique** (3), *extraordinaire*, *inouï*.

Facéties (M.A., XVIe et début du XVIIe s.) Recueil de bons mots, d'anecdotes joyeuses et bouffonnes.

Factum Mémoire pour exposer les faits d'un procès; d'où mémoires pour attaquer et se défendre. VOLTAIRE : «*Je conseille à Beaumarchais de faire jouer ses* factums *si son* Barbier *ne réussit pas.*»

Facture (*d'une œuvre*) La façon dont un œuvre littéraire est exécutée; la réalisation par opposition à la conception.

Familier Du point de vue du *niveau de langue*, «*familier*» désigne le registre de la conversation entre «familiers», par ex. au bureau, dans la cour de récréation, etc. Il se caractérise par des tournures grammaticales incorrectes et un vocabulaire proche du style parlé; il se distingue du *niveau populaire* (expressions imagées, interjections, intonations expressives), du *niveau vulgaire* (injures, mots orduriers, plaisanteries grossières) et du *niveau argotique* (vocabulaire propre aux truands ou aux loubards; cf. *Argot**).

Fanatisme (lat. *fanaticus*, « inspiré, en délire par l'action de son dieu ») Caractère, doctrine, action : **1** (Vx.) de celui qui croit avoir des inspirations divines; Ex. pour BOSSUET, les quakers étaient proprement des *fanatiques*;
2 (Spéc. depuis le XVIIIe s., dans le langage des philosophes critiquant les excès de la religion) de celui qui a une passion exaltée, un zèle aveugle et parfois cruel en faveur d'une religion. VOLTAIRE : « *Les philosophes sont les médecins des âmes dont les* fanatiques *sont les empoisonneurs.* » SYN. *intolérant* (on notera que *sectaire* désigne à peu près les mêmes défauts, notamment chez ceux qui ont des idées religieuses ou antireligieuses étroites);
3 (par ext.) de celui qui se comporte ainsi en matière de politique, de goût ou dans un domaine quelconque.

Fantaisie 1 (XVIIe s.) Imagination* dans tous les sens. D'où *de fantaisie* : *a*) fondé avant tout sur l'imagination et, par ext., sans modèle ni rapport avec le réel. Ex. *œuvre de fantaisie; portrait de fantaisie*; *b*) différent des normes habituelles. Ex. *uniforme de fantaisie*.
2 Imagination créatrice qui se joue librement, suivant le cours naturel des associations d'idées, et se plaît hors du réel et du possible. E. RENAN : « *Les plus hardies excursions de sa* fantaisie. »

Fantastique 1 Créé par la fantaisie. VOLTAIRE : « *Persée, Bacchus et d'autres personnages* fantastiques. »
2 (À partir de l'époque romantique) « *Le* fantastique *en littérature est la forme originale que prend le merveilleux* lorsque l'imagination, au lieu de transposer en mythes* une pensée logique, évoque les fantômes rencontrés au cours de ses vagabondages solitaires.* » (P. CASTEX.) Fantastique se dit donc d'une œuvre où se mêlent le naturel et l'étrange de façon si inquiétante que le lecteur hésite entre une explication rationnelle et une explication surnaturelle des événements. C'est cette hésitation même qui constitue, selon T. TODOROV (*Introduction à la littérature fantastique*, 1970), le principe et la spécificité du texte fantastique. Ex. HOFFMANN : « *À ces mots, il voulut l'embrasser; mais* [son nez] *acquit instantanément une longueur immense et se projeta avec un bruit violent contre la muraille.* [...] *Maudit magicien!* » (*Contes fantastiques*.) Le *fantastique* se distingue de la pure *fiction**, qui ne prétend pas se donner des apparences de réalité. Quand il se justifie par des présences surnaturelles, il prend le nom de *merveilleux**.
3 Dans un sens fam. et affaibli de nos jours, *fantastique* se dit de qqch. d'inhabituel par sa taille, sa beauté, etc. Ex. *Quelle course fantastique!* SYN. *extraordinaire, incroyable.*

Fantoche (XIXe s., d'après un mot italien) Marionnette articulée mue à l'aide de fils. SYN. au fig. de *pantin, marionnette,* marque une absence de personnalité qui rend nul, inexistant ou fait de qqun le jouet docile d'influences. S'emploie spéc. en critique littéraire où un *personnage fantoche* (un *fantoche*) désigne un personnage imaginaire qui n'a pas d'existence, de présence par lui-même et réagit soit sous l'influence des autres, ce qui le rend *risible* ou *pitoyable*, soit, plus souvent, selon l'arbitraire de l'auteur, ce qui le rend *artificiel**.

Farce 1 (M.A.) Pièce comique (XVe s.) d'abord intercalée (comme une farce dans un mets) dans les représentations des mystères* : elle met en scène une situation plaisante empruntée à la vie ordinaire; EX. *La Farce de Maître Pathelin*.
2 (XVIe-XVIIe s.) Pièce bouffonne et de style souvent grossier, où dominent les jeux de scène. EX. *Sganarelle* de MOLIÈRE.

Fatalisme Doctrine qui considère que tous les événements sont fixés à l'avance par une cause unique et surnaturelle (Dieu ou le destin) et que la volonté humaine n'y peut rien changer (ne pas confondre avec *déterminisme**) : EX. le *fatalisme* des hindous. Dans *Jacques le fataliste*, DIDEROT confond *fatalisme* et *déterminisme*.

Fatalité (lat. *fatum*, « ce qui est fixé une fois pour toutes ») Puissance naturelle ou surnaturelle supérieure à l'homme qui l'oblige à faire certains actes, malgré tous les efforts de sa volonté. *Fatalité antique* : la puissance des destins, supérieure même à la volonté des dieux, qui fixe ce qui doit arriver. *Fatalité des passions* : la puissance des passions* qui réussissent à vaincre la raison et la volonté. *Fatalité romantique* : croyance qu'un destin mauvais s'acharne sur un individu d'élite que la grandeur même de son malheur rend supérieur à ses semblables.

Féerie 1 Œuvre dramatique fondée sur le merveilleux : EX. *Psyché* de CORNEILLE et MOLIÈRE.
2 De nos jours, le sens a glissé vers la simple *fiction** en désignant un « *univers irrationnel et poétique* » (J. COCTEAU), cher aux surréalistes*. EX. R. DESNOS : « ... *plus personne sauf une vieille épicière morte dont le visage trempe dans un plein compotier de sourires à la crème* » (*Pénalités de l'enfer*). L'adj. *féerique* renvoie au registre du *merveilleux** et des *contes* de fées*.

Fiction (lat. *fictio*, « action de feindre, feinte ») **1** Ce qui, dans un récit, est inventé et se donne pour non réel. BOSSUET : « *Soigneuse de se former sur le vrai, elle méprisait ces froides et dangereuses* fictions [les

romans].» À partir de là, on pourrait distinguer les récits qui sont *de réalité* et ceux qui sont *de fiction* (cf. *Récit**); mais la distinction n'est pas toujours facile : par ex., une *autobiographie** est en principe opposée à toute fiction, puisqu'elle est censée relater les faits de la vie de l'auteur et doit être classée dans les *récits de réalité*, mais on sait qu'elle peut comporter, consciemment ou non, des éléments fictifs.
2 Spéc., le merveilleux*. BOILEAU : «*La poésie épique...| Se soutient par la fable et vit de* fiction.»
3 *Science-fiction* : cf. ce mot.

Figuratif **1** Qui s'exprime par *figure** (3), c.-à-d. sous une forme symbolique*, mystique*. PASCAL : «*Pour montrer que l'Ancien Testament n'est que* figuratif *et que les prophètes entendaient par biens temporels d'autres biens*».
2 (Ling.) *Syllabe, lettre figurative*, ou *figurative* (N.), celle qui est le signe, le symbole d'une classe de mots ou d'une fonction : Ex. *-ment* pour l'adverbe, *s* pour le pluriel.
3 Qui représente la figure, c.-à-d. la forme d'un objet, spéc. : *a*) *Écriture figurative*, celle qui évoque les objets par leur dessin et non en notant les sons du mot qui les désigne; Ex. les hiéroglyphes. *b*) *Poème figuratif* : cf. *Calligramme**. *c*) (Néol.) Se dit d'un art ou d'un artiste (on appelle celui-ci un *figuratif*, N.) qui, en peinture ou en sculpture, représente des êtres ou des objets tels qu'ils existent dans la nature, par opposition à l'*art abstrait**.

Figure **1** Manière de s'exprimer qui modifie le langage ordinaire pour le rendre plus expressif. BOILEAU : «*De* figures *sans nombre égayez votre ouvrage.*»
2 (Rhét.) *Figures de mots* : celles qui modifient l'expresion de la pensée en modifiant les mots mêmes qui composent le discours, dans leur forme (*figures de diction* : Ex. *apocope**), leur emploi grammatical (*figures de construction* : Ex. *pléonasme**), leur signification (*tropes** : Ex. *métaphore**). *Figures de pensée* : celles qui, sans modifier les mots, changent l'expression de la pensée par le mouvement et le tour que lui impriment certains sentiments : Ex. *apostrophe**.
3 Spéc., allégorie*, image*, métaphore* (c'est ainsi qu'on parle du sens *figuré* des mots) et, en théologie, expression d'une chose sous une forme symbolique*, mystique*. PASCAL : «*Les prophètes prophétisaient par* figures.»

Figuré **1** (Stylistique) Riche en figures* (1 et 2) et spéc. en images, en parlant d'un langage, d'un style.

2 (Sémantique) *Sens figuré* : par opposition à *sens propre**, signification dérivée que prend un mot quand on l'emploie par figure* (1 et 2); mais cet emploi est si habituel qu'on ne perçoit plus l'effet de style : Ex. «cultivé» signifie au *sens propre* «travaillé pour être amené à produire» (en parlant d'un sol, d'une plante,...); appliqué par métaphore* à l'esprit, il prend le *sens figuré* de «formé et développé par l'instruction» qui est immédiatement perçu par nous, sans que nous nous référions au *sens propre*. D'ailleurs, il figure ainsi au dictionnaire.

Fin Ce pourquoi une chose existe ou se fait, son but; par opposition à *moyen*, c.-à-d. au procédé par lequel on arrive à ce but : la culture est la *fin* de vos études; vous arriverez à cette *fin* par le *moyen* du travail.

Finalité Existence des *causes finales*. La *cause finale* est ce qui explique un fait en lui donnant pour cause une *fin* (un but) à atteindre : Ex. la *cause finale* du travail en classe est l'examen de fin d'année. Dès l'Ant., il a semblé que certains faits, dans la nature, s'expliquaient par un but à atteindre : de là est née l'idée qu'une intelligence avait présidé à l'organisation du monde; la *finalité* fournit ainsi une preuve de l'existence de Dieu. Les matérialistes nient, au contraire, l'existence de la *finalité*, car la matière, soumise à l'évolution, ne saurait avoir de but conscient (cf. VOLTAIRE, *Dictionnaire philosophique*, article *Finalité*). *Finalité externe* : celle qui a pour fin un être autre que celui qui est un moyen de réaliser cette fin : Ex. la maison qu'on construit et celui qui doit l'habiter sont liés par une *finalité externe*. *Finalité interne* : celle qui a pour fin l'être dont les parties sont considérées comme moyen : Ex. notre cœur est lié à notre organisme par une *finalité interne*.

Fleuri (*style*) Style orné et brillant. FÉNELON : «*J'avoue que le style* fleuri *a ses grâces, mais elles sont déplacées dans les discours* [...] *où les grandes passions doivent parler.*»

Flexion cf. *Affixe**.

Florilège cf. *Anthologie**.

Focalisation (Terme employé par G. GENETTE, qui traduit l'angl. *focus of narration*) Choix du point* de vue d'où l'on se place pour faire le portrait ou la description d'un objet. On distingue : la *focalisation zéro*, où l'objet est connu de partout et de nulle part, sans obstacle ni contrainte. C'est le point de vue de Dieu, le regard est celui de l'auteur. Ex. «*Toutes les faces des carrés anglais furent attaquées à la fois. Un tournoiement frénétique les enveloppa. Cette froide infanterie demeura* *impassible*» (V. HUGO, *Les Misérables*), la description y est faite par vue d'ensemble; la *focalisation externe* : la connaissance de l'objet s'arrête aux apparences perçues. Le regard, purement objectif, n'est celui de personne. EX. «*De l'autre côté de la vallée de l'Èbre, les montagnes blanches s'allongeaient sur l'horizon. Sur l'autre versant orienté au midi, il n'y avait pas un arbre et la gare se dressait en plein soleil entre deux voies de chemin de fer*» (E. HEMINGWAY, *Paradis perdu*); la *focalisation interne* : le foyer est placé dans la conscience d'un sujet témoin, lequel n'apparaît pas directement ou donne au regard une qualité singulière. EX. «*Il la voyait par derrière, dans la glace, entre deux flambeaux. Ses yeux noirs semblaient plus noirs.*» (FLAUBERT, *Madame Bovary*.)

Folio (Édition) Numéro de chaque page d'un livre, de chaque feuillet d'un manuscrit.

Folklore (1846) Science des usages, traditions, croyances, légendes et littératures populaires; par ext., ces usages, traditions eux-mêmes. S'emploie parfois par dérision.

Fonctions 1 (du langage) D'après R. JAKOBSON, le langage remplit différentes *fonctions* : tout d'abord, une fonction centrale de *communication*; ensuite, des fonctions secondaires, selon le pôle plus spéc. concerné par la communication; on distingue : la fonction *expressive* ou *émotive*, centrée sur le destinateur qui raconte ses réactions affectives; elle est illustrée par les poèmes, les lettres intimes, etc.; la fonction *conative* (SYN. *impressive, appellative*), orientée sur le destinataire pour l'inciter à réagir : c'est le cas des exhortations, déclarations d'amour, discours politiques; la fonction *référentielle* (SYN. *dénotative, cognitive*), illustrée par des articles d'information, des histoires, des romans qui décrivent le *référent* ou *contexte*, c.-à-d. des aspects du monde; la fonction *phatique*, visant à maintenir le *contact*, à attirer l'attention; la fonction *métalinguistique*, qui a pour objet le *code* que l'on cherche à acquérir, analyser, vérifier ou décrire (par ex. les manuels de grammaire); la fonction *poétique* ou *esthétique*, qui met l'accent sur le *message* lui-même, afin de procurer une impression de beauté et d'art; c'est dans le texte poétique même qu'elle s'exerce le plus ou qu'elle est le plus à l'œuvre.
2 En critique littéraire, le mot a été utilisé par V. PROPP pour dégager la structure du conte*; la *fonction* est un invariant de cette structure : «*par* fonction, *nous entendons l'action d'un personnage, définie du point de vue de sa signification dans l'intrigue*»; les fonctions sont couplées et provoquent les lois génératrices du conte.

Fonctionnel Se dit d'un récit* où chaque personnage* remplit toujours la même fonction d'une histoire à l'autre. EX. les *contes* populaires*. Cf. *Actant*, Conte**.

Formalisme Terme de critique littéraire. **1** Attitude qui consiste à s'intéresser à la *forme** (4) plutôt qu'au contenu, à la signification de l'œuvre. SYN. *art* pour l'art, esthétisme* (cf. *Esthète** [1]).
2 *Formalisme russe* : courant de pensée né en U.R.S.S. entre 1915 et 1930, connu ensuite en France par les traductions des ouvrages de T. TODOROV (*Théorie de la littérature*, 1965). Comme l'avaient déjà affirmé S. MALLARMÉ et P. VALÉRY, en accord avec la critique structuraliste*, le *formalisme* considère le texte littéraire comme une totalité formelle* (4) autonome; l'étude du texte exige la recherche de critères formels, et non des indices historiques ou biographiques.
3 Néol. (surtout depuis A. CAMUS, *L'Homme révolté*, 1951), attitude d'un art et d'un artiste qui tournent le dos au réel (ANTON. *réalisme*, naturalisme**) et se contentent soit des jeux d'une imagination abstraite, soit d'une exploitation des effets esthétiques que les genres et leurs moyens d'expression rendent possibles. CAMUS : «*Le* formalisme *peut parvenir à se vider de plus en plus du contenu réel, mais une limite l'attend toujours. Même la géométrie pure où aboutit parfois la peinture abstraite demande encore au monde extérieur sa couleur et ses rapports de perspective. Le vrai* formalisme *est silence. De même le réalisme ne peut se passer d'un minimum d'interprétation et d'arbitraire.* [...] *L'artiste réaliste et l'artiste* formel *cherchent l'unité où elle n'est pas, dans le réel à l'état brut, ou dans la création imaginaire qui croit expulser toute réalité. Au contraire, l'unité en art surgit au terme de la transformation que l'artiste impose au réel.*» Cette correction du réel par l'artiste, CAMUS l'appelait le *style* : cf. *Styliser** (1).

Forme 1 (Philos.) D'après la distinction d'ARISTOTE, la figure géométrique d'un objet par opposition à la matière* dont il est composé. D'où, par élargissement de cette opposition :
2 (Logique) le rapport entre les termes d'un raisonnement par opposition à ce que représentent ces termes eux-mêmes, appelés *matière* ou *contenu*. EX. *Tous les chiens sont fidèles, Médor est un chien, donc il est fidèle* est un raisonnement juste dans la forme (tous les A sont B, or C est A, donc C est B) mais matériellement contestable, car la première proposition n'est pas forcément vraie;
3 (Droit) l'ensemble des règles à suivre dans la procédure, par opposition au *fond* (l'objet particulier de l'affaire considérée).
4 (Litt.) On oppose traditionnellement le *fond*, qui est la pensée, le sujet

exposés par l'auteur, à la *forme*, qui est la manière de les exposer, le style*. En fait, *forme* et *fond* sont indissociables : « *La* forme *ne peut se produire sans l'idée et l'idée sans la* forme. » (FLAUBERT.) C'est le principe de base des tendances de la critique contemporaine : cf. *Formalisme**, *Structuralisme**, *Poétique**, *Sémiotique**. De là, le terme de *forme-sens* qui signifie que l'on doit saisir globalement une œuvre en la considérant comme irréductible à toute combinaison plus ou moins prévisible d'éléments connus.
5 (Ling.) La *forme* est définie comme l'ensemble des aspects matériels et des relations qui constituent un énoncé ou un élément d'énoncé; Ex. *forme phonique* d'un mot, *forme syntaxique* d'une phrase, *forme sémiotique** d'un conte*, etc. *Forme fixe* s'emploie pour un poème régi par des règles préétablies : le sonnet*, la ballade* sont des poèmes à *forme fixe*.

Formel 1 (Au sens scolastique) Qui existe avec une forme* (1), qui a une existence actuelle, effective : Ex. *un ordre formel*.
2 Relatif à la forme* (2, 3) : cf. *Logique** *formelle*; un *raisonnement formel* est celui qui est exact dans la forme. Le mot tend à prendre un sens péj. : qui ne tient pas compte de la réalité, de ce qu'il y a de concret dans les choses.
3 *Éducation formelle* : celle qui développe l'esprit d'une manière générale sans le spécialiser (aucun sens péj.) .SYN. *culture** *générale*.
4 Relatif à la forme* (4) : *étude formelle d'un texte*; *la beauté formelle* d'une œuvre vient uniquement de la perfection du style par rapport à un certain idéal.
5 (Néol.) Pratiquant le formalisme* (2); CAMUS : « *écrivain* formel » et, surtout, en résultant. CAMUS : « *À la limite* [...] *la réalité est expulsée* [de l'œuvre] *dans son entier et nous obtenons des œuvres purement* formelles. » (*L'Homme révolté, Révolte et Style*.)

Fragment D'abord, partie d'un livre qui n'existe que par morceaux détachés, souvent parce que le reste de l'œuvre ne nous est pas parvenu. Par ext., type d'ouvrage que l'auteur a décidé d'écrire de manière apparemment décousue. Ex. *Fragments d'un discours amoureux* de R. BARTHES.

Francien Un des dialectes d'oïl*, parlé en Île-de-France, qui a eu la suprématie sur les autres et a donné naissance au français.

Futurisme 1 Mouvement littéraire et artistique, en Italie, vers 1909, autour du poète MARINETTI et caractérisé : *a*) par la rupture avec l'académisme* et la culture fondée sur le passé (ANTON. *passéisme*); *b*) par

l'exaltation de tout ce qui est moderne (objets, machines, vitesse, passions ardentes, etc.); *c*) spéc. en art, par un essai de donner en même temps des sensations passées, présentes et futures, ce qui aboutit à bannir les formes stables, et à bâtir un monde de fragments disloqués d'objets et de vibrations.
2 Par ext., tout art plus que moderne, tourné vers le futur, par opposition au **passéisme**, attachement traditionnel, parfois exagéré, au passé et à la culture fondée sur lui.

G

Gag (XXe s., mot angl., « ce qu'un acteur ajoute à son rôle ») Au cinéma, effet risible qui forme un tout, est souvent précédé ou suivi d'autres effets de ce genre, et repose sur des procédés traditionnels comme situations drôles, heurts burlesques avec des objets, mouvements cocasses, etc., sans relever du haut comique et sans se rattacher exactement à une acton principale. On emploiera le mot avec ces nuances en critique littéraire : Ex. Le *Roman comique* de SCARRON contient des séries de *gags*.

Galant (ancien franç. *galer*, « être vif ») **1** (XVIe s.) Vif, hardi, entreprenant : cf. *vert galant*, bandit opérant dans les bois, d'où homme hardi (surtout avec les femmes).
2 (XVIIe s.) Qui a bonne grâce dans le monde. MÉRÉ : [un galant] « *est un honnête* homme un peu plus brillant ou plus enjoué qu'à son ordinaire et qui sait faire en sorte que tout lui sied bien.* » *Style, genres galants* : les petits genres mondains qui n'ont pour but que d'être agréables. LA FONTAINE (*Songe de Vaux*, *Avertissement au lecteur*) qualifie d'« *épisodes* galants, [...] *l'aventure d'un écureuil, celle d'un cygne prêt à mourir, celle d'un saumon et d'un esturgeon qui avaient été présentés vifs à Oronte* ».
3 Qui cherche à plaire aux femmes. BOILEAU : « *Peindre Caton* galant *et Brutus dameret.* » Dès le XVIIe s., ce sens tend à se substituer au sens 2 : *des vers galants* finissent par signifier des vers d'amour adressés à une dame dans un style spirituel et mondain.

Galimatias Discours obscur et embrouillé, aux idées inintelligibles. BOSSUET : « *C'est là non seulement un parfait* galimatias *et une doctrine absolument inintelligible, mais encore une erreur manifeste.* » Cf. *Logogriphe**.

Gallicanisme Tendance à repousser l'autorité totale du pape sur le clergé de France, pour préserver l'autorité du roi et du pouvoir civil et, sur certains points de théologie, la compétence des évêques, des conciles et la fidélité aux canons* de l'Église; c'est cette doctrine que défendit BOSSUET; ANTON. *ultramontanisme*.

Gallicisme cf. *Idiotisme**.

Gaulois Qui appartient à l'ancienne France. **1** Naïf, simple. BOILEAU : «*Le rondeau né* gaulois *a la naïveté.*»
2 D'une gaieté assez libre : Ex. l'esprit *gaulois*.

Générative Qualifie la grammaire qui étudie une langue comme un ensemble fini d'éléments et de règles permettant d'engendrer une infinité de phrases grammaticales.

Genèse (du grec, «engendrement») **1** Nom du premier livre de la Bible, qui contient la création du monde.
2 Terme de science (XVIIe s.). Processus qui aboutit à la naissance d'une chose ou d'un fait. D'où, en critique littéraire, ensemble des étapes par lesquelles s'est formée une œuvre (son inspiration*, ses sources, ses versions* diverses avant sa forme définitive, étudiées en rapport avec les circonstances).

Génétique 1 (Adj.) Qui a rapport à une genèse* (2) : une *étude génétique* a pour objet la *genèse* d'une œuvre. La *critique génétique* de L. SPITZER pose que l'œuvre forme un tout et que, par conséquent, tout détail doit conduire au centre de l'œuvre, à l'essentiel; une intuition, le déclic*, prendra appui sur un détail pour pénétrer dans l'œuvre et ainsi ne pas séparer le *fond* de la *forme* par un mouvement de va-et-vient.
2 (N.) Branche de la biologie qui étudie l'hérédité et ses lois chez les êtres vivants (en ce sens, adj. : qui a rapport ou est dû à l'hérédité).

Génie 1 Le fond du caractère, la nature propre d'un être. BOILEAU : «*Dans son* génie *étroit il est toujours captif*»; d'où, les caractères essentiels : Ex. le *génie* de la langue, *Génie du christianisme*.
2 L'inspiration*; ANTON. *art**. LA BRUYÈRE : «*Ses vers* [de Boileau] *faits de* génie, *quoique travaillés avec art.*»
3 Puissance créatrice d'ordre supérieur, fruit de l'inspiration et d'une technique artistique souvent originale : Ex. le *génie* de Molière (en ce sens, souvent opposé à *talent**).

Genre Catégorie à laquelle appartient une œuvre littéraire d'après un certain nombre de caractères en rapport avec la situation* de communication* et la forme de langage qu'elle privilégie : l'œuvre doit suivre des règles ou conventions qui sont les dénominateurs communs du genre. Il est cependant très difficile de donner une classification précise et immuable, tant les catégories se multiplient ou se combinent et tant le genre peut évoluer : par ex. une *farce* n'a pas le même sens au M.A. et au XVIIIe s. On peut cependant distinguer : en *poésie*, le genre lyrique*, le genre épique*, le genre dramatique* et le genre didactique*; en *prose*, le genre oratoire*, le genre historique*, le genre didactique, le genre dramatique et le genre romanesque*, qui peuvent se subdiviser à leur tour. La règle classique de *séparation des genres* interdisait de mélanger le tragique et le comique, ou de juxtaposer dans une même œuvre des tons et des genres différents; elle a été combattue par les romantiques* qui ont au contraire prôné le *mélange des genres* : il faut mêler dans le drame* le sublime* et le grotesque* afin de refléter la vie (cf. V. HUGO, Préface de *Cromwell*).

Geste 1 Cf. *Chanson* de geste*.
2 *La geste de* : l'ensemble des exploits d'un héros ou de sa famille, que racontent plusieurs poèmes, et l'ensemble que forment ces poèmes : la *Geste de Charlemagne* ou *du roi* contient plusieurs chansons de geste. SYN. *cycle**.

Gloire Terme du vocabulaire de CORNEILLE : le sentiment qui pousse un héros à s'engager de toute son énergie volontaire au service d'une fin*, bonne ou mauvaise, qu'il considère comme sa raison d'être; c'est en servant cette fin qu'il se sent libre. Le but que vise le héros peut être très différent : Ex. l'amour, pour Camille, la vengeance, pour Médée, la dignité royale, pour l'Infante, la liberté d'indifférence, pour Alidor (*La Place Royale)*.

Glose 1 (Philologie ancienne) Commentaire littéral concis expliquant les mots difficiles d'un manuscrit ou d'un texte anciens : *glose marginale due à un copiste*. Le dérivé est *glossateur*.
2 Péj., commentaire ou notes pédants, obscurs ou malveillants.
3 (XVIIe s.) Parodie rimée d'une pièce de poésie dont on répète un vers à la fin de chaque strophe, ce qui fait que la *glose* a autant de strophes que la pièce parodiée a de vers : EX. la *glose* de SARRAZIN sur le *sonnet de Job* de BENSERADE.

Glossaire cf. *Lexique**.

Gnomique (grec *gnômê*, «sentence») Se dit des poèmes qui mettent en vers des maximes* : EX. *Les quatrains contenant préceptes et enseignements utiles pour la vie de l'homme*, publiés en 1574 par PIBRAC (1529-1584).

Gnose (XVIIe s., en grec, «connaissance») **1** (Théol.) Connaissance de la religion supérieure aux croyances vulgaires. BOSSUET : «*On a voulu*

introduire une fausse gnose *à la place de la véritable.*» *Gnostique*, dérivé, en ce sens favorable : «parfait et spirituel» (BOSSUET).
2 Doctrine, système d'hérétiques d'Égypte et de Syrie (IIe s.) qui se disaient *gnostiques* parce que, mêlant des doctrines orientales et des idées chrétiennes, ils prétendaient arriver à une connaissance parfaite des choses divines. Le **gnosticisme** est l'ensemble des doctrines de la *gnose* ou l'attitude des *gnostiques*. C'est à ce sens qu'on rattachera un emploi spéc. de *gnostique* au XVIIe s. : les gens de cour quiétistes sous l'influence de FÉNELON.
3 Le savoir suprême en matière d'occultisme* et, par ext., tout savoir ésotérique* qui se donne pour suprême.

Gothique (sur *Goths*, nom d'un peuple barbare) Appliqué, comme adj. d'abord, au XVe s., à l'écriture anguleuse droite qui succéda à l'écriture romane et allait être remplacée par l'italique, est devenu un SYN. de *médiéval*. **1** Jusqu'à la fin du XVIIIe s., avec la connotation péj. de barbare, hors de mode, suranné. BOILEAU : «*idylles* gothiques; *entraves* gothiques».
2 Du temps du romantisme, avec une connotation favorable due à l'attrait du M.A.
3 Appliqué spéc. depuis le XVIIe s. à l'architecture, la sculpture, la peinture, qualifie : *a*) jusque vers 1825, et même après, toutes les formes de ces beaux-arts, entre l'Antiquité et la Renaissance, qu'on jugeait d'abord indignes d'être classées dans les styles traditionnels et que revalorisa le romantisme : cf. STENDHAL, *Lamiel*, III, vers 1839 : «*une tour* gothique [...] *cette tour* [...] *fut une noble contemporaine de Guillaume le Conquérant*» [or ce prince vivait au XIe s.]; *b*) depuis 1825 environ, le style médiéval compris entre l'art roman et la Renaissance, c.-à-d. entre le milieu du XIIe s. et le XVIe s., et caractérisé, en architecture, par la croisée d'ogives. N. en ce sens : *le gothique flamboyant*.

Goût Sens par lequel l'homme peut saisir la beauté de l'œuvre d'art (avec l'idée d'une intuition* qui oppose souvent le goût à la raison*). VAUVENARGUES : «*Le* goût *est une aptitude à bien juger des objets du sentiment** (5).» Ce caractère intuitif du *goût* explique la difficulté de découvrir les règles du *bon goût* : le *goût* varie en réalité suivant les individus et les époques. Toutefois, à l'époque classique, les critiques pensaient qu'il y avait un *bon goût absolu*. LA BRUYÈRE : «*Il y a dans l'art un point de perfection* [...]; *celui qui le sent et qui l'aime a le* goût *parfait.*» Mais ce *bon goût* ne se définissait pas par les règles; il y avait toujours dans l'œuvre d'art, au-delà des règles, «*un je ne sais quoi*» pour provoquer le plaisir esthétique. La seule règle précise que donne

BOILEAU pour définir le *bon goût*, c'est de le considérer comme la forme de *goût* la plus universellement admise parmi les honnêtes* gens et demeurée sans changement à travers le temps.

Grâce (lat. *gratia*, «ce qui plaît, faveur») **1** (Esth.) Qualité esthétique* du mouvement, des formes, des attitudes qui consiste dans l'aisance, la légèreté et une sorte d'abandon qui attire la sympathie. LA FONTAINE : «*Et la* grâce *plus belle encor que la beauté.*»
2 (Théol.) Don gratuit fait par Dieu à l'homme de la vie surnaturelle* qui est une participation à la nature divine; d'où, chez PASCAL, l'emploi du mot *grâce* dans le sens de surnaturel (par opposition à nature* au sens de monde matériel et apparent) : «*Car la nature est une image de la* grâce *et les images visibles sont images des invisibles.*» *État de grâce* : état de l'homme jouissant de la grâce de Dieu, avant le péché originel, ou après le pardon des péchés. (L'emploi de cette expression s'est répandu dans la langue courante pour signifier une situation exceptionnellement favorable dans laquelle se trouve qqun à qui tout réussit.) Dans la discussion sur les rapports entre la *grâce* et le *libre arbitre**, les jansénistes considéraient que Dieu accorde la *grâce* à qui lui plaît et que le *libre arbitre* de l'homme n'intervient pas; la *grâce* suffit toujours pour sauver l'homme.

Gradation Succession d'idées ou de mots de plus en plus forts. EX. CORNEILLE : «*Va, cours, vole et nous venge*!»

Gradus Abrégement de *gradus ad Parnassum*, «escalier vers le mont Parnasse, séjour des Muses» qui désignait, aux siècles classiques, les manuels destinés à faciliter la composition littéraire. EX. *Gradus, les procédés littéraires* de B. DUPRIEZ.

Graffiti Mot italien désignant toute inscription sur les monuments et murs antiques, puis sur n'importe quel mur ou monument. Les *graffiti* constituent un moyen d'expression marginal, spontané, souvent utilisé sous forme de slogan politique. EX. «*Il est interdit d'interdire*» (à Paris, en mai 1968).

Grammaire Étude scientifique des structures morphologiques et syntaxiques d'une langue. On distingue la *grammaire descriptive*, qui constate les caractéristiques et peut les ériger en règles; la *grammaire normative*, qui énonce les règles pour éviter les incorrections; la *grammaire historique*, qui étudie l'évolution de ces structures dans le temps; la *grammaire comparée*, qui procède à des comparaisons entre les différentes langues;

la *grammaire générale*, qui s'efforce de distinguer les lois communes à toutes ces langues; la *grammaire générative**.

Grammatème (Ling.) Élément du *monème** ou *morphème** qui fournit une indication grammaticale sur le mot, alors que le *lexème** renseigne sur son sens lexical. EX. *dans* manges, mang- *est le lexème alors que* -es *est le grammatème indiquant le mode, le temps et la personne*. Les *grammatèmes* existent en nombre fini.

Grand-Guignol Théâtre parisien fondé en 1897, aujourd'hui détruit, qui représentait des pièces d'horreur, sanglantes et mélodramatiques. **Grand-guignolesque**, qui produit des effets de ce genre, en parlant d'œuvres fictives ou de scènes réelles.

Graphème (Ling.) Élément abstrait d'un système d'écriture qui peut se réaliser sous un certain nombre de formes : lettre* majuscule ou minuscule, idéogramme*, etc.

Graphie 1 (d'une langue) Système d'écriture d'une langue, ensemble des signes qu'elle possède et façon dont on les emploie pour représenter la parole par l'écriture.
2 (d'un mot) Manière dont il est écrit, en fait, correctement ou non. L'**orthographe** est une graphie correcte, mais se dit abusivement pour *graphie*.

Graphisme Parfois SYN. de *graphie** (1), doit être réservé pour désigner : **1** la manière d'écrire propre à un individu, qui fournit des indications sur son caractère, par l'interprétation qu'en donne la *graphologie*;
2 (néol.) le caractère et l'effet esthétiques des signes (écriture, mais aussi lignes, dessin) qu'une personne et spéc. un artiste trace pour s'exprimer : le *graphisme* de la tauromachie de Picasso.

Gratuit Qualifie une décision, un acte injustifiés et arbitraires, dans lesquels la volonté n'est déterminée par aucun mobile extérieur, mais en plus n'a elle-même ni raison ni motif personnel valable pour se décider : EX. Lafcadio, dans *Les Caves du Vatican* d'André GIDE, accomplit un *acte gratuit* en se fondant sur le hasard pour assassiner son compagnon de voyage.

Gros mot Mot bas destiné à choquer : il répond à la fonction conative* du langage et manifeste un rejet du système social. EX. «*Hébert ne commençait jamais un numéro du* Père Duchêne *sans y mettre quelques* foutre *et quelques* bougre. *Ces grossièretés ne signifiaient rien, mais elles signalaient. Quoi? Toute une situation révolutionnaire.*» (R. BARTHES, *Le Degré zéro de l'écriture.*)

Grotesque Étym. *bizarre* et *capricieux* comme certains ornements trouvés, au XVIe s., en Italie, dans des édifices anciens (appelés *grottes*) mis à découvert par des fouilles. **1** D'où, ridicule, avec qqch. de bizarre, de contrefait, voire de monstrueux. MONTESQUIEU : «*C'est un poète, et le* grotesque *du genre humain.*» *Les Grotesques* : terme consacré par Théophile GAUTIER (*Les Grotesques*, 1844) pour désigner «dix types amusants et singuliers» d'écrivains, de VILLON à SAINT-AMANT; spéc., les poètes baroques* de la première moitié du XVIIe s.
2 Pour V. HUGO (Préface de *Cromwell*, 1827), la forme de l'art qui s'oppose au *sublime** comme la morale chrétienne oppose la bête humaine à l'âme : tout ce qui est comique*, laid, horrible, matériel, par opposition au tragique, à la beauté, à l'harmonie, à l'idéalisme* du sublime : «*Dans la pensée des modernes, au contraire, le* grotesque *a un rôle immense. Il y est partout : d'une part, il crée le difforme et l'horrible, de l'autre le comique* et le bouffon*.*»

H

Hagiographie Science qui étudie les choses saintes et, spéc., la vie des saints.

Haïku/ Haïkaï Court poème formé de trois vers de cinq, sept et cinq syllabes, issu d'un poème de trente et une syllabes, le *Tanka*. Véritable institution au Japon, il a été très apprécié et pratiqué en Occident depuis 1920. EX. P. ÉLUARD : « *La muette parle| C'est l'imperfection de l'art| Ce langage obscur.* »

Hapax (du grec *hapax legomenon*, « chose dite une fois ») Mot ou expression n'ayant qu'une seule occurrence dans un corpus* donné.

Haplographie (grec *haplos*, « simple ») En ling., faute consistant à n'écrire qu'une fois un groupe de caractères redoublés. EX. *haplogie* pour *haplologie*. L'**haplologie** est la même faute en matière de prononciation. EX. *philologie* prononcé *philogie*.

Harangue 1 Discours antique, politique ou militaire, rapporté par un historien ancien.
2 Discours moderne fait à une assemblée, à un grand personnage, d'où discours solennel, voire déclamatoire. ROUSSEAU : « *Le parler des Genevois est toujours soutenu, leurs discours sont des* harangues. » **Allocution** a le même sens, mais peut aussi signifier *discours** de circonstance, politique, etc.

Harmonie (en grec, « ajustement ») **1** Qualité d'une œuvre dont les parties ne s'opposent pas entre elles, mais concourent à produire un effet d'ensemble.
2 Par analogie avec la musique (cf. *Mélodie**), l'art, en litt., de produire une sensation agréable par la sonorité des mots et la cadence* du rythme* : Ex. l'*harmonie* d'un vers; cf. *Euphonie**. *Harmonie imitative* : choix de mots dont la sonorité évoque l'objet qu'ils représentent. Ex. RACINE : « *Pour qui sont ces serpents qui sifflent sur vos têtes* »; cf. *Allitération**.
3 *Harmonies* : titre de certaines œuvres littéraires (Bernardin DE SAINT-PIERRE, *Harmonies de la Nature*, 1796); LAMARTINE, *Harmonies poétiques*

et religieuses, 1830) destinées à montrer que l'Univers, par l'accord esthétique et providentiel de ses parties, révèle la présence de Dieu, et à rendre, par l'accord des images ou des rythmes, cette harmonie du monde.
4 (Philos.) *Harmonie préétablie* : doctrine de LEIBNIZ suivant laquelle Dieu a établi entre toutes les substances créées de l'Univers un développement parallèle qui provoque entre elles des rapports mutuels réglés d'avance; par un emploi abusif de l'expression, croyance en une organisation providentielle de l'Univers, suivant laquelle « *tout est pour le mieux dans le meilleur des mondes possibles* » (cf. VOLTAIRE, *Candide*).

Hédonisme (grec *hêdonê*, « plaisir ») Toute morale qui propose comme souverain bien la recherche du *plaisir*, en évitant la douleur (ne pas confondre avec *eudémonisme**) : Ex. la morale épicurienne est un *hédonisme*; ANTON. *ascétisme*.

Hémistiche (en grec, « demi-vers ») **1** Moitié d'un vers marquée par la césure*.
2 (Par ext.) Chacune des deux parties d'un vers coupé par la césure*.

Hendécasyllabe Vers de onze syllabes.

Hendiadyn ou **Hendiadys** (en grec, « une seule chose en deux mots ») Figure* qui consiste à dissocier un syntagme* exprimant une idée unique (Ex. un nom accompagné d'un qualificatif ou d'un déterminatif) en deux éléments distincts, en général coordonnés (Ex. deux noms) exprimant toujours la même et unique idée : Ex. respirer *les parfums et la nuit*, pour respirer les *parfums* de la *nuit* (ou *nocturnes*).

Herméneutique (en grec, « interpréter ») **1** Terme employé par ARISTOTE pour signifier l'art d'interpréter toute chose.
2 Spéc., art d'interpréter les textes anciens ou sacrés.
3 De nos jours, connaissance et technique pour faire parler les signes et découvrir leur sens (M. FOUCAULT).

Hermétique, Hermétisme (sur *Hermès*, dieu de l'alchimie) **1** Relatif à l'alchimie, et spéc. à ce qu'il y a d'ésotérique* dans ses doctrines. *Hermétisme*, l'ensemble de l'ésotérisme* en alchimie.
2 (Fig.) En parlant de pensées, d'œuvres, de styles très obscurs, *hermétique* (et *hermétisme*, caractère de ce qui est hermétique) ajoute à ésotérique*, qui a plutôt rapport au désir de n'être compris que des seuls initiés, l'idée d'une difficulté voulue pour elle-même, souvent dans la forme, avec parfois une nuance péj.; l'*hermétisme de Mallarmé, de la poésie*

moderne. **Cabalistique**, plus péj., se dit surtout de termes ou de formules soit maladroitement obscurs, soit consciemment choisis comme langage convenu. **Sibyllin**, encore plus péj., suppose un sens et des intentions si difficiles à saisir qu'on se demande même si l'auteur savait ce qu'il disait.

Héroï-comique Qui mélange l'héroïque* et le comique*. Un poème *héroï-comique* traite un sujet vulgaire, avec des personnages de comédie, sur le ton de l'épopée* : EX. *Le Lutrin* de BOILEAU. Cf. *Burlesque**.

Héroïque **1** Tout genre de poésie consacré à chanter les héros, c.-à-d. les demi-dieux et les hommes que la gloire de leurs exploits élevait à ce rang : EX. les *Odes héroïques* de PINDARE.
2 Spéc., tout ce qui a rapport à l'épopée*. *Style héroïque* (XVIIe s.) : le style relevé digne de l'épopée, «*le plus fleuri**, *le plus susceptible d'ornements et de ces figures** *nobles et hardies qui font une langue à part*» (LA FONTAINE); cf. (style) *Élevé**. *Vers héroïque*, le vers de l'épopée, l'hexamètre chez les Anciens, le décasyllabe* au M.A.; puis l'alexandrin*.

Héros **1** Dans la mythologie antique, demi-dieu ou homme élevé à ce rang par ses exploits.
2 (Litt.) Personnage principal d'une histoire, d'un roman, etc., généralement investi des désirs les plus passionnés, des qualités les plus exemplaires, des rôles les plus valorisants. Si le personnage principal ne présente pas ces caractéristiques, on parle d'*antihéros** (cf. le nouveau roman*).

Hétérodoxe Qui s'écarte sur certains points de la doctrine commune, en religion et, par ext., en une matière quelconque. SYN. *non-conformiste*. ANTON. *orthodoxe*. **Hérétique** dit plus et suppose une doctrine que la communauté qualifie de fausse et condamne, en excluant son auteur.

Hétérométrique Formé de vers d'inégales longueurs. ANTON. *isométrique*.

Heuristique (XIXe s., sur le grec *euriskein*, «trouver») **1** (Adj.) Qui sert à trouver : une *méthode heuristique*, en pédagogie, fait découvrir par l'élève ce qu'il doit retenir.
2 (N.) Partie d'une science, et spéc. de l'histoire, qui a pour but de découvrir les faits et les documents.

Hiatus Son produit par la rencontre sans élision de deux voyelles, l'une finissant un mot, l'autre commençant le suivant : EX. *Vostre beauté* a *envoyé amour* (cité par RONSARD). Depuis MALHERBE, l'*hiatus* est, en principe, proscrit en poésie.

Hiératique, Hiératisme 1 Qui concerne une tradition liturgique, se dit spéc., en peinture, sculpture, des formes traditionnelles que la religion impose aux artistes : les icônes, le Christ en majesté des églises romanes sont *hiératiques*.
2 (Fig.) Dont la raideur, la forme figée, l'attitude symbolique, dans un domaine quelconque, semblent rappeler un rite, une tradition.

Hiéroglyphe Idéogramme* égyptien représentant les significations par des dessins figuratifs* ou abstraits*.

Histoire 1 Récit* d'actions ou d'événements, réels ou imaginaires. Ex. *l'histoire d'un roman*.
2 Comme genre* littéraire, récit* qui reconstitue le déroulement des événements de la vie d'un individu, d'un peuple, etc., et cherche à donner une explication, que l'auteur présente comme étant la vérité, sur son évolution. L'*histoire* a longtemps été proche de l'*épopée** et s'illustre donc autant en poésie qu'en prose; elle se subdivise particulièrement en *annales**, *chronique**, *essai** (2). Ex. *Histoire de France* de MICHELET.

Homélie Discours que les Pères de l'Église grecque adressaient au peuple. De nos jours, simple instruction, faite sur un ton familier, sans l'apparat du sermon, pour exposer les matières de la religion et principalement l'Évangile.

Homonyme Sous ce terme, on regroupe les **homographes**, mots qui s'écrivent de la même façon, mais ont des sens différents : Ex. une *aire* (surface) et une *aire* (nid), *cher* et *Cher* (département); les **homophones** qui se prononcent de façon identique, mais ont des graphies et des sens différents : Ex. *sain*, *sein* et *saint*; les **homogrammes**, qui s'écrivent pareillement, ont des prononciations et des sens différents : Ex. *président* (nom) et *président* (forme verbale). **Paronyme**, mot qui présente avec un autre quelque ressemblance phonétique (Ex. *allocation*, *allocution*) accompagnée parfois de quelque synonymie ou rapport étymologique (Ex. *anoblir* et *ennoblir*).

Honnête 1 Bon, du point de vue de la convenance ou de la morale naturelle et philosophique, plutôt que du point de vue de la religion. DESCARTES : [La jalousie] «*peut être juste et* honnête *en quelques occasions*».
2 (XVIIe s.) *Honnête homme* : type idéal de la société mondaine et cultivée. Il se caractérise : *a*) par son sens des convenances mondaines.

BUSSY-RABUTIN : «*L'*honnête homme *est un homme poli et qui sait vivre*»; ANTON. *fâcheux, importun, provincial*, etc.; *b*) par ses qualités intellectuelles : culture sans pédantisme. LA ROCHEFOUCAULD : «*L'*honnête homme *ne se pique de rien*»; ANTON. *pédant*; justesse d'esprit qui allie l'esprit de finesse et l'esprit de géométrie, grâce à un don naturel. PASCAL : «*On n'apprend pas aux hommes à être* honnêtes hommes *et on leur apprend tout le reste*»; ANTON. *sot, fat*. Mais dès le XVIIe s. l'expression a le sens actuel ou au moins implique une valeur morale, qui oppose l'honnête homme au *scélérat*. BOILEAU : «*L'argent en* honnête homme *érige un scélérat.*» À partir de la fin du XVIIe s., l'expression prend exclusivement le sens moderne.

Hors-texte En critique moderne, tout ce qui n'est pas le texte lui-même : EX. les recherches psychologiques, biographiques, etc., sur l'auteur.

Huitain Pièce de poésie ou stance* composée de huit vers.

Humanisme Mot formé au XIXe s. sur l'allemand *humanismus*, formé lui-même sur *humaniste* (XVIe s.) qui qualifiait celui qui s'occupait d'humanités* (2). **1** (Renaissance) Attitude qui consiste dans un effort pour relever la dignité de l'esprit humain par l'assimilation de la culture antique. Le mot implique : *a*) un effort pour connaître cette culture (d'où érudition, critique des textes, etc.); *b*) un effort pour l'intégrer à la vie, pour développer, grâce à elle, les facultés les plus nobles de l'homme. Vers le milieu du XVIe s., l'ampleur des connaissances oblige l'humaniste à se spécialiser : il devient philologue, historien, etc. (EX. les ESTIENNE) ou bien philosophe et moraliste (EX. MONTAIGNE, qui est déjà un humaniste au sens moderne).
2 De nos jours, toute doctrine philosophique qui met au premier plan de ses préoccupations le développement des qualités essentielles de l'homme : «*un anthropocentrisme* réfléchi qui, partant de la connaissance de l'homme, a pour objet la mise en valeur de l'homme — exclusion faite de ce qui l'aliène à lui-même, soit en l'assujettissant à des vérités et à des puissances supra-humaines, soit en le défigurant par quelque utilisation infra-humaine*» (LALANDE, *Vocabulaire de la philosophie*).

Humanitarisme Toute doctrine qui essaie de développer en l'homme l'amour pour ses semblables et d'améliorer le sort de l'humanité* : EX. l'*humanitarisme* de Voltaire.

Humanité 1 Tous les caractères communs aux hommes, y compris ceux qu'ils partagent avec les animaux : ANTON. *divinité*. PASCAL : «*C'est*

*sortir de l'*humanité *que de sortir du milieu.*»
2 Les caractères qui opposent l'homme aux animaux : ANTON. *animalité*. *Humanités* : étude des belles-lettres considérée comme développant ces caractères.
3 L'ensemble des hommes souvent considérés comme formant un être collectif.
4 Bonté, pitié pour les hommes. BOSSUET : «*Loin de nous les héros sans* humanité.»

Humour (angl. *humour*, fait sur le français *humeur* au sens vieilli de «enjouement») L'*humour* consiste à dire d'un air sérieux des choses que l'on met sous une forme absurde ou ridicule. Il diffère de l'ironie* en ce sens qu'il est un état d'esprit et non une figure de rhét., qu'il suppose toujours l'impassibilité et admet souvent une absurdité gratuite qui ne cherche pas à persuader de la fausseté de telle ou telle idée précise, mais à créer un doute sur l'apparence logique du monde : EX. les œuvres de l'Américain Mark TWAIN (1835-1910). *Humour noir* : forme particulière de l'humour qui traite avec légèreté des rapports entre la vie et la mort, ou souligne avec amertume l'absurdité* de la vie.

Hymne 1 (Ant.) Poème religieux en l'honneur des dieux ou des héros (épique*, didactique* ou lyrique*) : EX. les *hymnes* homériques (à Hermès, à Dionysos, etc.) sont des fragments épiques.
2 (XVIe s.) Chez RONSARD, poème à rimes* plates, en alexandrins*, épique* ou didactique* (jamais lyrique*), sur des sujets très divers : glorification d'un héros, enseignement scientifique (EX. *Hymne des astres*), méditation morale ou religieuse (EX. *Hymne à la mort*).
3 Poème d'inspiration lyrico-épique qui chante une idée patriotique, morale, humanitaire : EX. *La Marseillaise*, hymne national.
4 Toute œuvre qui chante un grand sentiment sur le mode du lyrisme enthousiaste : en ce sens, on peut dire que les *Harmonies* de LAMARTINE, les *Cinq Grandes Odes* de P. CLAUDEL sont un *hymne* au Créateur.
5 Au féminin, poème religieux, cantique, souvent en latin, qui chante Dieu sur le mode lyrique : EX. les *Hymnes* de saint AMBROISE.

Hypallage Figure* de grammaire* qui consiste à attribuer à un mot de la phrase ce qui convenait à un autre mot. BOILEAU : «*Trahissant la vertu sur un papier* coupable.» Le **chassé-croisé** est proche de l'*hypallage* : il consiste à permuter deux éléments de même fonction dans deux groupes de mots syntaxiquement identiques. EX. J. PRÉVERT : «*Oui j'ai une jambe de verre* | *et j'ai un œil de bois.*» La **permutation**, elle, consiste à intervertir des syllabes entières. EX. A. BRETON : «*Écusette de Noireuil*» en permutant les syllabes de *noisette* et d'*écureuil*.

Hyperbate Figure* de grammaire* qui consiste à renverser l'ordre grammatical des mots, souvent pour substituer l'ordre passionnel à l'ordre logique. EX. BOSSUET : «*Le matin, elle fleurissait*, avec quelles grâces vous le savez.»

Hyperbole Figure* qui consiste à mettre en relief une idée au moyen d'une expression exagérée afin de frapper l'esprit : EX. appeler un petit homme *un pygmée*. ANTON. *litote**.

Hypertextualité (Néol. en ling.) Terme servant à désigner la dérivation d'un texte à l'autre; EX. la manière dont l'*Énéide* dérive de l'*Odyssée*.

Hypotexte (Néol. en ling.) Texte antérieur à un autre texte qui s'inspire du premier; EX. l'*Odyssée*, hypotexte de l'*Énéide*.

I

Ïambes 1 (Ant.) Vers satirique composé primitivement de six pieds appelés eux-mêmes *ïambes* : Ex. les *Satires* d'ARCHILOQUE (poète grec du VIIe s. av. J.-C.) sont écrites en *ïambes*.
2 Pièce satirique : Ex. *Les Ïambes* de CHÉNIER. A. BARBIER : «*L'auteur a compris sous la dénomination générale d'*Ïambes *toute satire d'un sentiment amer et d'un mouvement lyrique.*»

Idéal A| (Adj.) **1** Qui correspond à l'Idée* au sens platonicien du mot, c.-à-d. au type* parfait d'une chose : Ex. *le beau idéal*. LAMARTINE : «*Et ce bien* idéal *que toute âme désire.*»
2 Qui n'existe que dans la pensée et non dans le réel : Ex. la république *idéale* de PLATON; spéc. comme N., en art jusqu'au XVIIIe s., l'idée, la conception que l'artiste veut réaliser.
B| (N.) **3** Ce qui satisfait entièrement l'intelligence et les sentiments humains, la perfection où l'on tend. FLAUBERT : «*La contemplation* [de la mer] *nous élève l'âme, et donne des idées d'infini, d'*idéal»; en morale, les buts désintéressés par opposition aux buts utilitaires.

Idéalisme 1 Philos. (à partir de la fin du XVIIe s.) : terme appliqué à des doctrines fort diverses (Ex. au XVIIIe s. la doctrine de l'Anglais BERKELEY, 1685-1753), mais qui enseignent toutes que la seule existence dont nous sommes sûrs est celle de notre conscience*, c.-à-d. de nos représentations (nos idées*); ANTON. *réalisme**. *Idéalisme platonicien* : PLATON n'est pas idéaliste dans ce sens, il croit que la seule réalité est celle de ce qu'il appelle les Idées*, mais celles-ci existent en elles-mêmes et non pas seulement dans notre esprit.
2 (Morale) Attitude qui consiste à estimer que l'homme doit se donner pour but moral un idéal* (3), c.-à-d. une conception de la perfection qui est le fruit de sa pensée et dont le monde réel ne lui donne souvent aucun exemple; ANTON. *réalisme*, utilitarisme*, matérialisme**.
3 (Esthétique) Toute doctrine qui n'assigne pas à l'art* la mission de reproduire exactement les objets, mais veut qu'il apporte à la nature* (10) un embellissement, soit moral, soit esthétique* : en ce dernier sens, l'art peut transformer complètement l'objet en fonction d'une conception de *beau* idéal*, ou simplement choisir dans le modèle

les traits les plus caractéristiques et le styliser* en le rendant plus conforme à ce qui constitue son essence. SÉAILLES (*in* LALANDE, *Vocabulaire de la philosophie*) : « *Le réalisme n'existe jamais, ce qu'on appelle de ce nom n'est le plus souvent que l'*idéalisme *du laid.* » ANTON. *réalisme**.

Idée (grec *idea*, « forme visible, aspect, d'où forme distinctive »)
1 (Philos.) Au sens platonicien, les *types** ou *archétypes**, les modèles éternels dont les choses matérielles ne sont que des reflets, des apparences. DU BELLAY : « *Tu y pourras reconnaître l'*Idée| *De la beauté qu'en ce monde j'adore.* »
2 D'où, en esthétique, la conception qui préexiste dans l'esprit du créateur et dont l'œuvre d'art n'est que la réalisation. LAMENNAIS : « *La manifestation sensible de l'*idée [...] *est l'objet de l'art* »; SYN. VX *idéal** (2); spéc. ce qui exprime l'essentiel de qqch., ce qui la ramène à sa forme distinctive. MONTESQUIEU : « Idée *du despotisme.* »
3 (Philos.) *Idée générale* ou concept*; le résultat d'une abstraction* : Ex. l'*idée* de blancheur.
4 (Philos.) À partir de DESCARTES, tout objet immédiat interne de la pensée* : *a*) par opposition à l'*existence* que peut avoir l'*objet* dont nous avons l'idée; SYN. *image*. DESCARTES : « *Quelques-unes* [de mes pensées] *sont comme les images des choses, c'est à celles-là seules que convient proprement le nom d'*idées »; d'où, simple imagination qui ne correspond pas à la réalité : Ex. *se faire des idées*; *b*) par opposition au *sentiment* et à l'*action* : phénomène intellectuel*.

Identité (*principe d'*) Un des principes* fondamentaux de la pensée : « *ce qui est est, ce qui n'est pas n'est pas*, ou *A est A et A n'est pas B*, ou *une chose ne peut être à la fois elle-même et autre chose.* »

Idéogramme Signe graphique représentant non pas un son (comme une lettre de l'alphabet), mais un sens, une unité signifiante, par ex. « maison », « homme ». Ex. *les* idéogrammes *chinois, les hiéroglyphes** *égyptiens*.

Idéologie **1** Historiquement, cf. *Idéologue**.
2 (Péj. du début du XIXe s. à nos jours) Ensemble d'idées trop abstraites ou utopiques sans rapport avec la réalité positive.
3 (Sans nuance péj.) Depuis la fin du XIXe s, sous l'influence du marxisme, ensemble systématique d'idées politiques, économiques ou sociales, inspirant un gouvernement, un parti, une classe, et déterminées, en fait, par la réalité économique et l'*infrastructure** : *l'idéologie bourgeoise, l'idéologie ouvrière.*

4 Par ext., ensemble des idées, des valeurs plus ou moins conscientes, servant de base à l'action d'un individu ou communes à un groupe : *l'*idéologie *des personnages cornéliens. L'idéologie dominante* désigne les valeurs élaborées par une classe sociale qui a le pouvoir économique et politique pour justifier et perpétuer sa domination.

Idéologue **1** Mot forgé par DESTUTT DE TRACY vers 1796 pour désigner les philosophes qui continuaient la tradition du sensualisme* de CONDILLAC.
2 Par ext., personne qui s'attache de manière systématique à une doctrine. Péj., rêveur qui discute d'idées ne correspondant pas à des faits réels. EX. G. DUHAMEL : « *Les* idéologues, *les politiques, les orateurs de congrès s'acharnent à corrompre et les idées et les termes.* »

Idiome cf. *Langue** (1).

Idiotisme Tour ou locution propre à une langue, particulier à son génie* (1), et qu'on ne peut traduire littéralement ou calquer dans une autre langue. Les idiotismes du français (EX. *c'est, il y a*) sont appelés **gallicismes**. On emploie **anglicisme**, **germanisme**, etc. respectivement pour l'anglais, l'allemand, etc.

Idylle (en grec, « petit tableau ») Dans la poésie grecque, petit poème, presque toujours érotique*, évoquant des scènes de la vie pastorale : EX. les *Idylles* de THÉOCRITE. Ce genre fut repris par la Pléiade et ses successeurs. Pour CHÉNIER, tout poème évoquant la vie antique et l'amour : EX. *La Jeune Tarentine*, qui est en réalité une épigramme* ou une épitaphe*. Par ext., petit texte en prose, petit morceau musical et même roman champêtre. L'adj. *idyllique* signifie « idéal », « naïf », « paradisiaque ».

Illuminisme **1** Doctrine de ceux qui croient à l'« illumination » intérieure, c.-à-d. qui prétendent recevoir une inspiration directe de Dieu qui leur révèle la vérité (cf. *Théosophie**) : EX. l'*illuminisme* du Suédois SWEDENBORG (1688-1772).
2 (Péj.) Illusion de ceux qui, se fiant à leurs intuitions, n'ont aucun esprit critique : EX. VOLTAIRE traite les quakers d'*illuminés*.

Image L'*image* peut être soit une comparaison*, soit une métaphore*. Mais ce qui la distingue, c'est qu'au lieu d'insister sur un rapport purement intellectuel entre deux termes analogues, elle essaie de donner le sentiment du concret, en provoquant une représentation sensible de la couleur, de la forme, du mouvement, etc. : EX. appeler la mort *la faucheuse* est une métaphore, mais la métaphore devient *image* dans ces vers de V. HUGO : «*Je vis cette faucheuse. Elle était dans son champ.* | *Elle allait à grands pas, moissonnant et fauchant.*»

Imagination **1** La faculté de reproduire des images venues directement des sens ou conservées par la mémoire.
2 *Imagination créatrice* : faculté de combiner des images qui, bien qu'elles soient empruntées à la nature, ne représentent rien de réel ni d'existant : Ex. un être comme le centaure ou la licorne est le fruit de l'*imagination créatrice*.
3 Au sens pascalien, la puissance qu'ont sur notre raison* (3) les images *reçues, reproduites* ou *créées*.

Imbroglio (italien, «embrouillé») Au XVIIIe s., pièce de théâtre dont l'intrigue est particulièrement embrouillée : Ex. *Le Mariage de Figaro*. De nos jours le mot désigne une complication extrême : «*Quel* imbroglio *que l'économie politique*» (PROUDHON).

Imitation **1** Le fait de prendre pour modèle l'œuvre d'un écrivain antérieur; anciennement, l'*imitation* était un genre pédagogique qui considérait les textes anciens ou classiques comme des modèles à comprendre et à recomposer. Imiter était un devoir et non une infamie. Ainsi : *a*) au XVIe s., la Pléiade prône l'*imitation totale* et *directe* des œuvres antiques; *b*) au XVIIe s., on applique les *règles*, on emprunte quelques vérités générales et quelques endroits «*pleins d'excellence*» (LA FONTAINE); *c*) au XVIIIe s., A. CHÉNIER préconise l'*imitation* de la forme seulement, la pensée étant moderne : «*Sur des pensers nouveaux, faisons des vers antiques.*»
2 *Théorie de l'imitation* : théorie classique tirée d'ARISTOTE (*Poétique*) suivant laquelle le principe* de tous les arts est dans l'*imitation* de la nature* (10). Sur ce problème, cf. *Mimésis**.

Immoral cf. *Amoral*.

Impérialisme **1** (Vx; seulement jusqu'au milieu du XIXe s.) Opinion favorable au régime impérial, spéc. de Napoléon Ier.
2 (Fin du XIXe s., d'après l'angl.) Doctrine visant au resserrement des liens de l'Angleterre avec ses colonies et à l'expansion de la puissance britannique.
3 Par ext., de nos jours, toute doctrine ou politique d'expansion qui consiste, pour une nation, à placer d'autres nations sous sa domination politique ou économique.

Implexe 1 Se dit d'une pièce de théâtre dont l'action n'est pas simple, mais comporte des péripéties nombreuses : Ex. l'action de la tragi-comédie est *implexe*.
2 En général, compliqué, en parlant d'une intrigue* : l'intrigue *implexe* de *La Chartreuse de Parme*.

Implication Relation logique telle qu'un énoncé en entraîne nécessairement un autre, implicite* ou explicite*. Ex. *la fonte des neiges* implique *une élévation de la température*. L'*implication* est proche de l'*allusion** et, dans la mesure où elle laisse deviner ce qui n'est pas dit, elle relève de l'*ironie**.

Implicite (Adj.) Qui n'est pas formellement exprimé dans un énoncé, qui est sous-entendu, non dit. ANTON. *explicite**.

Impressionnisme 1 Forme d'art (surtout en peinture) qui consiste à traduire l'impression ressentie et non à représenter objectivement la réalité : Ex. les GONCOURT ne décrivent pas un quartier de Paris avec la méthode réaliste* de BALZAC, mais ils juxtaposent une série de sensations. De même, un peintre impressionniste ne cherche pas à peindre un objet, mais à saisir l'impression que donne cet objet. (Le mot *impressionnisme* provient du tableau *Impression, soleil levant* de Monet.)
2 En critique, attitude qui rapporte aux seuls critères subjectifs la valeur d'une œuvre d'art et ne vise pas à l'objectivité* : Ex. la critique de J. LEMAÎTRE.

Impressive cf. *Conative**, *Fonction**.

Impromptu Petit poème *improvisé*, très à la mode chez les précieuses. MOLIÈRE : «*L'*impromptu *est justement la pierre de touche de l'esprit.*»

Incantation Emploi de paroles magiques. On parle de l'*incantation* de la poésie* dans trois sens :
1 parce que la poésie charme notre esprit par une sorte de puissance magique;
2 parce qu'elle nous révèle une connaissance du monde différente de la connaissance rationnelle, qui nous fait entrer en contact avec le mystère des choses et établit entre elles et nous une sorte de langage qui tient de la magie;
3 parce qu'elle a une mélodie*.

Incipit (lat. «il commence») Terme qui désigne les premiers mots d'un texte, qui lui servent de titre s'il n'en a pas : Ex. *Heureux qui comme Ulysse...*, incipit d'un sonnet de DU BELLAY.

Inconscient **1** Ce qui n'est pas saisi par la *conscience* réfléchie* : Ex. une perception actuelle peut être *inconsciente*, mais devenir consciente si l'attention se porte sur elle.
2 Par rapport à la *conscience* spontanée*, le terme a pris une valeur particulière depuis les travaux de S. Freud. Il désigne la partie du psychisme humain qui ne se manifeste que dans les moments où la conscience ne censure pas le comportement. Il est le lieu de tous les désirs et de tous les traumatismes, refoulés depuis l'enfance, qui se traduisent par les rêves, les lapsus*, les actes manqués,... C'est dans l'*inconscient*, pris en ce sens, que certains groupes poétiques, comme le *surréalisme**, ont cherché la source de leur inspiration : Ex. *l'écriture* automatique*. Cf. *Psychanalyse**.

Incunable (lat. *incunabula*, «berceau») Terme de bibliographie (Adj. et N.) : ouvrage qui date du commencement, du «berceau», de l'imprimerie, et, spéc., a été imprimé avant 1500.

Indiciel Se dit d'un récit* où chaque personnage est créé pour lui-même, sans se conformer à un paradigme* (comme dans un conte*) : Ex. le *roman* psychologique**.

Individualisme Toute théorie qui considère que l'individu est une fin* supérieure à la société. **1** Par opposition à *étatisme*, toute théorie qui accorde à l'individu le maximum de libertés : l'*individualisme* de la *Déclaration des droits de l'homme* (1789).
2 Toute attitude morale qui consiste à ne juger que d'après sa conscience* (3) personnelle : Ex. l'*individualisme* de Voltaire; Anton. *conformisme**.
3 Théorie suivant laquelle le but de la société est d'assurer le bonheur ou l'épanouissement des individus qui la composent, par opposition aux théories qui, comme dans le fascisme, affirment que l'individu doit entièrement se sacrifier à l'intérêt du groupe social.
4 (Péj.) Tendance à ne penser qu'à soi; Anton. *solidarité, altruisme**.

Induction Raisonnement qui consiste à passer de données expérimentales (le particulier) à l'énoncé d'une proposition générale (*induction formelle*) ou d'une loi rendant compte de tous les faits du même ordre (*induction amplifiante*). Ex. en mathématiques : le raisonnement par récurrence. Anton. *déduction**.

Infini (N.) **1** (Prop.) Ce qui n'a ni commencement ni fin, ni limite, donc spéc. Dieu, le divin, le surnaturel : *l'appel, le sentiment, le tourment de l'infini*. Syn. *absolu**.

2 Par ext., ce dont on ne conçoit pas la fin, que l'on suppose pouvoir se développer sans bornes, toujours plus grand que ce qu'on peut concevoir : l'*infini de grandeur* et l'*infini de petitesse* chez PASCAL : l'*infini mathématique*.
3 Ce qui, par son intensité, son importance, sa durée, son absence de limites précises paraît, à celui qui le contemple ou l'éprouve, un monde où il se perd, où il n'a plus l'impression d'être retenu dans des limites humaines : l'*infini des cieux*, l'*infini de l'amour*.

Infrastructure (Fin du XIXe s.) **1** Partie inférieure d'une construction, servant de support : l'*infrastructure d'une voie ferrée*; par ext., base matérielle de qqch. : en aviation, l'*infrastructure*, ce sont les installations au sol permettant la navigation; les piscines, les stades constituent l'*infrastructure* du sport.
2 (Philos.) Structure sous-jacente qui sert de base à qqch. d'apparent (SYN. *substrat**, *support**); d'où spéc., en termes de marxisme, structure économique et sociale qui sert de fondement et de cause à l'apparence qu'est l'*idéologie** (3) ou superstructure.

Innéité Caractère de ce qui est *inné*, c.-à-d. qui appartient à la nature* (4) d'un être et n'est pas le résultat de l'expérience*. Les philosophes *innéistes* (PLATON, DESCARTES, KANT) pensent que, dès sa naissance, l'esprit humain contient en lui certains principes* (identité*, causalité*, etc.) qui le forcent à penser suivant des lois déterminées; les empiristes* (LOCKE) pensent au contraire que ces principes viennent de l'expérience* (quoiqu'ils puissent se transmettre par hérédité).

Inquiétude 1 (XVIIe s., au sens étym.) L'impossibilité de demeurer en repos. CORNEILLE : « *Délasse en mes écrits ta noble* inquiétude. »
2 (À partir du romantisme) L'impossibilité de s'accommoder de son état, le désir du mieux, l'aspiration vers l'au-delà : *l'inquiétude romantique*.

Inspiration (étym. « le fait de recevoir un souffle divin qui fait naître l'enthousiasme* créateur ») **1** Suivant les Anciens (PLATON), le poète était animé par les dieux d'une sainte fureur qui en faisait leur interprète parmi les hommes. La Pléiade a repris cette théorie et a mis l'*inspiration* à la source de la création artistique en la complétant par l'art* (2). Toutes les écoles littéraires partagent l'idée de la Pléiade, mais, suivant les époques, elles ont modifié l'importance relative de l'*inspiration* et de l'art et, surtout, on ne considère plus l'*inspiration* comme étant d'origine divine : les romantiques la rattachent aux élans du cœur (MUSSET : « *Ah! frappe-toi le cœur, c'est là qu'est le génie* »), pour d'autres, elle garde un caractère nettement intellectuel et résulte d'une sorte de création inconsciente* de la pensée.

2 L'*inspiration d'un écrivain, d'une œuvre*, c'est, en un sens plus large, l'ensemble des éléments qui peuvent expliquer ce qu'ils disent et comment ils le disent (monde objectif reproduit, personnalité de l'écrivain, influences, climat, modèles littéraires, etc.). **Sources** (en parlant seulement d'une œuvre) a un sens plus scientifique et objectif, et désigne avec précision les documents, textes, œuvres antérieures, récits, légendes, et par ext. faits, événements servant de support à la genèse* de l'œuvre et expliquant certains de ses détails; *sources* exclut donc les influences vagues et le génie propre de l'écrivain.

3 Plus spéc., la forme d'art ou l'influence qui, sans amener une imitation, oriente la création de l'écrivain : *poésie d'inspiration orientale; roman d'inspiration réaliste.*

Instinct (lat. «aiguillon», d'où «impulsion intérieure») **1** Ensemble de réactions extérieures communes à tous les individus d'une même espèce et adaptées à un but dont l'être qui agit n'a pas généralement conscience : caractère des animaux, opposé à l'*intelligence** humaine, parce que l'*instinct* est spontané, adapté à un but, mais à un seul, et ne s'accompagne pas de conscience* : Ex. l'*instinct des abeilles*.

2 Toute activité adaptée à un but et entrant en jeu spontanément sans résulter de l'expérience ni de l'éducation et sans exiger la réflexion. LA ROCHEFOUCAULD : «*Il y a* [des gens] *qui, par une sorte d'*instinct, *dont ils ignorent la cause, prennent toujours le bon parti.*» ANTON. *réflexion*.

Institution (Depuis le M.A., mais surtout depuis le XVIIIe s.) Terme politique, souvent de nos jours au plu. : ce qui a été établi solidement comme règle fondamentale d'une société. En un sens plus large que **constitution** (ensemble de lois fondamentales déterminant la forme du gouvernement d'un pays et réglant les droits politiques des citoyens), les *institutions*, ce sont les lois fondamentales d'un pays qui résultent de la *constitution*, du *droit* positif* ou de l'usage, et aussi tous les organismes ou rouages fondés avec un certain règlement pour les mettre en œuvre. De plus, *institutions* se dit pour tous les groupes sociaux, et pas seulement pour une nation : le vote des femmes, la liberté de conscience, la Sécurité sociale sont des *institutions*; il existe des *institutions internationales*.

Intellectualisme (Fin du XIXe s.) **1** Toute doctrine philosophique (celle de DESCARTES ou de LEIBNIZ, par ex.) qui a tendance à affirmer la prééminence et l'antériorité de l'intelligence* (2) sur la sensibilité* et la

volonté et, par conséquent, à réduire tous les phénomènes psychologiques à des idées*, des raisonnements, etc. : Ex. pour un philosophe *intellectualiste*, aimer, c'est juger qu'une chose est bonne.
2 Le mot prend souvent un sens péj. qu'on retrouve en critique; on reproche à un art son *intellectualisme* : *a*) lorsqu'il impose à la réalité des cadres logiques et abstraits au lieu de voir concrètement les choses : Ex. les romantiques ont critiqué l'*intellectualisme* de la tragédie postclassique; *b*) lorsqu'il révèle la prééminence de la pensée critique plutôt que l'abandon aux forces de l'instinct et de la vie : Ex. la pensée de certains philosophes du XVIIIe s. (VOLTAIRE, les Encyclopédistes) a été taxée d'*intellectualisme* par les romantiques.

Intelligence (lat. «action de choisir entre»), et donc, de «comprendre») **1** (XVIIe s.) SYN. *esprit**. Les êtres spirituels par opposition aux corps. LEIBNIZ : «*De prétendues* intelligences *séparées.*»
2 Toutes les fonctions de l'esprit qui ont pour objet la *connaissance* (sensation, association*, mémoire, imagination*, entendement*, raison*, conscience*); ANTON. *affectivité**, *activité**.
3 La connaissance discursive* : SYN. *entendement** (2); ANTON. *intuition**, *sensation**. BERGSON : «*L'*intelligence *est caractérisée par la puissance indéfinie de décomposer suivant n'importe quelle loi et de recomposer suivant n'importe quel système.*»
4 Activité volontaire qui adapte, par réflexion, ses moyens à une fin; ANTON. *instinct**.
5 Développement d'esprit normal ou supérieur à la moyenne; ANTON. *inintelligence*.

Intérêt *(unité d')*, ou *d'ensemble* Conception de V. HUGO (Préface de *Cromwell*) qui, tout en la respectant, élargit l'unité d'action* : «*Du reste gardons-nous de confondre l'unité avec la simplicité d'action. L'*unité d'ensemble *ne répudie en aucune façon les actions secondaires sur lesquelles doit s'appuyer l'action principale. Il faut seulement que ces parties, savamment subordonnées au tout, gravitent sans cesse vers l'action centrale et se groupent autour d'elle, aux différents étages, ou plutôt sur les divers plans du drame**. *L'*unité d'ensemble *est la loi de perspective du théâtre.*»

Interlocuteur cf. *Destinataire**.

Intermède 1 (Ant.) Petit divertissement* dramatique ou musical (chœur*, mime, pantomime*, saynète* bouffonne*) qui occupait la scène entre les grandes parties de la pièce principale.

2 (M.A.) Les *intermèdes des mystères** : psaumes chantés, scènes de diableries ou de miracles.
3 Chez MOLIÈRE, divertissement inclus dans l'action; chez DIDEROT, scène mimée se rapportant à l'action, placée dans un entracte.
4 Petite pièce, souvent en un acte, la plupart du temps gaie, jouée avant la pièce principale ou pendant un entracte; cf. *Saynète**.

Interrogation (**rhétorique** ou **oratoire**) Question artificielle, formulée en fonction d'une réponse connue d'avance que l'auteur de l'interrogation donne lui-même. BOSSUET : «*Alors* que ne vit-on pas? *Le jeune prince parut un autre homme.*»

Intertextualité (Néol. en critique contemporaine) Principe selon lequel tout texte litt. ne se définit qu'à travers le jeu des relations qui l'unissent à son *contexte**, à d'autres textes qui le traversent de façon consciente ou inconsciente, complètement occultée ou au contraire facilement repérable. L'*intertextualité* recouvre l'étude des sources*, les citations* (passages d'un ouvrage que l'on rapporte exactement), les renvois ou les allusions*, discrètes ou manifestes, d'un texte à l'autre. EX. l'intertextualité *des sonnets de Du Bellay et de ceux de Pétrarque dont ils sont inspirés*. On parle aussi de *dialogisme* : cf. les différentes versions de l'histoire de Robinson écrites par M. TOURNIER.

Interview (mot angl. tiré du français «entrevue», 1884) Entretien qu'on accorde à un journaliste et dont on autorise la publication.

Intimiste Se dit des poètes et des poèmes qui essaient d'exprimer les sentiments les plus intérieurs de l'âme (par opposition à la poésie descriptive*) et en même temps les plus secrets, ceux qu'on ne peut livrer que dans une confidence discrète et voilée (par opposition à la méditation philosophique et à la confession) : EX. la poésie de SAINTE-BEUVE est une poésie *intimiste*.

Intrigue (italien *intrigo*, «embarras») L'enchaînement des faits et des actions qui aboutit au dénouement. L'*intrigue* peut résulter du jeu des passions ou naître d'événements extérieurs. On appelle, au XVIIe s., *pièces d'intrigue* celles dans lesquelles l'*intrigue* est de ce dernier type. D'AUBIGNAC : «*Les premiers* [sujets] *sont d'incidents*, intrigues *ou événements, lorsque d'acte en acte et presque de scène en scène, il arrive quelque chose de nouveau qui change la face des affaires du théâtre.*» De nos jours *intrigue* est SYN. d'*action** : EX. *l'intrigue d'un roman*; et on appelle *pièces d'intrigue*, celles dont le principal intérêt vient de la complexité de l'action : EX. *Le Barbier de Séville* est une *pièce d'intrigue*.

Introduction 1 Ouvrage qui permet au lecteur d'accéder à un certain domaine intellectuel : *Introduction à la vie dévote* de saint FRANÇOIS DE SALES, *Introduction à l'étude de la médecine expérimentale* de Claude BERNARD.
2 Texte placé en tête d'un ouvrage. **Préface**, terme le plus général, texte écrit par l'auteur ou un présentateur, qui prévient favorablement le lecteur et lui donne quelques renseignements sur l'auteur ou le livre. **Discours préliminaire**, *préface* étendue pour initier le lecteur à un ouvrage spéc. didactique : *Discours préliminaire à l'Encyclopédie*. En ce sens on a dit **prolégomènes**, pour les ouvrages scientifiques, et de nos jours, on dit surtout *Introduction*. Mais *introduction* désigne spéc. aussi la biographie de l'auteur, les renseignements sur son œuvre que donne un commentateur moderne en tête de son édition d'un écrivain (en ce sens, **présentation**, courte *introduction*). **Préambule**, courte *préface*, spéc. en tête d'un texte juridique pour expliquer l'intention du législateur. **Avant-propos**, *préface* ou *introduction* très brèves. **Notice**, *présentation* réduite à la chronologie et aux faits marquants. **Avertissement** et **avis**, textes brefs de l'auteur ou de l'éditeur, pour attirer l'attention du lecteur, l'*avertissement*, sur quelques points ou aspects du sujet, l'*avis*, sur des points en marge du sujet (typographie, bibliographie, etc.). **Prologue**, de nos jours, ne se dit que d'une scène ou d'un court récit précédant l'action principale d'une œuvre dramatique ou narrative, tantôt hors sujet (par ex. à la louange de qqun : *Prologue* d'*Esther*), tantôt racontant des événements bien antérieurs, ou aussi d'un *avertissement* littéraire, parfois en vers (*Prologue* de *Gargantua*, des *Fables* de LA FONTAINE). **Pièce liminaire**, petit poème servant de préface à un recueil de poésies.
3 Partie d'une composition littéraire qui à son début (et non avant) amène et fait comprendre le sujet. *Introduction* se dit pour un ouvrage didactique, spéc. une dissertation; l'*introduction* amène le sujet, le pose et indique le plan qu'on va suivre. **Entrée en matière**, *introduction* assez libre et simple, par ex. pour une causerie, un petit discours ou des œuvres qui, comme récits ou poèmes, commencent avec une certaine liberté. Pour l'art oratoire, cf. *Exorde**; pour le théâtre, cf. *Exposition**.

Introspection Observation de la conscience* (A), de ses sentiments, ses mobiles, etc., par le sujet lui-même.

Introversion (XXe s., Psychanalyse) Le fait qu'un sujet dit *introverti* ne s'intéresse qu'à ce qui se passe dans sa conscience* (A), son moi, et se désintéresse du monde extérieur.

Intuition (lat. *intueri*, « contempler ») **1** (XVIIe s.) Au sens cartésien : connaissance claire, distincte, immédiate d'une vérité ou d'un fait évidents, sans le secours du raisonnement; SYN. *évidence*. EX. le sentiment d'exister en tant qu'être pensant (cf. *Cogito**) est une vérité d'*intuition*.
2 Connaissance directe et immédiate d'un objet de pensée : *a*) *d'une sensation** : intuition sensorielle; *b*) *de l'existence de notre conscience** : intuition interne; *c*) *d'une vérité transcendante** (qui ne se démontre ni par expérience* ni par raisonnement) : EX. les principes de la connaissance (PASCAL : « *Le cœur* sent *qu'il y a trois dimensions dans l'espace* ») ou la vision immédiate et directe de Dieu.
3 Au sens bergsonien (XXe s.) « *On appelle* intuition, *cette espèce de sympathie intellectuelle par laquelle on se transporte à l'intérieur d'un objet pour coïncider avec ce qu'il a d'unique et d'inexprimable.* » D'après BERGSON, cette *intuition* nous révèle les êtres en eux-mêmes, par opposition à la *connaissance intellectuelle* qui ne saisit que des rapports. C'est dans ce sens qu'on parle de l'*intuition d'un artiste*, de l'*intuition poétique*.
4 Sorte de divination instinctive des faits et des rapports abstraits. H. POINCARÉ : « *C'est par la logique qu'on démontre, c'est par l'*intuition *qu'on invente.* [...] *La faculté qui nous apprend à voir, c'est l'*intuition; *sans elle, le géomètre serait comme un écrivain ferré sur la grammaire mais qui n'aurait pas d'idées.* » Cf. le sens courant d'*intuition* : *pressentiment*.

Invention **1** Partie de la composition qui consiste à imaginer le sujet et à créer ses développements.
2 (Rhét.) Par opposition à la disposition (le plan) et à l'élocution*, partie de la rhét. qui consiste à trouver ce qu'on doit dire pour persuader; elle comprend : *a*) les preuves; *b*) les mœurs*; *c*) les passions (cf. *Pathos**).

Inversion Renversement de l'ordre normal ou habituel des constituants de la phrase; il s'agit d'une figure* de style quand elle ne répond pas à une exigence syntaxique. Le but est alors de mettre en évidence le thème* ou le prédicat*. EX. M. DURAS : « *Jalouse elle est.* »

Ironie (en grec, « action d'interroger en feignant l'ignorance ») **1** (Ant.) *Ironie socratique* : question posée en feignant l'ignorance de façon à amener son interlocuteur à énoncer une proposition absurde qu'il devra rectifier.
2 (Au sens moderne) Figure* de rhét. qui consiste à donner pour vraie et sérieuse une proposition manifestement fausse de façon que l'auditeur, en saisissant le désaccord entre la proposition qu'on énonce et la vérité,

soit amené à comprendre qu'il y a chez ceux qui prétendent vraie la proposition, soit de la sottise, ce qui provoque sa raillerie, soit de la mauvaise foi, ce qui provoque son indignation; sur les différences avec l'humour*, cf. ce mot. MONTESQUIEU [à propos de l'esclavage des nègres] : «*On ne peut se mettre dans l'esprit que Dieu, qui est un maître très sage, ait mis une âme, surtout une bonne âme, dans un corps tout noir.*»

Irrationnel **1** Qui n'appartient pas à la raison* : les sentiments, les passions sont du domaine de l'*irrationnel*; tous les mystères de la nature que n'explique pas la science sont *irrationnels*.
2 Qui n'est pas conforme aux lois de la raison logique : EX. la conduite d'Hermione dans *Andromaque* est *irrationnelle*; SYN. *illogique*.

Irrégulier **1** Qualificatif appliqué souvent aux écrivains et aux œuvres du XVIIe s. qui ignorent les règles* ou se refusent à les suivre : EX. Théophile DE VIAU est un *irrégulier*.
2 *Vers irréguliers* : vers qui ne sont pas de même mesure* et ne sont soumis à aucune règle pour la disposition des rimes*; on dit aussi *vers libres*.

Isométrique Composé de vers d'égale longueur; ANTON. *hétérométrique*.

Ithos cf. *Pathos**.

J

Jansénisme Doctrine exposée par JANSÉNIUS, évêque d'Ypres, dans son *Augustinus* (1640) et répandue en France, à partir de cette date, par Port-Royal. C'est, avant tout : **1** *en théologie*, la croyance à la prédestination*, à la toute-puissance de la grâce* de Dieu, la négation du libre arbitre* de l'homme;
2 *en morale*, une vertu rigoureuse et austère.
3 Dans un sens ironique, *janséniste* se dit de ceux qui appliquent des principes avec scrupule et exagération. SAINT-ÉVREMOND : «*On dit un jour à la reine de Suède que les précieuses étaient les* jansénistes *de l'amour.*»

Jargon cf. *Argot*, Logogriphe*.*

Jésuites Ordre religieux fondé par IGNACE DE LOYOLA (1534) et approuvé par PAUL III (1540). Le mot implique, comme adj. ou N., des nuances diverses : **1** *en théologie*, le molinisme*, c.-à-d. une part importante accordée à la liberté et à la volonté humaines dans l'accomplissement du bien avec l'aide de la grâce*;
2 *en morale*, la casuistique*, d'où, dans un sens péj., surtout depuis les *Provinciales* (1656), une hypocrisie qui justifie toutes les fautes et essaie notamment de plaire aux gens du monde par son indulgence. BALZAC : «*Toutes les passions sont essentiellement* jésuitiques»;
3 *dans l'enseignement*, le culte des humanités* surtout latines, le goût du style oratoire, brillant, orné; le développement de la volonté;
4 *en art* (XVIIe-XVIIIe s.), une architecture inspirée des trois ordres antiques, somptueuse et riche; le *goût jésuite* évoque une idée d'éclat assez pompeux, de luxe un peu voyant.

Jeu 1 (M.A.) Titre de compositions dramatiques* assez variées : miracle* (*Jeu de saint Nicolas*), revue satirique (*Jeu de la Feuillée*), pastourelle dramatique (*Jeu de Robin et de Marion*), farce*, moralité*, sotie* (*Jeu du Prince des sots*).
2 (M.A.) *Jeu parti* : genre lyrique dans lequel deux interlocuteurs débattent une question en général plaisante.
3 *Jeux de scène* : effets produits par les gestes, les mouvements, les entrées et les sorties des acteurs.
4 *Jeu de salon* : jeu pratiqué dans les salons aux XVIIe et XVIIIe s. (bouts-rimés*, proverbes*, etc.). Cet usage s'est perpétué sous forme de

jeux littéraires tels que cadavre* exquis, logorallye*,... auxquels se sont adonnés les surréalistes par exemple.
5 *Jeu de mots* : terme générique pour toutes les expressions fondées sur les ressemblances ou ambiguïtés de sons ou de sens entre les mots : Ex. *calembours*, contrepèteries**, etc.

Jongleur cf. *Trouvère**.

Jour (*unité de*), ou *de temps* Règle classique tirée d'ARISTOTE (*Poétique*) : «*La tragédie s'efforce le plus possible de se renfermer* dans une révolution du soleil *ou, du moins, de dépasser peu ces limites.*» Cette règle fut introduite vers 1630, on discuta pour savoir si l'action devait durer *douze* ou *vingt-quatre* heures : on restreignit de plus en plus cette durée et l'idéal vers lequel on tendit était de faire coïncider la durée qu'aurait eue l'action dans la réalité avec celle de la représentation.

Journal 1 Publication de presse, quotidienne ou périodique, relatant et commentant les événements d'actualité.
2 Relation écrite au jour le jour de la vie d'une personne : les événements, ses sentiments, ses réflexions. Ex. *le* Journal *d'Anne Frank*. (Dans ce cas, on parle de *journal intime*.) C'est une forme d'*autobiographie**.

Jugement 1 (Logique) Le fait de poser comme vraie, fausse ou hypothétique, l'existence d'une relation entre un terme appelé *sujet* et un autre terme appelé *prédicat* qui contient ce qu'on affirme ou ce qu'on nie du sujet : Ex le temps (*sujet*) est beau (*prédicat*).
2 *Jugement de valeur*, cf. *Valeur**.
3 (Psych.) Faculté de penser juste à propos de choses qui ne se démontrent pas logiquement : le jugement a donc un caractère intuitif*, il s'apparente à l'esprit de finesse et en ce sens s'oppose à la raison* (3) et à l'esprit* (11). LA ROCHEFOUCAULD : «*Le bon goût vient plus du* jugement *que de l'esprit**.»

Justesse 1 *Dans la pensée*, le fait d'apprécier exactement la vérité soit par un raisonnement logique (esprit géométrique), soit par le jugement* et l'esprit de finesse. MÉRÉ : «*Pour ce qui est des* justesses, *j'en trouve de deux sortes* [...] *l'une consiste à voir les choses comme elles sont et sans les confondre* [...] *elle dépend de l'*esprit* (11) *et de l'*intelligence* (3). *L'autre* justesse *paraît à juger de la bienséance* et à connaître en de certaines mesures jusqu'où l'on doit aller et quand il se faut arrêter. Celle-ci qui vient principalement du* goût* *et du* sentiment* (5) *me semble plus douteuse et plus difficile.*»
2 *Dans le style*, «*la conformité de l'expression à l'objet*» (P. BOUHOURS).

L

Laconique cf. *Concis**.

Lacune Interruption, vide dans le texte d'un auteur, le corps d'un ouvrage et par ext. dans une série quelconque, par ex. une suite de souvenirs : *lacunes d'un manuscrit, de mémoire; lacunes dans un raisonnement, dans les connaissances;* d'où omission grave dans un développement, un écrit, qui le rend incomplet : *lacunes dans un exposé*. **Desiderata**, choses qui manquent dans une science, une doctrine, un livre, etc., et dont on regrette l'absence : *les desiderata de la linguistique, du Code de la route*.

Lai (M.A.) **1** *Lai narratif* : court récit, presque toujours en vers de huit syllabes à rimes* plates, dont le sujet est d'ordinaire emprunté au cycle* de la Table Ronde (XIIIe s.) : Ex. les *Lais* de MARIE DE FRANCE.
2 *Lai lyrique* : poème formé de couplets non symétriques dont chacun se chantait sur un air différent : cf. *Lais et Descorts* du XIIIe s., publiés par JEANROY, BRANDIN et AUBRY (1901).
3 Au XIVe s., poème de douze strophes : chaque strophe est construite sur deux rimes et se partage en deux moitiés qui reproduisent les mêmes entrelacements de rimes et la même variété de mètres* : Ex. les *Lais* de Guillaume DE MACHAULT (1300-1377).

Laisse (M.A.) Strophe* ou tirade d'un grand poème, en général sur une seule rime* ou assonance, qui sert souvent de couplet dans une chanson de geste*.

Lamarckisme Théorie transformiste du Français Lamarck (*Philosophie zoologique*, 1809) : la transformation des espèces s'explique par l'adaptation au milieu*, qui développe certains organes utiles, et par l'hérédité des caractères acquis.

Langage cf. *Langue**.

Langue 1 (*d'une nation*) Système de signes articulés ou transcrits dont font usage les individus d'une nation ou d'un vaste groupe humain pour faire connaître leur pensée, considéré soit actuellement, soit en diachronie* dans les divers états de son évolution à travers le temps.

Idiome, langue d'une nation eu égard à ce qu'elle a de particulier ou d'original; ou langue qui ne se parle qu'en un coin de terre : cf. *Dialecte**.
2 (Ling.) La *langue*, comme système de signes* spécifiques aux membres d'une communauté et comme système de règles, se distingue du *langage*, qui est l'aptitude à communiquer au moyen de signes vocaux codifiés, et de la *parole* ou *discours**, qui représentent l'utilisation effective de ces signes et de ces règles, c.-à-d. que l'être humain possède la faculté du *langage*, qu'il codifie en *langue* à l'intérieur d'une communauté et qu'il actualise dans ses *actes de parole**.
3 (*Absolument, avec une idée normative*, VX) Propriété dans l'emploi des termes et correction grammaticale. BOILEAU : «*Sans la* langue *en un mot l'auteur le plus divin* | *Est toujours, quoi qu'il fasse, un méchant écrivain.*»
4 *La langue d'un écrivain, d'un milieu* : la partie du vocabulaire (cf. *Lexique**), des formes et tours grammaticaux de la langue commune qu'ils utilisent le plus souvent dans leur langage. En ce sens *langue* s'oppose à *style** (1), car, si les deux supposent un emploi particulier, *langue* fait penser à un certain niveau*, une certaine catégorie de termes et de tours qui peuvent être communs à plusieurs, *style*, à un choix individuel pour produire certains effets entre les différentes manières possibles d'exprimer la même chose. De plus *langue* n'a rapport qu'au vocabulaire et à la grammaire, le *style* implique, en plus de l'usage particulier de ceux-ci, celui des figures* et du rythme*.
5 *Langue verte* : cf. *Argot**.
6 *Langue d'oc* : ensemble des dialectes du midi de la France à l'exception du Pays basque; *langue d'oïl* : ensemble des dialectes du nord de la France, dont le *francien** a donné le français. (*Oc* et *oïl* sont les deux façons de dire «oui».)

Lapidaire 1 (M.A.) (N.) Traité exposant les prétendues vertus des pierres précieuses pour guérir, ou préserver des maux.
2 (Adj.) cf. *Concis**.

Lapsus Erreur involontaire faite en parlant (*lapsus linguae*) ou en écrivant (*lapsus calami*), lorsqu'on emploie un mot pour un autre, ou on viole la prononciation ou l'orthographe. Suivant les travaux de S. FREUD sur l'inconscient*, le *lapsus* révélerait une pensée profonde, refoulée, inconsciente : le *lapsus* est alors dit *significatif*. **Pataquès** (fam.), fausse liaison (de «je ne sais pas-t-à qu'est-ce») et, par ext., confusion ou maladresse de langage d'une ignorance grossière. **Contrepèterie**, erreur volontaire qui consiste à intervertir un ou plusieurs phonèmes dans la prononciation, souvent pour faire rire. EX. RABELAIS (*Pantagruel*, ch. XXX) : « *Comment Épistémon, qui avoit la* couppe testée [tête coupée], *fut guéri.* »

Leçon cf. *Version**.

Lecture En critique contemporaine, interprétation personnelle d'une œuvre selon une « grille » qu'on lui applique : Ex. *faire une* lecture *marxiste de Balzac*.

Légende (lat., « ce qui doit être lu ») **1** (M.A.) Vies de saints qui devaient être lues dans les couvents : Ex. *La Légende dorée*.
2 Récit dans lequel l'histoire est défigurée par l'imagination populaire qui crée des mythes* religieux, patriotiques, philosophiques, etc. : Ex. *La Légende des siècles.*

Leitmotiv (plu. *leitmotive*; XIXe s., en allemand, « motif conducteur »)
1 (Musique) Thème* assez bref revenant fréquemment dans une partition (Ex. la *Tétralogie* de WAGNER) pour évoquer le sentiment, l'idée, la situation, le personnage auquel il est lié.
2 On peut, en critique littéraire, employer le mot au sens musical pour désigner un thème* (2) caractéristique, et parler par ex. du *leitmotiv* de la blancheur chez MALLARMÉ; mais, dans le langage courant, le *leitmotiv*, c'est plutôt le thème* (1) souvent répété d'un discours, d'un écrit, d'une campagne de presse, de propagande, et un SYN., moins péj., de *refrain, rengaine, antienne*.

Lettre A Au sing. **1** Signe graphique minimal de l'alphabet distinct du *phonème** : Ex. *la* lettre « o » *peut correspondre au phonème* [o] *fermé (comme dans rose) ou au phonème* [ɔ] *ouvert (comme dans robe)*. Dans le système alphabétique, la *lettre* est la réalisation du *graphème**.
2 Texte qu'on échange comme mode de correspondance, devenu dès l'Ant. un genre littéraire, spéc. illustré par le *roman par lettres* qui permet de donner à la fiction* une apparence authentique : cf. *Épistolaire**. La *lettre ouverte* associe la forme d'une *lettre* et la force d'un *pamphlet** : l'auteur s'adresse à la fois au destinataire* (1) qu'il vise et au public (d'où le terme « ouverte »).
B | Au plu. **3** *Belles-lettres* : litt., poésie, grammaire, éloquence par opposition aux arts* (3) et aux sciences*.
4 Culture surtout artistique et philosophique par opposition aux sciences*.
5 *Homme de lettres* : celui qui fait métier d'écrire; parfois dans un sens péj. Cf. VIGNY (Préface de *Chatterton*) qui oppose l'homme de lettres au grand écrivain et au poète : « [...] *Il sait façonner tout dans un goût*

*vulgaire et joli, et peut tout ciseler avec agrément, jusqu'à l'éloquence de la passion — c'est l'*homme de lettres.»

Lettrine 1 Dans les ouvrages imprimés, lettre ornée en début de paragraphe ou de chapitre.
2 Groupe de lettres majuscules en haut d'une page de dictionnaire pour repérer les mots qui y sont traités.

Lettrisme Mouvement littéraire fondé en 1945 par I. ISOU et G. POMMERAND, qui prétendait renouveler la création poétique en la fondant sur la lettre considérée d'abord pour ses ressources sonores, sans souci de sens. Ex. I. ISOU : «*stok! starakol èstarèl la elza érük* | *maragon storakil èstapèl énorük* [...]»

Lexème cf. *Grammatème**.

Lexicographie, Lexicologie La *lexicologie* étudie scientifiquement les structures internes formées par les mots du lexique* (1 *a*) et qui leur donnent leur valeur signifiante, ou les rapports de ces mots avec des influences externes qui peuvent expliquer leur signification. La *lexicographie* est l'art des recensements, des analyses pour définir la signification des mots, et de leur classement pour faire des dictionnaires.

Lexique 1 (Ling.) Ensemble des mots* ou signifiés* : *a*) d'une langue*; *b*) de la langue* d'un individu, d'un groupe, d'un milieu. **Vocabulaire**, en ce sens, est un terme plus ancien et plus courant, plus relatif aussi : *a*) en parlant d'une langue, à l'histoire de ses mots, à leur formation; *b*) en parlant d'un individu ou d'un groupe, aux mots employés habituellement ou effectivement : en ce sens le *lexique* d'un écrivain peut être plus vaste que son *vocabulaire*. **Phraséologie**, vocabulaire souvent fabriqué (cf. *Terminologie** [2]) d'un groupe politique, philosophique, intellectuel, et aussi style qui le caractérisent : *phraséologie marxiste*.
2 Dictionnaire abrégé des langues anciennes ou modernes, souvent bilingue, pour la traduction.
3 Dictionnaire des mots employés par certains auteurs, par certaines sciences ou techniques : *lexique de Platon, de la linguistique*. **Vocabulaire**, dictionnaire pratique qui ne donne que les mots usuels du langage courant avec une explication succincte : *Vocabulaire du portugais*; ou *lexique* simple des termes d'une science ou d'un art, nécessaires pour les pratiquer ou comprendre les spécialistes. ROUSSEAU : «*Vocabulaire des termes de la langue de la botanique.*» **Glossaire**, dictionnaire érudit expliquant des mots obscurs, rares ou désuets : *les Glossaires de* DU CANGE; ou petit *lexique* d'un auteur à la fin d'une édition classique.

Liaison (*des scènes*) Règle de l'art dramatique* posée par les théoriciens classiques, notamment D'AUBIGNAC (*Pratique du théâtre*, 1657) : le théâtre ne doit pas rester vide entre deux scènes; pour cela, un même personnage demeurera dans les deux scènes, ou bien l'auteur justifiera, au nom de la vraisemblance*, l'arrivée de nouveaux personnages et le départ des premiers (un acteur en recherche un autre, est attiré par le bruit, etc.).

Libelle Petit écrit diffamatoire contre un personnage. VOLTAIRE : «*On nomme* libelles *de petits livres d'injures.*»

Libéralisme **1** (Politique) Doctrine suivant laquelle il convient de donner le plus de garanties possibles aux citoyens contre l'arbitraire du gouvernement (mot en usage depuis le début du XIXe s. : on appelait vers 1810 *liberales* les membres du parti qui voulait introduire en Espagne le parlementarisme anglais); ANTON. *autoritarisme*.
2 (Philos.) Doctrine qui réclame pour tous les citoyens la liberté* de pensée et s'oppose au conformisme* religieux : EX. le libéralisme de la *Déclaration des droits de l'homme* (1789).
3 (Économie) Doctrine d'après laquelle l'État n'a pas à intervenir dans les relations économiques, qui doivent être laissées à l'initiative des individus; c'est la doctrine du «Laissez faire, laissez passer» formulée par les économistes français du XVIIIe s., et soutenue encore de nos jours par les adversaires de l'économie dirigée; ANTON. *étatisme, socialisme*, dirigisme*.
4 (Au sens large) Sympathie et respect pour la liberté des autres; SYN. *tolérance**.

Liberté (étym. «état de celui qui n'est ni esclave ni prisonnier», donc «état de l'être qui ne subit pas de contrainte et agit conformément à sa volonté* et à sa nature* (4)»)
A| (Philos.) **1** *Liberté du sage* : l'état du sage* qui échappe aux contraintes intérieures, c.-à-d. aux passions et à la brutalité animale qui lui enlèveraient la conscience* du sens de ses actes et l'empêcheraient de réaliser sa vraie nature* (4), c.-à-d. la raison et la tendance au bien, considérées comme l'essence* de l'homme; ANTON. *esclavage des passions, inconscience*. Cette conception, d'origine antique et spéc. stoïcienne, suppose la suprématie de la raison* et de la volonté* sur toutes les forces instinctives, elle entraîne la responsabilité morale et fait consister avant tout la *liberté* dans la conscience* claire de ses actes : c'est en ce sens qu'on parle de la *liberté* des héros de CORNEILLE, adhésion consciente de la volonté* aux actes dont dépend la gloire*,

grâce à un effort pour dominer toutes les passions qui détournent le héros de la fin qu'il juge bon de poursuivre.

2 *Problème de la liberté* : même en supposant que l'homme ait conscience de ses actes, il reste encore à savoir si sa volonté* n'est pas déterminée par diverses raisons intérieures ou extérieures, autrement dit s'il jouit du libre arbitre*. Les déterministes* nient cette liberté. On peut supposer un état idéal dans lequel l'homme pourrait se décider, par un acte, en l'absence de tout motif et de tout mobile, ou en choisissant entre des motifs et des mobiles rigoureusement équivalents. C'est cet état qu'on appelle *liberté d'indifférence* : il est évident qu'il n'est jamais réalisé; il y a toujours plus de raisons d'un côté que de l'autre pour nous décider. Il s'agit, dès lors, de savoir si ces raisons, comme le prétendent les déterministes, s'ajoutent, sans que nous y puissions rien, pour entraîner la décision, autrement dit si notre volonté est comme une balance qui penche du côté du plateau le plus lourd, ou si nous les dépassons par un *acte* conscient qui, tout en tenant compte des raisons, exprime, par sa nature, notre fond individuel, notre être unique. C'est ce problème qui constitue le *problème de la liberté*.

B| (Sens politique et social) **3** Le droit de faire ce qui n'est pas interdit par une loi : ces *libertés* particulières se définissent par opposition à une contrainte possible. Ex. *la liberté de conscience**, *la liberté d'écrire*; spéc. *liberté politique* ou *liberté*, jouissance pour tous les citoyens de droits politiques garantis par une constitution.

4 Dans un sens absolu, le droit d'échapper à toutes les contraintes qui ne sont pas justifiées par la nature* (4) de l'homme et de la société, qui sont anormales, illégitimes, injustifiées. En ce sens la *liberté* suppose la loi* (8) qui l'empêche de dégénérer en licence, mais cette loi doit correspondre à un idéal*, autrement elle constituerait une oppression. La notion de *liberté* est donc relative à une certaine idée de l'homme, elle suppose un ordre consenti par tous. VOLTAIRE : «*La* liberté ***consiste*** *à ne dépendre que des lois.*»

Libertin (sens ancien. «qui échappe à toute contrainte») **1** (XVIe s.) Secte fondée à Lille, en 1525, par Antoine POCQUES et QUINTIN, qui justifiait tous les actes moraux et immoraux par le fait que c'est l'esprit de Dieu qui fait tout dans l'homme.

2 (XVIe s.) Les protestants de Genève qui combattaient le rigorisme de CALVIN.

3 (XVIIe s.) Les libres penseurs qui refusaient de croire à la révélation surnaturelle* et ne voulaient se diriger que par raison*, en suivant la nature* (2). PASCAL : «*Ces* libertins *qui ne cherchent qu'à douter de la*

religion.»
4 (Par ext. du sens 3, dans un sens péj.) Celui qui mène une vie dissolue et débauchée. ROUSSEAU : «*Je devins polisson, mais non* libertin.»
5 *Sonnet libertin* : sonnet qui ne suit pas les règles.

Libre arbitre cf. *Arbitre**.

Libre examen Principe qui consiste à admettre que tout homme peut, en conscience, ne croire que ce que sa raison individuelle juge vrai, sans accepter, surtout en religion, les décisions d'une autorité; ANTON. *autorité**, *traditionalisme**.

Libre pensée Attitude qui consiste à refuser la religion comme règle de vie, à ne se fonder que sur la raison* et l'expérience*.

Lied (mot allemand) **1** Dans la litt. allemande : *a*) vieux poème épique : EX. le *Niebelungenlied*; *b*) chanson narrative, sentimentale, religieuse : EX. les *lieder* populaires mis en musique par certains compositeurs romantiques; *c*) poème strophique non chanté, sentimental, bachique, patriotique, etc. : EX. les *Lieder* de HEINE.
2 En France, à l'époque romantique, poème d'amour mélancolique, à strophes courtes, comme une chanson.

Lieu **1** *Unité de lieu* : une des trois unités classiques. La règle ne vient pas d'ARISTOTE, mais a été tirée de l'unité de temps (en Italie, au XVIe s.) au nom de la vraisemblance : si l'action doit se dérouler en un jour, les personnages ne doivent pas se trouver en d'autres lieux que ceux qu'il est possible d'atteindre dans ce laps de temps. Le *lieu*, dans la tragédie classique, fut d'abord une ville (*Le Cid*), puis un palais, enfin une seule pièce, de façon à faire coïncider le lieu de l'action avec le lieu réel, c.-à-d. la scène.
2 *Lieux communs* : idées générales auxquelles les rhéteurs rapportaient toutes les sources des raisonnements; d'où, idées banales que tout le monde répète. R. MARTIN DU GARD : «*Tous les partis ont adopté le conformisme de l'état de guerre et rabâchent les mêmes* lieux communs.»

Linguistique **1** (XIXe s.) Étude historique (nous dirions plutôt *philologie*) et comparative (nous dirions plutôt *grammaire comparée*) des langues.
2 Depuis le *Cours de linguistique générale* de F. DE SAUSSURE (1916), science ayant pour objet l'étude des langues* (1) et du langage*. La *linguistique structurale* ne prend en compte que les seuls énoncés*, en rejetant le sujet* parlant et le référent* de son analyse. Il s'agit de

comprendre les phénomènes du langage en eux-mêmes, d'en dégager les lois générales et de préciser les rapports entre langage et pensée. La *linguistique* se divise en *a*) *Phonétique**, *Phonologie**, étude des sons; *b*) *Grammaire*, étude des formes (*morphologie*) et des liaisons entre les éléments (*syntaxe*); *c*) *Sémantique*, étude des significations, qui, spéc. à propos du vocabulaire, comporte *lexicologie** et *lexicographie**.

Lipogramme (grec *leipein*, « laisser » + *gramma*, « lettre ») Interdiction que se donne l'écrivain d'utiliser une lettre de l'alphabet ; par suite, écrit qui en résulte (depuis l'Ant.). *Ex. le roman La Disparition* de G. PEREC, écrit sans un seul « e ». Ce même écrivain a créé le terme *liponymie* pour l'activité qui consiste à écrire un texte en s'interdisant d'employer tel ou tel mot.

Litote Figure* de rhét. consistant à employer une expression atténuée pour laisser entendre plus qu'on ne dit : Ex. «*Va, je ne te hais point*» (Chimène à Rodrigue); ou, en langage courant : «*Pas mauvais, ce petit vin !*»

Littéraire 1 Qui appartient aux lettres* (1 et 2) : Ex. *un journal littéraire* (par opposition à politique, scientifique, etc.).
2 Qui manifeste le sens des belles-lettres : *a*) dans un sens favorable : soigné, bien écrit, digne du goût des connaisseurs; Ex. *un discours très littéraire*; *b*) dans un sens défavorable : trop soigné; et surtout sans rapport avec la réalité ou la spontanéité de la vie; Ex. *une description littéraire des milieux ouvriers*; cf. *Académique** (2).

Littérarité Terme traduit d'un mot russe, utilisé par R. JAKOBSON pour désigner la spécificité du fait littéraire, «ce qui fait d'un texte un texte littéraire». Ce terme caractérise les orientations de la critique et des recherches de ces dernières années.

Liturgie Ordre des cérémonies et des prières dont se compose le service divin dans une religion donnée : Ex. la *liturgie* catholique, bouddhique, etc. L'adj. *liturgique* s'emploie pour la langue adoptée pour le culte d'une religion : Ex. *le latin, langue* liturgique *du catholicisme*, ou pour tout livre, toute formule, tout écrit en rapport avec la religion.

Livret (d'opéra) Texte en prose ou en vers mis en musique dans la partition et chanté : Ex. *le* livret *de* Don Giovanni.

Locuteur cf. *Destinateur**.

Logique A| (N. Science qui apprend à raisonner juste) **1** *Logique formelle* : celle qui étudie la forme* (2) des opérations intellectuelles

(concepts, jugements, raisonnements), sans tenir compte de leur contenu.
2 *Logique générale* : celle qui étudie le mécanisme et la valeur des méthodes* scientifiques.
3 Dans un sens plus général, l'enchaînement régulier et nécessaire, soit des faits, soit des pensées, qui veut que, si telle chose se produit, telle autre doive en découler nécessairement : Ex. *la logique de l'histoire*.
B| (Adj.) **4** Qui est conforme à la *logique* ou agit conformément à ses lois : Ex. *une conclusion logique*; Anton. *illogique*.
5 Qui concerne l'entendement* (2), qui présente un caractère discursif* : ex*. *la raison logique*, la raison raisonnante, cf. *Raison** (3).

Logogriphe **1** Énigme dans laquelle on doit composer le mot à découvrir à partir de lettres d'autres mots dont on donne la définition : Ex. une fois trouvés *or, Oran, orge, ange, organe*, on arrivera au mot du *logogogriphe* qui est *orange*.
2 (Fig.) Langage obscur et inintelligible par sa complication. On dit aussi **rébus** ou **hiéroglyphe***. Le **galimatias*** est souvent obscur par manque de logique et de justesse, l'**amphigouri***, par désordre ou embrouillement, le **phébus***, par son style subtil ou ampoulé, le **charabia**, par ses incorrections, le **baragouin**, par l'altération des mots, le **jargon**, par son écart avec l'usage commun.

Logomachie (XVIe s., en grec, «combat de mots») **1** Discussion qui ne porte que sur les mots, parce que les interlocuteurs les prennent dans des sens différents.
2 Par ext. : *a*) dispute sur des choses insignifiantes derrière de grands mots; *b*) le fait d'employer de grands mots qui ne correspondent à aucune idée. En ce sens, on dira plutôt **verbalisme**.

Logorallye Terme inventé par R. Queneau pour désigner le jeu littéraire qui consiste à introduire obligatoirement et dans un ordre déterminé, les mots d'une liste établie à l'avance. L'intérêt est accru si les mots désignent des réalités assez éloignées les unes des autres : Ex. le *logorallye* de Queneau dans *Exercices de style*.

Loi Règle obligatoire et nécessaire.
A| **1** Cette règle conçue comme exprimant la nature* (4) d'un être, le moyen pour lui de se réaliser parfaitement. Montesquieu : «*Les* lois [...] *sont les rapports nécessaires qui dérivent de la nature** (4) *des choses et, dans ce sens, tous les êtres ont leur* loi.»
2 *Lois de l'esprit** : les axiomes* fondamentaux qui donnent à la pensée

sa valeur logique (identité*, contradiction*, milieu exclu).
3 *Loi naturelle* : le principe du bien tel qu'il se révèle à la conscience* (3), ce qui est conforme à la nature* (4) de l'homme. MONTESQUIEU : «*La* loi *de la lumière naturelle qui veut que nous fassions à autrui ce que nous voudrions qu'on nous fît.*»
4 (Esthétique) *Lois d'un genre* : conditions qui doivent être réalisées pour que l'œuvre atteigne la perfection dans son genre. *Lois de l'art* : les conditions de la perfection artistique.
B| Cette règle conçue comme rendue obligatoire par la toute-puissance d'une volonté transcendante*. **5** *La loi de Dieu*; en ce sens, *la Loi* s'oppose à la nature* corrompue et à la grâce* (qui est la force donnée par Dieu à l'homme pour accomplir la *Loi*). PASCAL : «*La* Loi *n'a pas détruit la nature, mais elle l'a instruite, la grâce n'a pas détruit la* Loi, *mais elle la fait exercer.*»
6 Dans la mesure où les choses ont été créées par Dieu, les lois (au sens 1), qui expriment les rapports dérivant de la nature des choses, ont été voulues par Dieu : en ce sens, l'expression *lois de la nature* signifie que la nature obéit à un ordre voulu par Dieu et qu'il y a donc, dans cet ordre, une certaine finalité*. DESCARTES : «*De cela aussi que Dieu n'est point sujet à changer et qu'il agit toujours de même sens, nous pouvons parvenir à la connaissance de certaines règles que je nomme les* lois de la nature.»
C| **7** En dépouillant de cette notion de finalité l'expression *lois de la nature*, on arrive, avec la science moderne, à considérer la *loi* comme une formule générale, non impérative, qui rend compte de la façon dont les phénomènes se déroulent dans l'Univers : Ex. *les lois de l'électricité*.
D| **8** En considérant la loi sans idée de rapport nécessaire ou d'obligation imposée par une volonté transcendante, on arrive à la notion de *loi positive*, règle générale voulue par l'autorité souveraine d'une société. BOSSUET : «*Il faut établir des règles générales de conduite afin que le gouvernement soit constant et uniforme et c'est ce qu'on appelle* lois.»
9 Contrainte injustifiée : *la loi du plus fort, les lois de la mode*.

Lumière 1 (XVIIe s.) *Lumière naturelle* : raison* (2). DESCARTES : «*La faculté de connaître que Dieu nous a donnée et que nous appelons* lumière naturelle.»
2 (XVIIIe s.) *Philosophie des lumières* : philosophie fondée sur la raison*, sur l'expérience* et sur les sciences, par opposition aux religions, à la métaphysique* ou aux préoccupations exclusivement artistiques. VOLTAIRE (à propos du XVIIe s.) : «*Siècle de grands talents bien plus que de* lumière.»

Lyrique (*poésie*) **1** (Ant.) Poésie chantée avec accompagnement de lyre. Ce sens a été repris au XVIIIe s. pour qualifier les poèmes mis en musique, et chantés ou joués sur une scène (opéras, opéras-comiques, oratorios, etc.). *Théâtre lyrique*, théâtre où l'on joue et chante des drames *lyriques*. *Artiste lyrique*, néol., chanteur d'opéras, d'opérettes, d'oratorios, etc.

2 (Moderne) Poésie *non chantée* qui a gardé la forme et les thèmes du lyrisme antique, c.-à-d. qui exprime les sentiments que certains événements provoquent dans l'âme du poète, par opposition à l'*épopée** qui raconte et au *drame** qui met des personnages en action. Le lyrisme exprime donc toujours une *émotion*; cette émotion peut être purement *individuelle*, à propos de faits personnels (Ex. l'amour, cf. *Les Nuits* de MUSSET) ou *collective* à propos d'événements intéressant tout un groupe (Ex. la victoire d'un athlète aux jeux Olympiques, dans les *Odes* de PINDARE). Le *lyrisme* admet ainsi deux limites extrêmes : *a*) la confession de sentiments individuels (Ex. les poèmes des *Contemplations* dans lesquels V. HUGO exprime son amour pour sa fille); *b*) le développement de thèmes communs et l'expression, sous une forme générale, de sentiments collectifs (Ex. le *lyrisme* de PINDARE, de RONSARD dans ses *Odes* pindariques*, de MALHERBE dans ses *Odes*). Le *lyrisme* ne se caractérise donc pas seulement par certains genres qui sont dits *lyriques* parce qu'ils rappellent les genres antiques (Ex. l'*ode*), ni par certains thèmes appelés aussi *lyriques* (*amour, mort, nature, destin, patrie, religion*, etc.) parce qu'ils sont propices à l'émotion : il faut encore que, dans ces genres et à propos de ces thèmes, le poète exprime un *bouleversement de sa sensibilité*, au moyen d'images et de rythmes qui inspirent les mêmes sentiments à celui qui l'écoute. Mme DE STAËL : «*La* poésie lyrique *s'exprime au nom de l'auteur même* [...] *c'est en lui-même qu'il trouve les divers mouvements dont il est animé.*»

M

Macaronique Genre de burlesque* inventé en Italie (Tifi ODASSI, *La Maccharonea*, 1490) : mélange de mots latins et italiens. En français, mélange de mots latins et français, et latinisation incorrecte de mots français : Ex. *Le Malade imaginaire* (troisième intermède).

Macédoine cf. *Mélange**.

Machiavélisme Système politique inspiré des idées de l'Italien MACHIAVEL (*Le Prince*, 1531) : par une interprétation inexacte du réalisme politique de MACHIAVEL, le mot a fini par désigner une politique sans scrupules. MONTESQUIEU : «*On a commencé à se guérir du* machiavélisme.»

Machines (*pièce à*) (XVIIe s.) Pièce à grand spectacle, avec changements à vue de décor et artifices scéniques provoqués par la machinerie théâtrale : Ex *Andromède* de CORNEILLE.

Machinisme 1 (Vx) Théorie des *animaux* machines* chez DESCARTES, forme du mécanisme*.
2 Emploi des machines dans la société moderne, souvent considéré dans ses effets économiques, sociaux et culturels.

Madrigal 1 (en Italie, dès le XIVe s.) Pensée fine et galante mise en douze vers au plus.
2 En France, genre introduit au XVIe s., très cultivé jusqu'au XVIIIe s. : compliment tendre et galant adressé, en quelques vers, à une dame, sans aucune loi de rime* ni de rythme*. BOILEAU : «*Le* madrigal, *plus simple et plus noble en son tour,*| *Respire la douceur, la tendresse et l'amour.*»
3 (XVIe s., RONSARD) *Madrigal* ou *sonnet madrigalesque* : sonnet* de plus de quatorze vers.
4 (Péj.) Style affecté et précieux. SAINTE-BEUVE : «*Chez Fontenelle la vérité se déguise en* madrigal.»

Maïeutique (en grec, «art d'accoucher») Méthode de SOCRATE pour faire accoucher son interlocuteur d'une idée juste par une série de questions habilement posées; cf. *Ironie** (1).

Mal du siècle « État d'âme » de la génération arrivée à l'âge d'homme après la chute de l'Empire, en 1815. C'est avant tout une crise de la volonté, une hypertrophie de la sensibilité, une impossibilité de croire à la raison. MUSSET décrit cet état dans la *Confession d'un enfant du siècle* (1836) : il a de grandes ressemblances avec le *vague* des passions* de CHATEAUBRIAND, mais n'a pas exactement les mêmes causes sociales, car il est dû avant tout au désespoir de la jeunesse devant un monde qui n'offre aucun but à l'enthousiasme qu'avait fait naître en elle la grandeur de l'Empire. L'expression, réservée initialement aux écrivains romantiques après 1815, a fini par désigner l'inquiétude propre à une génération, quelle que soit l'époque.

Malthusianisme 1 Doctrine de l'économiste anglais MALTHUS qui, en 1798, pensait que les ressources alimentaires croissaient moins vite que la population et conseillait d'éviter la procréation et sa cause, le mariage.
2 Par ext., toute restriction volontaire : *a*) dans les naissances; *b*) (néol.) dans la production, en général pour maintenir les prix : *malthusianisme économique*.

Mandateur Correspond au *destinateur** dans la *Morphologie du conte* de V. PROPP.

Manichéisme (de *Manes* ou *Manichaeus*, hérésiarque persan du IIIe s.) Toute doctrine qui pense que le monde est partagé entre deux principes éternels, également puissants, le bien et le mal (alors que, pour le christianisme, Satan est la *créature* de Dieu, qui ne le tolère que pour des fins connues de lui seul).

Maniérisme Style d'une coquetterie affectée, qui fait des *manières*, n'est pas naturel : EX. le *maniérisme* de MARIVAUX. On emploie aussi le terme **marinisme** (du nom de l'Italien MARINO, 1569-1625), quand il y a recherche des *concetti**.

Manifeste Écrit par lequel un gouvernement, un parti, un homme politique, et spéc. un écrivain ou un groupe littéraire, font connaître leurs vues sur un sujet et rendent compte de l'attitude qu'ils prendront en conséquence : *Sept Manifestes dada* (T. TZARA), *Manifeste du surréalisme* (A. BRETON), *Manifeste du parti communiste* (K. MARX et F. ENGELS). A. GIDE : « *Un* manifeste *pour ouvrir la revue* ».

Manuscrit 1 Initialement, ouvrage écrit à la main, par opposition aux ouvrages *imprimés*.
2 Par ext., texte original d'un ouvrage destiné à l'impression. Un

manuscrit dactylographié est souvent appelé *tapuscrit* (néol.). Le *manuscrit* fait partie de l'*avant-texte**.

Marivaudage Maniérisme* propre à MARIVAUX : un conflit entre les convenances et la sensibilité oblige les personnages à cacher leurs sentiments sous le badinage, la dialectique galante, la finesse et la recherche du style. Dans le langage courant, on l'applique à tout échange de propos galants et recherchés dans l'approche de l'amour, soit dans la conversation, soit dans le style du théâtre ou du roman.

Marotisme cf. *Badinage**.

Mascarade (italien *mascherata*, «divertissement que l'on joue masqué») En France (XVIe, XVIIe s.) : **1** ballet dont les danseurs travestis récitent à leurs dames des vers galants dans l'intervalle des figures;
2 spectacle allégorique au cours duquel les acteurs, déguisés en personnages, en allégories, en dieux, récitent des compliments aux souverains : EX. la *Mascarade des Chevaliers fidèles, des Visions, des Faunes, des Chasseurs*, etc.;
3 les vers composés pour une mascarade : EX. *Les Mascarades* de RONSARD (1565).

Masochisme cf. *Sadisme**.

Matérialisme **1** Doctrine suivant laquelle il n'existe pas d'autre substance que la matière* (2); ANTON. *spiritualisme** et toutes les philosophies qui croient à l'existence de Dieu, à la finalité*, à la liberté* : EX. le *matérialisme* d'ÉPICURE, de LUCRÈCE, des Encyclopédistes* (d'HOLBACH, HELVÉTIUS).
2 (Morale) Doctrine suivant laquelle le but de la vie est la recherche de la santé, du plaisir, des richesses, du bien-être; ANTON. *idéalisme** (2).
3 *Matérialisme historique* (XIXe s.) : expression de F. ENGELS pour qualifier l'idée de K. MARX suivant laquelle l'évolution de l'histoire est déterminée par les phénomènes économiques (ce sens n'a aucun rapport avec le sens 2).

Matière (étym. «les objets naturels auxquels le travail de l'homme donne une forme*») **1** (Ant., M.A., au sens aristotélicien) Toute donnée physique ou mentale à laquelle l'activité donne une *forme**. *La matière de l'art* : toutes les données auxquelles l'art impose une forme, un style*. MONTAIGNE : «*Ma façon* [style] *n'aide rien à la* matière.»
2 (Au sens cartésien et scientifique) *La matière* : substance étendue qui a une masse et tombe sous les sens. DESCARTES : «*La* matière [...], *dont*

la nature consiste en cela seul qu'elle est une chose étendue, occupe maintenant tous les espaces imaginables et nous ne saurions découvrir en nous l'idée d'aucune autre matière»; ANTON. *esprit**.

Maxime (étym. pensée «très importante») **1** Pensée adoptée comme règle de conduite. PASCAL : «*Toutes les bonnes* maximes *sont dans le monde, on ne manque qu'à les appliquer.*»
2 Règle d'un genre*. BOILEAU : «*La ballade asservie à ses vieilles* maximes.»
3 Formule brève et frappante résumant un principe de morale ou une observation psychologique de caractère général : EX. les *Maximes* de LA ROCHEFOUCAULD; cf. *Pensée**.

Mazarinade Terme employé pour les chansons et pamphlets* composés contre Mazarin pendant la Fronde.

Mécanisme 1 Tout système philosophique qui explique les phénomènes par des relations de cause à effet d'ordre mécanique (*EX. le mouvement, l'équilibre, etc.)* et considère l'Univers et les êtres comme des sortes de machines : le *mécanisme* de Descartes. ANTON. *finalisme, dynamisme*.
2 Ensemble de structures, d'éléments, dans une société ou un individu, organisés pour une fonction, et processus selon lequel s'exerce cette fonction : *mécanismes économiques, administratifs, psychologiques*; *mécanismes du langage*.
3 En musique, maniement d'un instrument; d'où, par ext., en art, en litt., souvent péj., connaissance de procédés purement techniques, par opposition à l'inspiration, au génie, à l'expression.

Media / Médias (Néol.) Moyen de diffusion de la culture et de l'information de masse : EX. *les affiches, le cinéma, la télévision, la presse sont les principaux* médias.

Méditatif cf. *Penseur**.

Mélancolie (en grec, «noire» + «bile») **1** Terme médical. *a*) Dans l'ancienne médecine et le langage courant jusqu'au XVIIIe s., humeur due à la «bile noire» de la rate qui rend triste et sombre, renfermé, bizarre. SYN. *hypocondrie*. *b*) De nos jours, en pathologie, maladie mentale due à des idées fixes provoquant découragement, tristesse, crainte ou angoisse, ou, sous sa forme la plus grave, de véritables délires. SYN. *neurasthénie, dépression*.
2 Dans le langage courant, depuis le XVIIIe s., tristesse douce, intérieure,

rêveuse, sans cause précise, parfois assez agréable. ROUSSEAU : «*Le charme de la musique, si doux dans la* mélancolie, *s'efface dans une profonde tristesse.*» Cf. *Spleen**.

Mélange 1 (Au sing.) Le fait de mêler dans une œuvre des éléments divers souvent empruntés, et l'effet ou l'ensemble qui en résultent. *Mélange des genres* : cf. *Genre**. **Macédoine**, fig. et fam., livre ou écrit réunissant et mêlant des pièces de différents genres. Péj., **ripopée** (VX) suppose un mélange incohérent d'idées assez communes, **marqueterie**, une surabondance de morceaux empruntés et sans liaison; on dit aussi **mosaïque**, **habit d'Arlequin**, et **placage** pour des morceaux ajoutés après coup. Sans nuance péj., la **compilation** mêle des emprunts érudits; pour la poésie, cf. *Centon**. **Pot-pourri** (mélange d'airs choisis empruntés à une même partition ou à un même auteur), péj. en litt., mélange sans ordre, sans liaison, souvent sans choix. **Rapsodie** est péj., en litt. et suppose des disparates dans un mauvais ramas de prose ou de vers, alors qu'il ne l'est pas en musique pour désigner une œuvre composée de divers motifs présentés les uns après les autres.
2 Au plu. *Mélanges* : *a*) tout recueil de pièces diverses (poésie, prose, petits ouvrages); EX. *Mélanges politiques* de CHATEAUBRIAND; *Pastiches et Mélanges* de M. PROUST; *b*) spéc. recueil d'articles que des spécialistes offrent à leur maître ou à un ami.

Mélioratif (Adj., ling.) Qui présente une chose sous son aspect le plus favorable, le meilleur. ANTON. *péjoratif**.

Mélodie 1 Succession de notes, en musique, par opposition à l'**harmonie**, science ou effet des accords. ROUSSEAU : «*La* mélodie *est dans la musique ce qu'est le dessin dans la peinture, l'*harmonie *n'y fait que l'effet des couleurs.*» En litt., *harmonie** (2) est le terme général; on lui préférera *mélodie* lorsqu'une sorte de ligne musicale chantante et douce à l'oreille se dégage d'une suite de mots ou de phrases. On dit aussi **musique**; et **incantation*** pour une mélodie qui enchante, envoûte, surtout en poésie : la *mélodie* des paroles de QUINAULT, l'*incantation* d'un vers de RACINE.
2 (XIXe s.) Poème mis en musique et chanté avec accompagnement.

Mélodrame 1 (Ant.) Spectacle dramatique coupé de chant (en grec, *melos*).
2 À partir de la fin du XVIIIe s., drame* populaire, à l'origine accompagné de musique : sujets extraordinaires, pathétiques*; action compliquée, fertile en coups de théâtre, parfois comique; personnages simples et

contrastés, parfois historiques; intentions morales : la vertu triomphe; style en prose, tantôt pompeux et déclamatoire, tantôt d'une familiarité triviale : Ex. *Victor ou l'Enfant de la forêt* (1798); *Fualdès ou l'Orphelin de Genève* (1820); *Les Deux Gosses* (1896).

Mélopée 1 La déclamation poétique des Grecs, avec accompagnement instrumental.
2 (XVIIIe s.) *Récitatif* (c.-à-d. chant déclamé dont les syllabes sont prononcées sur les notes de la gamme), rappelant la déclamation des Grecs, en un style élevé, et très libre par rapport à la musique.
3 (Fig.) Mélodie, rythme longs et monotones qui peuvent avoir leur beauté. **Psalmodie** (récitation des *Psaumes*), fig., récitation, déclamation, chant sur un ton uniforme, par ext., péj., style monotone.

Mémoire 1 Exposé des faits relatifs à un procès.
2 Ensemble de documents d'après lesquels on écrit l'histoire.
3 Dissertation sur quelque point scientifique ou historique : Ex. un *mémoire* sur le Masque de fer; au plu. recueil de dissertations lues dans une société savante : les *mémoires* de l'Académie des sciences.
4 (Au plu., avec une majuscule) Relation écrite d'événements qui se sont passés durant la vie de l'auteur et dans lesquels il a joué son rôle : Ex. les *Mémoires* de SAINT-SIMON, les *Mémoires d'outre-tombe* de CHATEAUBRIAND. Par rapport à l'*autobiographie**, les *Mémoires* accordent beaucoup plus d'importance à l'époque vécue par l'auteur : ils évoquent les événements historiques qui l'ont influencé. En cela, ils diffèrent aussi d'une *confession**.

Ménestrel cf. *Trouvère**.

Mentalisme Théorie selon laquelle le contenu, dans un système linguistique, est l'élément déterminant de l'expression et qui subordonne donc la linguistique à la psychologie. Le *structuralisme** et le *behaviorisme** se sont inscrits en réaction contre cette doctrine.

Mercantilisme 1 Historiquement, sans nuance péj., toute théorie économique (du XVIe au XVIIIe s.) selon laquelle la principale richesse étant la monnaie métallique, un pays s'enrichit lorsqu'il se procure de l'or et de l'argent, par ex. par la balance favorable du commerce : *le mercantilisme de Colbert.* Par opposition, les **physiocrates** (économistes de la fin du XVIIIe s., par ex. QUESNAY) fondaient la richesse sur l'agriculture et la libre circulation des biens.
2 (Péj.) De nos jours, âpreté au gain, tendance à ne voir les choses que du point de vue de l'argent.

Merveilleux Se dit d'une œuvre où le surnaturel* se mêle de façon harmonieuse à la réalité pour enchanter le lecteur, en particulier, par la présence de puissances divines ou supraréelles (dieux, anges, démons, fées,...). *Merveilleux païen* : celui qui fait intervenir les dieux de la mythologie. *Merveilleux chrétien* : celui qui fait intervenir le surnaturel du christianisme. *Merveilleux allégorique* : celui où l'on personnifie des facultés ou des sentiments (Ex. le fanatisme) qui participent, comme des êtres, à l'action.

Message 1 Toute séquence de signaux* transmis par un émetteur* à un récepteur* à partir d'un code* donné.
2 Spéc., ce qui est dit par le destinateur* au destinataire* dans la communication* (cf. le schéma* de R. JAKOBSON); SYN. *énoncé**. Quand le message procure une impression de beauté et d'art, quand il est admiré, lu, relu, écouté, conçu comme une œuvre, il s'agit de la *fonction* poétique** ou *esthétique* du langage*.

Messianisme 1 Attente d'un *messie*, c.-à-d. d'un envoyé qui établira le royaume de Dieu sur terre, spéc. par les juifs.
2 (Fig.) Attente d'un monde meilleur, soit par un peuple pour lui-même, et grâce à un homme ou à lui-même (le *messianisme germanique*, autour du Kaiser, de Hitler), soit pour tous les hommes, par foi dans les idées pour lesquelles on milite; *le messianisme révolutionnaire; le messianisme scientifique de Marx.*

Mesure 1 La durée du vers déterminée, en français, par un nombre fixe de syllabes. BOILEAU : «*Pour enfermer son sens dans la borne prescrite | La* mesure *est toujours trop longue ou trop petite.*»
2 *Une mesure* : dans un vers, un groupe rythmique qui constitue un tout; il est séparé d'une autre *mesure* par la coupe*.

Métabole Figure* qui consiste à accumuler plusieurs expressions synonymes pour peindre la même chose ou la même idée avec plus de force. Cette redite est utile, ce qui distingue la *métabole* de la *redondance** ou de la *tautologie**.

Métachronisme cf. *Anachronisme**.

Métalangage/ Métalangue Langage destiné à décrire et expliquer le fonctionnement de la langue naturelle. Ex. *la terminologie grammaticale* : «*petit est un adjectif qualificatif*».

Métalinguistique cf. *Fonction** (*du langage*).

Métalepse Figure* d'expression par laquelle on dit l'antécédent pour le conséquent (Ex. *il a vécu* pour *il est mort*) ou le conséquent pour l'antécédent (Ex. *nous le pleurons* pour *il est mort*).

Métaphore Figure de rhét. qui consiste à désigner un objet ou une idée par un mot qui convient pour un autre objet ou une autre idée liés aux précédents par une analogie*. La *métaphore* fusionne donc en un seul les deux termes de la comparaison*. DU BELLAY : «*Déjà la nuit en son* parc *amassait*| *Un grand* troupeau *d'étoiles vagabondes.*» *Métaphore filée* : procédé qui consiste à développer une *métaphore* en complétant le comparant par plusieurs mots qui lui sont apparentés, sans que leur comparé soit exprimé. Ex. SAINTE-BEUVE : «*Tel filet d'idée poétique qui chez André Chénier* découlerait *en élégie, ou chez Lamartine* s'épancherait *en méditation, et finirait par devenir* fleuve *ou* lac, se congèle *aussitôt chez moi et* se cristallise *en sonnet.*»

Métaphysique 1 (Étym.) La partie des œuvres d'ARISTOTE qui se trouvait «*meta ta physica biblia*» (après la physique), partie consacrée à l'étude des choses divines, des principes des sciences et de l'action.
2 (M.A.) Même sens, mais par opposition à la *théologie*, la *métaphysique* est considérée comme une science qui s'appuie sur la raison* (2) et non sur la révélation.
3 D'où, au sens moderne, connaissance *par la raison* des êtres et des choses immatériels qui ne tombent pas sous les sens. BOSSUET : «*La* métaphysique *qui traite des choses les plus immatérielles, comme de l'être en général, et en particulier de Dieu et des êtres intellectuels faits à son image.*» Cette connaissance est considérée comme pouvant atteindre les choses en soi, l'essence* des phénomènes par opposition à la connaissance tirée de l'expérience*, qui n'atteint que l'apparence des choses.
4 Avec l'idée que la connaissance des choses en soi est impossible, le mot *métaphysique* prend, à partir du XVIIIe s., la nuance péj. de construction gratuite de la raison (et même de l'imagination) qui ne s'appuie sur aucun fait d'expérience*. VOLTAIRE : «Trans naturam, *au-delà de la nature. Mais ce qui est au-delà de la nature est-il quelque chose?*» Cette nuance est demeurée jusqu'à nos jours. Pour Auguste COMTE (1798-1857), est *métaphysique* toute explication d'un fait purement verbale qui ne correspond pas à une observation positive : Ex. l'opium fait dormir parce qu'il a une vertu dormitive.
5 Par opposition aux rêveries de la *métaphysique* prise en ce sens, le XVIIIe s. conçoit une *nouvelle métaphysique* qui réfléchit sur ce qui a une existence positive*, comme la nature ou l'esprit humain, et essaie, par la

raison seule, d'arriver à une théorie de l'esprit* et des principes* de tout art et de toute science. STENDHAL : « Métaphysique, *description de la génération et des lois de l'intelligence et de la volonté.* »
6 De nos jours, définitions très diverses de la *métaphysique* qui tendent toutes à la considérer comme un effort pour dépasser, par la raison* ou l'intuition*, les connaissances purement expérimentales*, pour tenter d'élaborer une théorie sur le problème de la connaissance, de la matière* et de l'esprit*, de la liberté* et de Dieu.

Métatextualité (Néol. en ling.) Relation de commentaire dans un texte d'un autre texte dont on parle sans le citer expressément : Ex. *Rousseau parlant de Molière*. On appelle aussi *métatexte* un texte qui parle lui-même d'un texte, qui a pour objet la litt. elle-même : Ex. *un Art poétique*. Ces termes sont à mettre en rapport avec la *fonction* métalinguistique** du langage.

Méthode (en grec, « poursuite, effort pour atteindre une fin ») Procédé par lequel on arrive à un résultat : **1** sans que ce procédé soit le fruit d'une idée préconçue : Ex. *la méthode d'un écrivain*, l'ensemble de ses procédés* habituels;
2 en insistant sur l'aspect conscient du procédé qui est réglé d'avance. DESCARTES (*Discours de la méthode*) : « [...]*Des considérations et des maximes** [...] *dont j'ai formé une* méthode. »

Méthodologie **1** Partie de la logique qui étudie *a posteriori* la méthode des diverses sciences.
2 Étude rationnelle des diverses méthodes que peut employer une science ou une technique : *méthodologie de la linguistique*.

Métonymie (Rhét.) Figure* de mots consistant à désigner un objet ou une idée par un autre terme que celui qui lui convient : la compréhension se fait grâce à une relation de cause à effet, de contenant à contenu, de partie à tout, entre les deux notions : Ex. *boire* la mort pour *boire le poison* (cause à effet), *boire* un verre (contenant pour contenu).

Mètre La nature du vers*, déterminée, pour le vers français, par le nombre et la disposition des syllabes.

Métrique Ensemble des règles relatives au mètre* du vers* et au groupement de vers en strophes* ou en poèmes à forme fixe.

Microcosme **1** L'homme considéré par certains philosophes anciens, par les ésotériques juifs, puis par des savants de la Renaissance et des

occultistes modernes, comme un abrégé de l'Univers, le « grand monde » (*macrocosme*) qu'il reproduit en petit, ce qui explique leur influence réciproque.
2 (Fig.) Ensemble qui est comme un résumé de l'Univers ou d'un tout qu'il reproduit fidèlement en petit. V. HUGO : « *Ce* microcosme *que nous appelons drame ou roman.* »

Milieu **1** Mot emprunté aux physiciens par É. GEOFFROY SAINT-HILAIRE (vers 1833) pour désigner les circonstances qui entourent la vie d'un organisme.
2 Repris par BALZAC (1841) : les circonstances sociales qui déterminent les individus comme le *milieu* le faisait des espèces zoologiques.
3 Repris par TAINE (après 1850) : la sphère intellectuelle et morale dans laquelle vit un écrivain, une des influences qui avec la race et le moment* déterminent son génie : « *Le* milieu *moral, comme le* milieu *physique, agit sur chaque individu par des excitations et des répressions continues.* »

Mime **1** Chez les Grecs et les Romains, acteur qui jouait de petites comédies libres et parfois obscènes, où danse et gesticulation tenaient plus de place que le texte, et appelées *mimes* parce qu'elles prétendaient imiter (en grec *mimein*) les mœurs de manière réaliste.
2 De nos jours, acteur qui n'emploie que le geste et les jeux de physionomie pour s'exprimer. **Pantomime** est beaucoup plus rare pour désigner ce même acteur. Mais, au fém., *pantomime* désigne une représentation théâtrale où les personnages ne s'expriment que par gestes, ou cette forme d'art : EX. *les pantomimes du mime Marceau.*

Mimésis Théorie venue d'ARISTOTE selon laquelle l'art représente le monde. Cette opinion a été souvent combattue : cf. sur ce problème l'ouvrage d'E. AUERBACH, *Mimésis.*

Minute Terme de droit désignant l'écrit original d'un jugement ou d'un acte notarié; par ext., désigne l'original de tout ce qu'on peut écrire : cf. *Brouillon**, *Avant-texte**.

Miracle (M.A., XIIIe-XVe s.) Genre théâtral mettant en scène l'aventure d'un homme plein de foi, sauvé, par une intervention surnaturelle, d'un danger dans lequel le démon ou l'injustice sociale l'avaient plongé : EX. *Les Miracles de Notre-Dame* (XIVe s.).

Mise en abyme Le mot *abyme* désignant, dans le vocabulaire héraldique, « le centre de l'écu lorsqu'il simule lui-même un autre écu », on parle de *mise en abyme* pour un texte quand on insère dans ce texte un résumé, une évocation ou une image de ce même texte : Ex. *Hamlet fait jouer pour le roi la scène du meurtre; les acteurs ont alors à jouer le rôle de comédiens qui jouent un autre rôle.* On emploie aussi les termes de *miroir* ou de *récit au second degré* (cf. T. TODOROV, *Poétique de la prose*).

Modalisation (Ling.) Emploi des éléments par lesquels un locuteur* traduit sa plus ou moins grande adhésion à son énoncé : verbes appelés *modaux* (pouvoir, devoir, vouloir,...), adverbes (peut-être, sans doute, bien sûr,...), temps (futur, conditionnel,...).

Mode En philos., manière d'être : d'où, en musique, la manière d'être d'un ton et, par analogie, dans le langage critique, le ton dominant d'une œuvre d'art, souvent défini par le genre auquel sa forme la rattache. Ex. un poème sur le *mode lyrique, épique, didactique*, etc.

Moderne (lat., «récent») **1** Les écrivains qui n'appartiennent pas à l'Ant., ou leurs partisans : ANTON. *Anciens**.
2 (ANTON., *médiéval* et *contemporain*) *Histoire moderne* : la période qui va de la prise de Constantinople (1453) à la Révolution française (1789).
3 Qui caractérise une forme de pensée encore actuelle et la tradition à laquelle elle se rattache : Ex. la philosophie moderne, celle qu'ont fondée BACON et DESCARTES.

Modernité Concept recouvrant la volonté d'être «moderne», c.-à-d. résolument de son temps, et toute manifestation de cette volonté. B.-H. LÉVY : «*La* modernité, *c'est tout ce qui nous déprend des forces archaïques.*»

Mœurs **1** Façon de parler et d'agir d'un personnage, qui a sa source : «*dans l'âge, dans les passions**, *dans la fortune présente, dans la condition de vie, dans la nation et dans le sexe*» (LA MESNARDIÈRE, 1639).
2 Usages d'un pays, d'une classe d'hommes. BOILEAU : «*Des siècles, des pays étudiez les* mœurs.» En ce sens, le roman, la comédie *de mœurs* peignent les usages d'une époque (cf. *Caractère**).
3 Bienséance morale : *les bonnes mœurs*.
4 (Rhét.) Partie de l'art oratoire qui enseigne à gagner la confiance des auditeurs : *a*) par les qualités morales de l'orateur; *b*) par la connaissance des sentiments de ceux à qui est destiné le discours (cf. *Pathos**).

Molinisme Doctrine du jésuite espagnol MOLINA (*Accord du libre arbitre avec les dons de la grâce*, 1588) : elle accorde une part importante au libre arbitre* de l'homme dont la volonté peut contrarier la grâce*, lui donner sa valeur efficace ou la perdre. Théorie admise par le pape en 1607.

Moment Pour TAINE, l'ensemble du développement intellectuel et social accompli à une certaine époque en tant qu'il commande le développement futur. Avec la race et le milieu*, une des influences qui déterminent le génie : Ex. le *moment* de La Fontaine est défini par l'étude des idées philosophiques, littéraires, politiques, sociales, etc., de son temps, et de cette étude, le critique dégage les influences qui devaient orienter le génie de l'écrivain dans tel ou tel sens.

Monème/ Morphème (Ling.) Unité significative minimale, ayant à la fois une forme (*signifiant**) et un sens (*signifié**) : Ex. le *monème* (ou *morphème*) «canards», qui se divise en *lexème** «canard-» et *grammatème** «-s».

Monographie Étude sur un point spécial d'histoire, de science, de critique ou sur un auteur particulier.

Monologue 1 (Théâtre) Scène où un acteur est seul et parle pour lui-même tout haut, pour être entendu du spectateur : le *monologue* d'Auguste dans *Cinna*.
2 (Théâtre, XIXe s.) Petit discours fantaisiste que tient un seul personnage sur une scène, ou même petite scène où un seul acteur joue ou imite plusieurs personnages : les *Monologues* de Charles CROS.
3 Discours d'un homme qui parle seul. Le *monologue* a lieu tout haut, suppose des auditeurs muets parce qu'on ne les laisse pas parler ou qu'ils ne répondent pas. Le **soliloque** est intérieur, muet, fait de réflexions à part soi et pour soi.
4 *Monologue intérieur* : *a*) se dit parfois pour *soliloque* (on dit même simplement *monologue*) lorsque celui-ci est une longue suite de pensées, méditations ou rêveries organisées comme une sorte de *monologue* de théâtre; *b*) (néol.) dans le roman, emploi du «je», mis par le romancier dans la bouche d'un personnage qui exprime intérieurement, pour lui-même, à la première personne, une série d'états de conscience qu'il éprouve (et les révèle ainsi au lecteur, alors que dans la description psychologique classique, c'était le romancier qui semblait les rapporter en disant du personnage «il») : les *monologues intérieurs* de J. JOYCE.

Montage Terme du vocabulaire cinématographique désignant l'assemblage des plans* et des séquences à partir du matériau brut filmé; par ext., pour une bande* dessinée, on appelle *montage* la disposition des vignettes* dans une page.

Moral 1 Qui regarde l'esprit* (4); ANTON. *physique, matériel* : EX. un portrait *moral*.
2 Spéc., de l'ordre du sentiment; ANTON. *logique*, intellectuel** : EX. une certitude *morale*.
3 Qui concerne l'étude philosophique du bien et du mal : EX. une théorie *morale*.
4 Conforme à la morale; ANTON. *immoral. Conte moral* : conte destiné à faire ressortir une leçon *morale* : EX. les *Contes moraux* de MARMONTEL.

Morale 1 La théorie raisonnée du bien et du mal; SYN. *éthique**. DESCARTES : «*Je me formai une* morale *par provision, qui ne contenait que trois ou quatre maximes*.*» On dit, en ce sens, la *morale* d'un écrivain, d'une œuvre, pour désigner les règles de vie qu'ils nous proposent.
2 Le sentiment intuitif*, l'évidence intérieure et inconditionnelle du bien et du mal. PASCAL : «*La vraie* morale *se moque de la morale* (au sens 1).»
3 (sens récent, fin du XIXe s.) L'ensemble des mœurs d'une époque ou d'un groupe. DURKHEIM : «*Chaque peuple a sa* morale *qui est déterminée par les conditions dans lesquelles il vit.*»

Moraliste 1 Écrivain qui peint les mœurs* (1 et 2).
2 Philosophe qui propose une morale* (2).

Moralité 1 (M.A., XVe-XVIe s.) Courte pièce de théâtre dont l'intrigue avait pour but de mettre en lumière une idée morale. Les personnages étaient souvent des allégories* : EX. *La Condamnation du Banquet* attaque la gourmandise.
2 Conclusion morale* que suggère une œuvre : EX. la *moralité* du conte.

Morphologie Partie de la *grammaire** qui étudie les variations du *signifiant**, c.-à-d. le système des *morphèmes** (déclinaisons, conjugaisons, marques de genre et nombre,...).

Mot-clef 1 Se dit d'un mot qui représente une part essentielle de l'information contenue dans le texte et qu'il faudra garder dans un résumé; EX. dans la phrase : «*Une génération a vu s'évanouir le concept de patrimoine et de capital fixe*», les *mots-clefs* sont «génération», «s'évanouir», «patrimoine» et «capital».
2 En litt., on appelle *mot-clef* un mot ou une expression qui revient très fréquemment sous la plume d'un écrivain et auquel il confère une signification originale : EX. le mot *gloire* chez CORNEILLE.

Mot-outil Se dit d'un mot qui n'a pas de signification en lui-même, qui n'a pas de contenu lexical, mais un contenu fonctionnel, syntaxique qui sert à exprimer un rapport grammatical : Ex. *la conjonction* que, *les prépositions* par, pour, *etc.*

Mot-valise Mot formé par amalgame de deux mots présentant une certaine homophonie* et doté d'un sens inventé par son créateur. ARAGON : «*Mais les mouches dont je parlais et que je comparais à des mules, les* moules *en un mot* [...]; cf. A. FINKIELKRAUT, *Le Petit Fictionnaire illustré*.

Motif 1 (Psych.) Ce qui pousse à vouloir ou à croire. *Motif* désigne plutôt un état mental où prédominent les éléments intellectuels. **Mobile**, une tendance impulsive et affective : les *motifs* d'un choix, les *mobiles* d'un crime. **Motivation**, ensemble des *motifs* (ou des *mobiles*) expliquant une conduite et rapport de celle-ci avec ceux-là.
2 (Droit) Exposé des raisons qui déterminent à rendre un jugement ou à proposer une loi.
3 Terme d'esthétique : *a*) en peinture, le sujet d'un tableau, la chose réelle qu'il reproduit; *peindre sur le motif*, devant un modèle; *b*) en architecture et en ornementation, ornement isolé ou répété pour décorer; Ex. le mascaron est un *motif*; *motif* d'une porcelaine, d'un papier peint; *c*) en musique, phrase, dessin musical, repris plusieurs fois dans un morceau et mêlé à d'autres *motifs*. SYN. *thème**, *leitmotiv**. *Motif* n'est donc pas proprement un terme d'esthétique littéraire et on ne l'emploira que métaphoriquement (notamment aux sens *b* et *c*).

Moyen Âge Période historique comprise entre l'Ant. (chute de l'Empire romain en 476) et les temps modernes (prise de Constantinople par les Turcs en 1453).

Moyen français La langue parlée et écrite en France, du début de la guerre de Cent Ans (deuxième quart du XIVᵉ s.) à la fin des guerres de Religion (fin du XVIᵉ s.). C'est une langue de transition entre l'ancien français dont les structures se désagrègent peu à peu, et le français moderne dont certaines structures s'ébauchent avant que le système soit établi et fixé au XVIIᵉ s.

Muse 1 (Ant.) Chacune des neuf déesses de la mythologie qui présidaient aux arts avec Apollon : Clio (histoire), Euterpe (musique), Thalie (comédie), Melpomène (tragédie), Terpsichore (danse), Érato (élégie), Polymnie (poésie lyrique), Uranie (astronomie), Calliope (éloquence).
2 Par ext., désigne l'inspiratrice du poète : cf. *le dialogue de Musset*

avec sa Muse dans les «*Nuits*»; par suite désigne la poésie ou l'inspiration poétiquè : Ex. invoquer les *Muses*.

Mystère (lat. *ministerium*, «action, représentation») Au M.A. (XVe s.), pièce de théâtre qui met en scène, sous forme de tableaux*, à l'origine la Nativité et la Résurrection, puis la Passion et enfin toutes sortes de scènes tirées des deux Testaments et des vies des saints. L'action durait plusieurs journées, sur une scène à décors juxtaposés, appelés *mansions**, avec de nombreux personnages, un mélange de comique et de tragique, un réalisme pathétique allié à la ferveur mystique*. Les *mystères* furent interdits à Paris à partir de 1548.

Mysticisme 1 Croyance en la possibilité d'une union intime et directe de l'esprit humain avec Dieu, union qui nous fait connaître Dieu intuitivement* : c'est cette union qu'on appelle *extase* (en grec, le fait d'*être hors de soi*).
2 La façon de vivre qui résulte de cette connaissance : Ex. le *mysticisme* de sainte Thérèse d'Avila; le *mysticisme* des quiétistes* les poussait à n'attacher aucune importance aux œuvres.
3 Toute attitude qui, en matière de croyance ou de doctrine, repose sur l'intuition* ou le sentiment* plutôt que sur la raison* : le *mysticisme scientifique* consiste à croire de toute sa foi que la science découvrira toutes les vérités et assurera le bonheur de l'humanité.
4 (Péj.) Foi aveugle.

Mystique (lat. *mysticus*, «qui suppose une initiation») **1** (Adj.) Qui a une signification cachée, allégorique. PASCAL : «*Car il y a deux sens parfaits, le littéral et le* mystique»; c'est le sens baudelairien du mot : qui est un symbole*, qui suppose une correspondance* avec une réalité cachée derrière les apparences : les prunelles «*mystiques*» des chats.
2 (N. fém.) Science et ensemble de pratiques du mysticisme*.
3 *Une mystique* : souvent péj., système d'affirmations se rapportant à un objet que l'on met au-dessus de toute discussion et à la vertu duquel on croit avec ferveur. PÉGUY : «*La* mystique *dreyfusiste.*» SYN. *foi, dogme, credo, évangile*.

Mythe 1 «*Histoire, fable symbolique, simple et frappante, résumant un nombre infini de situations analogues*» (D. DE ROUGEMONT); un tel récit est destiné à expliquer les énigmes du monde ou de la civilisation; il procède par raisonnement analogique* et n'est pas réductible à la pensée discursive. Ex. le *mythe* de Phèdre.
2 *Expression d'une idée philosophique sous la forme d'un récit poétique :*

Ex. le mythe de la caverne (PLATON).
3 Idée simpliste, amplifiée, voire déformée que se fait l'imagination populaire d'un personnage (Ex. le *mythe* de Napoléon, de Che Guevara), d'un fait historique ou d'un phénomène social (Ex. le *mythe* de la technique au XXe s.); cette fascination conditionne parfois le comportement des gens.
4 Par interprétation des sens précédents, chez un individu, thème* récurrent*, voire obsédant, qui traduit une croyance profonde, mais idéalisée, dans le psychisme de qqun; de là, en litt., le *mythe personnel*, défini par Ch. MAURON comme l'« *expression de la personnalité inconsciente et de son évolution* », est une figure obsédante dans la création d'un auteur. Cf. *Psychocritique**. **5** Pure construction de l'esprit, ne reposant sur rien de réel; richesse qui n'est qu'un *mythe*; cf. *Utopie**.

Mythocritique Théorie de critique littéraire de G. DURAND (*Les Structures anthropologiques de l'imaginaire*, 1960) : le *mythe** « *passe de loin, et de beaucoup, la personne, ses comportements et ses idéologies* »; il a une « toute-puissance » qui fait que la litt. est un département du mythe avec pour postulat qu'une « image obsédante » doit s'ancrer dans un fond anthropologique plus profond que l'aventure individuelle pour organiser l'ensemble de l'œuvre d'un auteur. Cette envergure donnée au *mythe* rend aberrante la conception de Ch. MAURON (cf. *Psychocritique**).

Mythologie **1** Histoire fabuleuse des dieux, demi-dieux, héros de l'Ant. païenne et de peuples divers.
2 Science qui étudie l'origine, la signification et le développement des mythes* (1).
3 D'après le sens (3) de *mythe**, R. BARTHES (*Mythologies*, 1957) a dénoncé ce qu'il appelait la « *doxa mythologique* », c.-à-d. « *l'opinion publique, l'esprit majoritaire, le consensus petit-bourgeois* » qui veut déguiser le réel : le *mythologue* doit se montrer « sarcastique » envers ces fausses apparences, ces « *mythologies* ».

N

Naïf (lat. *nativus*, « apporté en naissant », d'où « conforme à la nature »)
1 (XVI-XVIIIe s.) Qui représente la vérité sans effort et sans artifice; naturel* (2). BOILEAU : « [Marot] *distingua le* naïf *du plat et du bouffon**. » Le sens péj., « crédule, inexpérimenté », existe dès la fin du XVIIe s., il a fini par devenir le sens le plus fréquent.
2 (XVIIe s.) *Style naïf* : style d'un naturel vieillot et badin dont le meilleur exemple est le style de MAROT. Genre cultivé par LA FONTAINE qui cherche le *naïf* dans l'archaïsme et les vers irréguliers (Préface des *Contes*).

Narrateur Celui qui rapporte l'ensemble des événements. Le narrateur ne se confond ni avec l'*auteur**, personne réelle qui a une fonction sociale et extralinguistique, ni avec les *personnages**, « englués » dans le présent du récit.
1 *Selon le point* de vue*, on distingue trois types de relations entre le *narrateur* et le personnage : *a*) le *narrateur* en sait plus que son personnage et organise l'intrigue à son gré : c'est la *vision par-derrière* (J. POUILLON, *Temps et Roman*), propre au récit classique; *b*) il en sait (ou en dit) moins que son personnage; texte *objectif**, en *vision du dehors*; *c*) il en sait autant que son personnage; c'est la *vision avec*.
2 *Selon* G. GENETTE (cf. *Focalisation**), le *narrateur* se situe non seulement face à son personnage, mais aussi face à l'histoire qu'il rapporte (*diégèse**), d'où quatre types de *narrateurs* : *a*) *le narrateur extradiégétique*, qui raconte une histoire au premier degré : Ex. *le narrateur de* Candide; *b*) *le narrateur intradiégétique*, qui rapporte une histoire incluse dans une autre : Ex. *dans « Histoire de la vieille » et « Suite des malheurs de la vieille »*, chapitres XI et XII de *Candide*; *c*) *le narrateur homodiégétique*, qui conte une histoire dont il est lui-même le héros : Ex. *la vieille*, dans ces chapitres; *d*) *le narrateur hétérodiégétique*, totalement étranger aux aventures qu'il rapporte : Ex. *le narrateur de* Candide. Il convient aussi de tenir compte de l'interlocuteur* du *narrateur*.

Narratif Appartient au genre *narratif* tout texte qui raconte une histoire, un récit.

Narration 1 Récit littéraire écrit : *a*) en histoire, en poésie, dans le roman, etc.; *b*) spéc. dans le genre oratoire pour raconter les faits, après l'exposé du sujet (*proposition*) et avant celui des preuves (*confirmation*); *c*) au théâtre, pour raconter un événement qui vient de se passer sans avoir été représenté sur la scène. La *narration* est le fait de l'auteur, on appelle **récit** ce que dit le personnage qui la récite : dans *Phèdre*, le *récit de Théramène* est une *narration* de RACINE.**2** Exercice scolaire plus compliqué que la *rédaction*, qui consiste surtout à raconter une petite histoire sur un thème donné, d'une façon vivante et pittoresque.

Narratologie (Néol.) Terme inventé par G. GENETTE pour désigner l'étude spécifique de la narration, du récit.

Naturalisme A| (Philos.) **1** Doctrine qui enseigne que la nature* (1 et 2) existe par elle-même, sans avoir eu besoin d'un créateur; c'est, par exemple, la doctrine d'ÉPICURE, de LUCRÈCE, etc.; SYN. *matérialisme**, *panthéisme**. ANTON. *déisme**.
2 (Morale) Doctrine suivant laquelle la sagesse consiste, pour l'homme, à suivre les instincts que la nature* (2 et 6) a mis en lui : EX. *le naturalisme de* RABELAIS. En ce sens, le *naturalisme* s'oppose aux religions dans la mesure où leurs préceptes briment les instincts de l'homme et spéc. au christianisme dans sa croyance au péché originel. Mais il ne conduit pas forcément à l'athéisme* : pour RABELAIS la nature est bonne parce que Dieu l'a créée.
B| (Esth.) **3** Toute doctrine littéraire qui pense que l'art doit reproduire la nature* (10), sans rien de faux ni d'artificiel (emploi à éviter, car il y a des façons fort différentes de comprendre cette imitation).
4 (XIXe s.) Par spécialisation progressive du sens 3, le mot devient d'abord synonyme de réalisme* (2), puis, sous l'influence de l'emploi de *naturaliste* au sens de *celui qui s'occupe des sciences de la nature** (3), il finit par qualifier une école littéraire qui cherche à introduire dans l'art la méthode des sciences expérimentales* appliquée à la biologie par Claude BERNARD (*Introduction à l'étude de la médecine expérimentale*, 1855). É. ZOLA propose pour le roman la méthode suivante : partir d'un fait social ou individuel qui suggère une observation, inventer, à son propos, une situation qui constitue l'hypothèse, la développer jusqu'au dénouement, ce qui correspond à l'expérience* (*Le Roman expérimental*, 1880).
5 (Au sens péj.) Parti pris fréquent chez les écrivains naturalistes de reproduire, par l'art, ce qu'il y a dans la réalité de plus matériel et de plus grossier; réalisme* (4) exagéré : EX. le *naturalisme* du poème de BAUDELAIRE, *Une charogne*.

Nature Mot très équivoque, à préciser, si possible par un syn. **A|** (Philos.) **1** L'ensemble des choses et des êtres qui existent; SYN. *univers*

et, si l'on admet un Dieu créateur, *création*. PASCAL : «*L'homme n'est qu'un roseau, le plus faible de la* nature.»
2 La force (souvent personnifiée) qui anime cet univers suivant un certain ordre. MONTAIGNE : «Nature *est un doux guide.*»
3 La partie de l'univers qui obéit à des lois déterminées et ne pense pas, par opposition à l'homme qui est conscient et jouit du libre arbitre* : ANTON. *humanité**. VIGNY : «*Ne me laisse jamais seul avec la* Nature.» *Les sciences de la nature* : celles qui étudient la partie de l'univers soumise au déterminisme*.
4 Les propriétés qui définissent une chose ou un être particuliers : SYN. *essence**. MONTESQUIEU : «*La* nature *d'un gouvernement, c'est ce qui le fait être tel.*»
5 Plus particulièrement, les qualités qui correspondent à l'essence* de l'homme : *a*) tel que Dieu l'avait voulu avant le péché originel (*état de pure nature*); d'après PASCAL, la «*vraie*» *nature* de l'homme, la raison*. PASCAL : «*La vraie* nature [de l'homme] *étant perdue, tout devient sa* nature»; *b*) de l'homme tel qu'il est, après le péché originel; d'après PASCAL, la *nature corrompue*. PASCAL : «*La* nature *de l'homme est tout* nature (3), *omne animal.*»
6 Ce qui, dans l'homme, est la manifestation la plus authentique de la force et de l'ordre qui animent l'univers, la nature* (2); SYN. *instinct*; par opposition à ce qui vient de l'éducation, de la coutume, de la religion, et aussi de la raison quand celle-ci s'écarte de l'expérience*. MONTAIGNE : «*Les lois de la conscience*, que nous disons naître de* nature, *naissent de la coutume.*» *État de nature* : l'état théorique de l'homme avant toute civilisation. ROUSSEAU : «*L'inégalité étant presque nulle à l'*état de nature, *tire sa force et son accroissement du développement de nos facultés et des progrès de l'esprit humain.*»
7 Ce qu'il y a de spontané, d'inné, chez un individu : SYN. *naturel, tempérament*.
B| (Esth.) **8** Par développement du sens 3, les choses telles qu'elles sont dans l'ordre de l'univers, par opposition à ce qu'y ajoute l'homme, notamment par l'art*. DU BELLAY : «*Ce procès tant mené et qui encore dure*| *Lequel des deux vaut mieux, ou l'art ou la* nature.»
9 Par spécialisation du sens 3, la partie de l'univers autre que l'homme, dans la mesure où elle apparaît sous une forme capable de toucher son sentiment esthétique ou sa sensibilité, de lui donner le *sentiment* de la nature*. CHATEAUBRIAND : «*La mythologie si vantée, loin d'embellir la* nature, *en détruit les véritables charmes.*»
10 Le modèle tel que doit le reproduire l'art. Par dérivation du sens 6, la *nature*, c'est ce qui est authentique, qui existe réellement, par opposition aux inventions humaines, qui ne correspondent pas à l'ordre des

choses. Pour les classiques, c'est la raison* (4) (ou le bon sens) qui permet à l'artiste de saisir le réel : SYN. *le vrai** (3). MONTAIGNE : «*Je* naturaliserais *l'art, comme ils* artialisent *la nature.*» BOILEAU : «*Mais la* nature *est vraie et d'abord on la sent.*» Ne pas confondre avec le sens 8, car ici *nature* ne s'oppose pas à *art**, mais à *artifice**; on peut supposer soit que l'art reproduit la nature telle qu'elle est, soit, et c'est là l'idée des classiques, qu'il peut apporter au modèle un embellissement, une idéalisation*, en dégager le sens profond, plus vrai que son apparence extérieure.

Naturel Dans tous les sens du mot *nature** et spéc. en esthétique :
1 cf. *Nature** (8), avec tout ce que ce sens comporte d'illogique pour la raison et parfois de compliqué et d'imprécis : ANTON. *artistique, élaboré, savant.* DU BELLAY : «*car il suffit que tu sois guidé| Par le seul* naturel *sans art et sans doctrine.*»
2 Au sens de *nature** (10), ce qui donne une impression de vérité, de simplicité, d'aisance, impression due souvent à une élaboration artistique : ANTON. *faux, artificiel, compliqué.* P. BOUHOURS : «*Le troisième dialogue traitera des pensées hyperboliques, affectées, raffinées, et finira par les pensées simples,* naturelles *et naïves, en faisant voir que la pensée n'est point parfaite, si le caractère noble, agréable et délicat ne se joint au caractère simple,* naturel *et naïf.*»

Naturisme Ne pas confondre avec *naturalisme**, et réserver le mot pour désigner : **1** (Philos.) les religions primitives qui adorent les forces de la nature, et les théories qui insistent sur les traces d'un tel culte dans l'origine des religions;
2 (Hygiène) une conception thérapeutique fondée sur les médications naturelles (bain, chaleur, lumière, etc.) et une façon de vivre aussi proche que possible de la nature (aliments naturels, nudisme, etc.) Le *naturisme* ne se confond pas non plus avec l'*écologisme**, théorie de ceux qui visent à préserver le milieu naturel.

Nécessaire Terme de la critique classique qui vient d'ARISTOTE; souvent joint à vraisemblable. **1** Ce qui doit arriver suivant les lois naturelles, le vraisemblable étant ce qui doit arriver suivant les circonstances : Ex. la malédiction de Thésée, dans *Phèdre*, rend la mort d'Hippolyte *vraisemblable*, mais la violence de son accident la rend *nécessaire*.
2 Pour CORNEILLE, «*le besoin du poète pour arriver à son but et y faire arriver ses acteurs*» : Ex. l'erreur du vieil Horace croyant que son fils a trahi est *nécessaire*, quoique peu vraisemblable, pour faire éclater le patriotisme du personnage.

Négritude (néol.) Ensemble des caractères de l'homme noir; sa condition, la conscience qu'il en prend et qu'il exprime par l'art, la litt. Ce concept a été particulièrement illustré par Léopold Sédar SENGHOR et Aimé CÉSAIRE, qui en est l'inventeur : «*C'est la simple reconnaissance du fait d'être noir, et la simple reconnaissance de ce fait, de notre destin de noir, de notre histoire et de notre culture.*»

Néoclassicisme Devant un nom d'école littéraire ou philosophique, *post* indique la suite, sans interruption dans le temps (cf. *Postclassique**), *néo*, une reprise, souvent bien après, avec désir de renouvellement et d'adaptation au temps actuel. Le *néoclassicisme*, vers 1900, était un mouvement littéraire qui, dérivant de l'*école romane* de MORÉAS, voulait reprendre et renouveler certaines formes classiques, spéc. en poésie par opposition au *symbolisme** (1) et aux *décadents** (1).

Néologie, Néologisme (XVIIIe s.) *Néologie* a d'abord désigné l'emploi de mots nouveaux dans une langue, *néologisme*, l'habitude, l'affectation de mots nouveaux. De nos jours, *néologisme* se dit seul de l'action et de ce qui en résulte (ANTON. *archaïsme**). Un *néologisme* est : **1** un mot nouveau qu'on a introduit dans une langue : *a*) en l'empruntant à une autre langue (EX. *speaker*); *b*) en le créant par un des procédés propres à la langue (dérivation, déformation,...); EX. *téléviseur, logiciel*;
2 une acception nouvelle ajoutée à un sens ancien : EX. une *antenne* de radio. On dit parfois, dans ce cas, *néologisme de sens*.

Néoréalisme 1 En vertu du sens de *néo* (cf. *Néoclassicisme**), *néoréalisme* s'est dit : **1** entre les deux guerres mondiales, des œuvres littéraires qui voulaient adapter à leur temps certaines formes ou méthodes héritées du *réalisme** (3);
2 après la Seconde Guerre mondiale, du cinéma italien réaliste et social et des films qui, dans d'autres pays, rappellent cette forme d'art.

New-criticism Mouvement, né entre 1930 et 1940 en Angleterre et aux États-Unis, qui prône une critique formelle inspirée des formalistes russes : cf. *Formalisme**.

Nihilisme, Nihiliste 1 (Philos., vers 1810) Négation de toute croyance, en vertu de l'idée qu'il n'existe rien d'absolu. ROYER-COLLARD : «*Le* nihilisme *qui caractérise la philosophie de ces derniers temps est né de la satiété.*»
2 En Russie, après la mise à la mode par I. S. TOURGUENIEV (*Pères et fils*, 1862) du mot *nihiliste* qu'il définissait ainsi : «*quelqu'un qui ne s'incline devant aucune autorité, n'admet aucun principe comme article de foi,*

de quelque respect que soit entouré ce principe», *nihilisme* s'applique à la jeunesse libérale contestataire, puis spéc. à sa partie extrémiste qui veut tout détruire de l'état existant et pratique le terrorisme.
3 De nos jours, spéc. chez A. CAMUS (*L'Homme révolté*, 1951), au sens 1, mais avec des connotations historiques issues du sens 2, la négation de toutes les valeurs (que postule au contraire la *révolte**), poussée à l'extrême et érigée en système.

Niveau (de langue) Registre d'expressions que l'on emploie en fonction du discours et de l'effet qu'on cherche à produire. On distingue habituellement le *niveau familier**, le *niveau courant* (langue grammaticalement correcte, sans vocabulaire particulier, SYN. *standard*), le *niveau soutenu*, aux tournures et vocabulaire recherchés (SYN. *élevé**) : EX. on dira un *canasson* ou un *bourrin* en langage *familier*, un *cheval* en langage *courant*, un *destrier* en langage *soutenu*. Vu que l'on a souvent, mais à tort, interprété le terme « niveau » comme établissant une hiérarchie entre ces styles, il est fréquent de lui préférer, de nos jours, le terme « registre », qui répond à la même définition.

Nô Drame lyrique japonais, d'origine liturgique (XIVe s.) sur un sujet traditionnel, légendaire ou religieux, avec des acteurs masqués, habillés à l'ancienne, et un rôle important donné à la mimique, à la danse et au chœur.

Noble (*style*) **1** (Classicisme) cf. *Noblesse**.
2 Cf. (style) *Élevé**.

Noblesse Qualité du style classique, parfois simplement par opposition à *bassesse* (c.-à-d. vulgarité, grossièreté); BOILEAU : «*Quoi que vous écriviez, évitez la bassesse;*| *Le style le moins* noble *a pourtant sa* noblesse»; parfois pour signifier un éclat particulier.

Nœud Péripétie* ou suite de péripéties qui, dans une pièce de théâtre, un roman, amènent l'action à son point culminant, si bien que la situation ne pourra être éclaircie que par la catastrophe* finale, ou par l'accomplissement d'actions nécessaires qui constitueront le dénouement. Spéc., dans le *schéma* narratif* du récit, on distingue cinq *nœuds* : *a*) *la situation initiale* : EX. le bonheur d'une princesse; *b*) *la rupture* due à la *force perturbatrice* : EX. la jalousie d'une fée; *c*) *le déséquilibre* : EX. le maléfice; *d*) *l'action réparatrice* d'une force inverse : EX. le Prince Charmant; *e*) *le rétablissement de l'équilibre* : EX. le mariage du prince et de la princesse.

Nomenclature Ensemble, liste de termes (et méthode pour les classer) : **1** répertoriés dans un dictionnaire (et par ext. relevés dans une langue : SYN. *lexique**);
2 strictement définis pour être employés dans une technique ou une science : EX. *la nomenclature de la botanique*. **Terminologie** désigne, en ce sens, des termes employés, en fait, sans l'idée d'adhésion universelle et de systématisation qu'implique *nomenclature* : la *terminologie* grammaticale n'est pas encore une *nomenclature*. **Vocabulaire**, plus vague, suppose un choix de termes habituels plutôt que spéciaux, révélateurs d'une forme d'esprit ou caractéristiques comme faits de langue et de style : *le vocabulaire de l'humour*.

Normalisation cf. *Rationalisation**.

Norme (Philos.) Chose concrète ou formule abstraite qui, en tant qu'idéal, modèle, but, règle, détermine ce qui doit être, d'où spéc. **1** ce qui est habituel, conforme à la majorité des cas, et sur quoi, de ce fait, on se règle : pour VAUGELAS, la *norme grammaticale*, c'était l'usage; spéc. en ling., ce mot désigne tout ce qui est d'usage courant dans une communauté linguistique;
2 technique (souvent au plu.), règle fixant les conditions d'exécution d'un objet, d'élaboration d'un produit, de la façon la plus rationnelle : EX. *les normes de l'AFNOR*.

Notation Action de noter et son résultat, d'où spéc. : **1** le fait de représenter par symboles, signes convenus, et l'ensemble de ceux-ci : *notation algébrique, phonétique*.
2 En litt., ce qui est noté brièvement et rapidement, remarque, impression, description saisie sur le vif, à l'instant : les *notations* de Jules RENARD dans son *Journal*.
3 En peinture, action et façon de rendre le réel et les impressions qu'il procure : *notations colorées d'un tableau*; *la notation des impressionnistes*. En ce sens, par analogie, en litt., le mot a rapport à la façon personnelle et originale d'observer et de rendre certains aspects de la réalité : EX. les *notations* de M. PROUST décrivant une plage normande.

Nouveau Comme *néo* (cf. *Néoclassicisme**), cet adj. s'emploie, de nos jours, pour qualifier un genre, une idéologie, etc., déjà connus, mais que l'on transforme ou que l'on fait évoluer : EX. les *nouveaux philosophes, la nouvelle droite*.

Nouveau roman Mouvement littéraire, né en 1953 avec A. ROBBE-GRILLET (*Les Gommes*) et N. SARRAUTE (*Martereau*), qui propose des modifications profondes par rapport au *roman** traditionnel :

le romancier doit s'effacer du récit; le *personnage** est considéré comme une *personne* dans toute sa complexité; l'*ordre* chronologique* n'est pas forcément respecté; le lecteur doit participer, et l'auteur ne prétend pas faire passer de message. Les théoriciens du *nouveau roman* reconnaissent comme précurseur J. JOYCE (*Ulysse*).

Nouvelle critique Mouvement de critique apparenté à la psychanalyse qui eut la vedette dans les années 1950-1960 : sans trop se soucier de rigueur scientifique, il a emprunté aux théories freudiennes un vocabulaire et un champ d'exploration. La nouvelle critique découvre la place prépondérante de certains thèmes*, la présence de structures qui signifient une manière d'être de l'auteur qu'il s'agit de faire revivre. Cette tendance a été illustrée par G. BACHELARD, qui en est le précurseur, M. RAYMOND (*De Baudelaire au surréalisme*), A. BÉGUIN puis par G. POULET, J.-P. RICHARD, J. ROUSSET, J. STAROBINSKI, etc. Cf. *Critique thématique**.

Nouvelle Genre littéraire à distinguer du conte* et du roman* : récit centré en général autour d'un *seul* événement dont il étudie les répercussions psychologiques; personnages peu nombreux, qui, à la différence du conte, ne sont pas des symboles ou des être irréels, mais possèdent une *réalité psychologique* : cependant, à la différence du roman, leur psychologie n'est pas étudiée tout entière, mais simplement *sous un aspect fragmentaire*. La *nouvelle* cherche à produire une impression de *vie réelle*. Anciennement, *conte* et *nouvelle* ont été souvent confondus : les classiques appellent *nouvelle* un court récit historique, alors que pour eux le *roman* est un long récit inventé. Le genre a pris sa forme définitive au XIXe s. avec MÉRIMÉE et MAUPASSANT; il a été illustré au XXe s. notamment par M. AYMÉ, P. MORAND et J. PERRET.

O

Objectif Qui vient de l'objet, qui a rapport à l'objet. **1** (Au sens cartésien) Tout ce qui n'existe pas en soi, mais qui peut constituer une représentation de l'esprit, un objet de la connaissance. DESCARTES : «*Cette façon d'être par laquelle une chose est* objectivement *ou par représentation, dans l'entendement*, par son idée**.» En ce sens, ce qui pour moi est *objectif* n'est pas ce qui existe comme objet, au sens moderne (EX. une chaise), mais l'idée que j'en ai, par exemple par une sensation (la représentation de la chaise dans mon esprit).
2 (Depuis KANT, opposé à *subjectif** au sens de créé par le sujet, l'esprit et par ext. individuel) Ce qui vient à l'esprit du dehors, existe en dehors de lui et donc est valable pour tous les esprits et non pas seulement pour un individu : EX. une loi scientifique est *objective*. En conséquence un *esprit objectif* est celui qui se représente les choses sans les déformer par une interprétation individuelle; *un style objectif* décrit les choses comme tous les hommes s'accordent à les voir; l'*objectivité* est la qualité d'esprit de celui qui ne fait pas intervenir d'éléments affectifs ou personnels dans ses jugements ou comptes rendus.
3 (Par ext. du sens 2) Qui existe en soi, réellement, même indépendamment de toute connaissance ou idée (ce qui est exactement le contraire du sens cartésien 1). SYN. *positif**, *réel*.

Objet Ce qui est devant nous. **1** Ce qui est pensé ou représenté, par opposition au sujet* qui se le représente; d'où, la matière* (1) traitée par opposition à l'esprit qui lui donne, par l'art*, une forme*. D'ALEMBERT : «*La durée d'un ouvrage* [...] *est nécessairement liée à son* objet.»
2 Ce qui occupe l'esprit : *a*) une image. BOILEAU : «*Et présentant de loin leur* objet *ennuyeux*»; *b*) la cause d'un sentiment comme l'amour : (XVIIe s.) la femme aimée; *c*) un but. PASCAL : «*Sachez que leur* objet *n'est pas de corrompre les mœurs.*»
3 Par application du sens 2 à l'analyse du récit*, l'*objet de la quête** est ce que le héros* cherche à obtenir par son action : EX. la femme aimée, un trésor, le pouvoir, la liberté, la justice. Cet *objet* est détenu par le *détenteur**.
4 Ce qui possède une existence en soi, indépendante de l'idée qu'on en

peut avoir. DESCARTES : «*J'ai souvent remarqué qu'il y avait une grande différence entre l'*objet *et son idée.*»

Obscurantisme (XIXe s., mot forgé en Allemagne par opposition à *Aufklärung*, «lumières») État d'esprit opposé à la philosophie des lumières*.

Observation La première phase de la méthode expérimentale* qui consiste à remarquer des faits *non provoqués, sans hypothèse préconçue*.

Oc cf. *Langue** (6).

Occultisme Attitude et activité de ceux qui prétendent découvrir les causes et les liaisons des choses et des événements qui demeurent cachées à la science rationnelle. L'*occultisme* comporte l'idée de traditions mystérieusement transmises à un petit nombre d'initiés et qui permettent une explication et une synthèse de l'Univers, souvent en fonction d'une mystique : Ex. l'alchimie, la magie, la divination sont des formes d'*occultisme*; cf. *Théosophie**, *Cabale**.

Occurrence (Ling.) Apparition d'un élément ling. (lettre*, phonème*, monème*, etc.) dans un corpus* donné : Ex. dans la phrase : «P*apa est* p*arti* p*our* P*aris*», le phonème* [p] a cinq *occurrences*.

Octosyllabe Vers de huit syllabes, le plus ancien des vers français (apparu au Xe s.); il se prononce en général d'un seul élan.

Ode (grec *ôdé*, «chant») **1** (Ant.) Tout poème destiné à être mis en musique, mais le mot s'est spécialisé pour désigner une forme de poésie lyrique* caractérisée par ses thèmes, sa construction en strophes* et la prédominance de certains rythmes*. *Ode héroïque* ou *pindarique* : louange des dieux et des héros. *Ode légère* : amour, plaisirs de la vie, philos., petites strophes de rythmes divers gardant toutes la même construction (Ex. les *Odes* d'HORACE).
2 (XVIe s., Pléiade) *a*) *Ode héroïque* (RONSARD) : louange des grands, «discours fatal des choses mondaines»; Ex. *Ode à Michel de l'Hospital*; *b*) *Ode moyenne* : mythologie, morale, amour de la vie, désir de gloire, nature, sur le modèle d'HORACE, en strophes* très variées; Ex. *À la fontaine Bellerie*; *c*) *Odelette**.
3 (XVIIe s.) *a*) Première moitié du XVIIe s., sens très vague du mot *ode* : tout poème en strophes sur des mètres* qui ne sont pas régulièrement des alexandrins*; sujets très divers, lyriques, narratifs, réalistes (Ex. *Ode à la solitude* de SAINT-AMANT); *b*) mais MALHERBE fixe définitivement l'*ode héroïque et sacrée*, en strophes* sur le même rythme*, dans un

style oratoire* et mythologique : EX. *Ode sur la prise de Marseille*; *c*) BOILEAU (*Art poétique*, II, 58-84) revient à la distinction antique par les thèmes.
4 (XVIIIe-XIXe s.) Tout poème lyrique qui exprime d'une façon personnelle des sentiments communs à la masse des hommes : EX. *Ode à la Colonne* de V. HUGO (*Les Chants du crépuscule*).
5 (XXe s.) Les strophes régulières ont disparu, les vers sont libres, l'*ode* ne se distingue plus que par son thème, lyrisme héroïque, patriotique, philosophique, religieux :EX. les *Cinq Grandes Odes* de P. CLAUDEL.

Odelette (XVIe s., mot créé par RONSARD) Petite ode imitée d'ANACRÉON et caractérisée : **1** par ses thèmes érotiques* et bachiques* avec prédominance de l'élément descriptif;
2 par ses rythmes*, mètres* courts (7, 8), strophes* courtes (4, 6) qui rappellent la chanson* française : EX. *L'Amour mouillé* de RONSARD.

Œcuménique (XVIe s., «qui regarde la terre habitée») S'est appliqué surtout, jusqu'à nos jours, en termes de religion, à l'ensemble de la catholicité : un *concile œcuménique* réunit tous les évêques catholiques. Mais depuis la Seconde Guerre mondiale, il a repris son sens étymologique, appliqué à des mouvements, des attitudes relevant de l'*œcuménisme* (néol.), tendance à l'union en une seule de toutes les Églises chrétiennes du monde.

Off (angl. «en dehors») Terme du vocabulaire cinématographique ou théâtral pour qualifier une voix qu'on entend, sans voir, sur l'écran ou la scène, la personne qui parle.

Oïl cf. *Langue** (6).

Onirique Relatif à l'activité mentale automatique qui se manifeste dans les hallucinations et les rêves : EX. *le délire onirique*.

Onomastique 1 Science qui étudie les noms propres de personnes (*anthroponymie*) ou de lieux (*toponymie*). Sous ces deux formes, l'*onomastique* est un leitmotiv* de *À la recherche du temps perdu*.
2 Ensemble et système des noms propres d'une langue ou d'une région.

Onomatopée Formation de mots par harmonie* imitative*; le mot ainsi formé : EX. *vroum-vroum, bang, splatch*, qui se rencontrent souvent dans les bulles* des bandes* dessinées. *Crac* et *boum* sont passés dans le langage des finances; *flash* et *zoom* sont des *onomatopées* d'origine anglaise.

Ontologie (étym. «science de l'être») Partie de la métaphysique* qui se demande comment déterminer ce qu'est «l'être» (par opposition au phénomène*) et qui ainsi cherche à atteindre, sous les apparences, les choses en soi. Une preuve *ontologique*, d'après saint ANSELME, est une preuve de l'existence de Dieu par la définition même de l'être parfait.

Opéra (mot italien, du lat. *opera*, «œuvre») Poème dramatique* en musique, composé de récitatifs et de chants, sans aucun dialogue parlé. D'origine italienne, l'opéra fut introduit en France en 1659 (*La Pastorale d'Issy*) et, à partir de 1672, on le joua régulièrement à l'Académie royale de musique : EX. les *opéras* de LULLY, de RAMEAU. *Opéra bouffe* : opéra dont l'action est comique*; d'origine italienne, introduit en France au début du XVIIIe s.; il triomphe sous le Second Empire avec J. OFFENBACH. *Opéra-comique* : à l'origine (1714) parodie d'un opéra, vaudeville*; le genre évolua ensuite vers une sentimentalité pastorale et naïve; de nos jours, pièce où alternent le chant et le dialogue parlé : EX. *Manon* de MASSENET.

Opposant Dans un récit*, le personnage ou l'objet qui entrave l'action du héros*; EX. dans un conte*, la fée maléfique. SYN. *adversaire*. ANTON. *adjuvant**, *auxiliaire*.

Optimisme 1 (XVIIIe s.) Doctrine de LEIBNIZ suivant laquelle le monde actuel est le meilleur des mondes possibles : cette conception ne nie pas la réalité du mal, mais prétend que le bien l'emporte sur le mal, que le monde, tel qu'il est, est perfectible et préférable au néant.
2 Croyance que tout est bon et par conséquent négation de la réalité du mal : c'est cette conception, plutôt que celle de LEIBNIZ, que VOLTAIRE attaque dans *Candide*.

Optique du théâtre Façon propre au théâtre de percevoir le spectacle sur scène qui oblige l'auteur à compenser cette déformation en respectant certaines conventions, par exemple en grossissant les caractères.

Oraison 1 (lat. ecclésiastique, *oratio*; XIe s.) Prière, dans le langage liturgique : *oraison secrète, oraison dominicale. États d'oraison*, terme de mystique, communication directe de l'âme avec Dieu, sans l'intermédiaire d'une formule de prière.
2 (lat. classique, *oratio*, «discours», XIVe s.) Vx Discours des orateurs anciens, au barreau ou à la tribune politique (les *oraisons* de CICÉRON), ne se dit plus que dans *oraison funèbre*, discours à la louange d'un mort, souvent à caractère religieux.

3 (XVIIe s., d'après un sens d'*oratio*, «langage, style») Le langage écrit ou parlé. *Les parties de l'oraison* : cf. *Discours** (3).

Oratoire Qualifie un procédé souvent utilisé par les *orateurs* (c.-à-d. ceux que leur profession amène à parler en public) et destiné à frapper l'attention des auditeurs (cf. *Interrogation* oratoire*).

Ordre 1 (Au sens pascalien) Classe de faits, d'êtres, de valeurs, etc., qu'on ne peut pas comparer à ceux, fondamentalement différents, qui appartiennent à une autre classe : «*La grandeur de la sagesse, qui n'est nulle sinon de Dieu, est invisible aux charnels et aux gens d'esprit** (5). *Ce sont trois* ordres *différents de genre.*»
2 Enchaînement suivant lequel s'organisent les arguments pour arriver à mettre en lumière une vérité. PASCAL : «*Le cœur* a son* ordre; *l'esprit** (11) *a le sien qui est par principe* et démonstration* : *le cœur en a un autre.*»
3 À l'idée que l'*ordre* (au sens 2) correspond à la nature des choses peut se joindre celle d'une certaine harmonie esthétique*. BUFFON* : «*Le style* n'est que l'*ordre *et le mouvement que l'on met dans ses pensées.*»
4 Au sens social : cf. *Classe** (1).
5 *Ordre chronologique* : ordre dans lequel se sont succédé les événements rapportés dans un récit*. À l'ordre chronologique s'opposent le *retour en arrière* (*flash-back*) et l'*anticipation*. Le déroulement d'un récit* suivant cet ordre a été critiqué par les théoriciens du *nouveau* roman*.

Organique (Fig.) **1** Qui fait un tout, est ou favorise une organisation, c.-à-d. un ensemble dont les diverses parties sont faites pour fonctionner de concert : *un ensemble organique de chercheurs*. SYN. *organisé*.
2 (Politique) Qui a rapport à l'essentiel de l'organisation d'un État ou d'une institution : *une loi organique* crée les organes de l'État et fixe leur structure. SYN. *fondamental*.
3 (Psych.) Qui appartient à la constitution même d'un être ou d'une chose : *pessimisme, vice organiques*. SYN. *essentiel, profond, foncier*.

Orphique Adj. dérivé du nom d'Orphée, célèbre aède de la mythologie, qui caractérise : **1** *en litt.* les œuvres à fonction d'initiation mystique;
2 *en peinture*, la tendance, illustrée spéc. par R. DELAUNAY (1913) à faire prédominer la couleur sur tous les autres éléments traditionnels du tableau.

Orthodoxie (en grec, «opinion conforme à la règle*») **1** (Théol.) Conformité au dogme, à la doctrine de l'Église : l'*orthodoxie* catholique.
2 En général, conformité à la doctrine traditionnelle, c.-à-d. à celle qui

est reconnue, par le plus grand nombre de gens, pour être conforme à la vérité : l'*orthodoxie* de RACINE, par rapport aux règles* classiques, est plus grande que celle de CORNEILLE.

Osmose (XIXe s.) En physique et en biologie, phénomène de diffusion par lequel deux solutions séparées par une membrane semi-perméable, et de concentrations différentes, tendent à prendre la même concentration. (Fig.) On emploiera le mot avec précision pour désigner un échange, une interpénétration, une influence *toujours réciproques et tendant à un équilibre : Ex. en Amérique du Sud, il y a eu osmose* entre les civilisations indigènes et la civilisation espagnole.

Ossianisme (XIXe s., sur *ossianiste, ossianesque*, «d'Ossian» ou «qui lui ressemble») Culte et imitation, par les premiers romantiques, des poésies composées (et publiées en 1760) par MACPHERSON et attribuées à OSSIAN, héros et barde légendaire écossais du IIIe s., ainsi que de leurs thèmes : épopée médiévale, nature, brumes et paysages du nord, simplicité primitive.

Oulipo Acronyme de *Ouvroir de littérature potentielle*. Groupe constitué en 1960 autour de R. QUENEAU et F. LE LIONNAIS. Son objectif était de découvrir de nouvelles formes pour la littérature à venir. Y ont adhéré notamment G. PEREC et I. CALVINO. L'**Oulipopo**, *Ouvroir de littérature policière potentielle*, a été fondé par F. LE LIONNAIS en 1974; il s'efforce d'appliquer au roman d'énigme les méthodes générales de l'*Oulipo*.

Ouranien cf. *Chthonien**.

Oxymore cf. *Alliance** (1).

P

Paganisme 1 Ensemble des cultes polythéistes, par opposition au christianisme, dans le langage des premiers chrétiens : d'où, le *polythéisme** en un temps ou un lieu quelconques, mais spéc. celui des Grecs et des Romains.
2 (Par ext.) Attitude de celui qui n'a aucune religion : le *paganisme* des libertins. SYN. *athéisme**.
3 Spéc., attitude intellectuelle et morale qui se soucie peu de la religion, et rappelle celle des Grecs et des Romains, notamment par le culte du beau, la sensualité, l'exaltation de l'homme, de l'amour, de la nature, etc. : le *paganisme* de la Pléiade.

Paléographie Science qui déchiffre les écritures anciennes et permet de lire de vieux textes et documents, et, par ext., des inscriptions (*épigraphie**), des sceaux, des médailles, de la musique du temps passé.

Palimpseste Manuscrit sur parchemin dont on a fait disparaître la trace écrite pour pouvoir écrire de nouveau.

Palindrome Mot ou séquence qui peut se lire de gauche à droite et de droite à gauche; EX. *Laval*; *Ésope reste ici et se repose*.

Palingénésie (en grec, « renaissance ») **1** Chez les stoïciens, retour périodique éternel des mêmes événements.
2 Chez les modernes, en parlant des êtres et des sociétés, nouveau mode de vie, qui purifie, perfectionne un mode de vie précédent : BALLANCHE, *Essai de Palingénésie sociale*, 1807.
3 Dans le langage littéraire, renaissance, métamorphose, où l'on se sent purifié. A. GIDE : « *Ma convalescence merveilleuse fut une* palingénésie. *Je renaquis avec un être neuf.* »

Palinodie 1 (Ant.) Pièce de vers dans laquelle le poète rétractait des sentiments précédemment exprimés par lui : EX. dans une *palinodie*, HORACE loue une mère et sa fille qu'il avait critiquées.
2 De nos jours, changement brusque d'opinion selon les circonstances et l'intérêt personnel : EX. *les* palinodies *d'un homme politique*.

Pamphlet (XVIIIe s., angl. *pamphlet*, « écrit bref ») Écrit satirique d'actualité, bref, violent, le plus souvent signé, attaquant un homme ou une idée, mais à propos d'une question d'ordre général. Paul-Louis COURIER : [*Les Provinciales*] «*ce sont pourtant des* pamphlets.»

Panégyrique (en grec, «discours qui se fait un jour de fête») **1** Discours public à la louange d'un homme, d'un corps social, d'une œuvre : EX. *Le Panégyrique de saint Bernard*, par BOSSUET (1653).
2 Éloge éclatant, parfois exagéré, affecté.

Panique (Adj.) **1** *Terreur panique* (XVIe s.), violente terreur qu'inspirait le dieu Pan par des bruits étranges : d'où parfois, au XVIIe s., chez Mme DE SÉVIGNÉ par exemple, terreur vaine, sans fondement; de nos jours, *panique*, N., ne désigne plus qu'une terreur soudaine, souvent sans fondement, et contagieuse, qui rend une multitude comme folle.
2 Mais cette spécialisation de sens ne doit pas provoquer des contresens à propos d'expressions où *panique* a d'autres connotations attachées au dieu Pan, par exemple la vie universelle, la nature sauvage, le lyrisme puissant et désordonné. P. CLAUDEL : «*appel* panique [de la nature, de la vie]». A. GIDE : «*confusion* panique [lyrique, d'un enthousiasme désordonné] *du délire verbal de Hugo*».

Panoramique (Cinéma) Mouvement par lequel la caméra, à partir d'un point fixe, découvre au spectateur l'ensemble d'une scène ou d'un décor en pivotant horizontalement ou verticalement.

Pantalonnade Farce burlesque et grossière digne de celles que jouait le vieillard Pantalon, bouffon de la comédie vénitienne (XVIIe s.).

Panthéisme (grec *pan*, «tout» + *theos*, «dieu»; le mot date du début du XVIIIe s.) Doctrine suivant laquelle Dieu et l'Univers ne font qu'un :
1 Dieu seul est réel, le monde n'existe donc qu'en lui, est une partie de Dieu, qui lui est immanent (SPINOZA, XVIIe s.);
2 le monde seul est réel, Dieu n'est donc que la somme de ce qui existe : *panthéisme* matérialiste* de D'HOLBACH, DIDEROT (XVIIIe s.); ANTON. *transcendance**, *déisme**.

Pantoum Poème à forme fixe emprunté par les romantiques à la poésie malaise; suite de quatrains* à rimes* croisées; le deuxième et le quatrième vers de chaque strophe* forment le premier et le troisième de la strophe suivante. Le vers qui ouvre la pièce doit la terminer. EX. Théodore DE BANVILLE, *Pantoum* (strophes 1, 2 et dernière) :

Sur les bords de ce flot céleste
Mille oiseaux chantent, querelleurs
Mon enfant, seul bien qui me reste,
Dors sous ces branches d'arbre en fleurs.

Mille oiseaux chantent, querelleurs
Sur la rivière un cygne glisse,
Dors sous ces branches d'arbre en fleurs;
Ô toi, ma joie et mon délice.
....
Je vois des topazes de feu
Qui chassent tout songe funeste,
Ferme tes yeux de lotus bleu,
Sur les bords de ce flot céleste.

Parabase Partie d'une comédie grecque dans laquelle le poète, par la bouche du chef de chœur ou coryphée, haranguait les spectateurs.

Parabole (XIIIe s., lat. ecclésiastique, « comparaison ») Récit allégorique contenu dans les Livres saints, et par ext. dans un écrit quelconque, qui cache une leçon religieuse ou morale : *la Parabole de l'enfant prodigue*.

Paradigme (XVIe s., en grec, « exemple ») **1** (Grammaire) Mot type et ensemble de ses formes diverses que les grammairiens donnent comme modèle pour une déclinaison ou une conjugaison : *aimer* est le *paradigme* des verbes en *-er*.
2 Ensemble des termes qui appartiennent à la même classe grammaticale, définie sémantiquement : *camarade, frère* appartiennent au *paradigme* du substantif *ami*.
3 *Paradigme actantiel* : cf. *Actant**.

Paradoxe A| (Philos.) Opinion, vraie ou non, contraire à l'opinion commune. **1** (En bonne part) *Le Paradoxe du comédien* de DIDEROT.
2 (En mauvaise part) Pensée étrange qui révèle le désir de briller ou une certaine fausseté d'esprit.
B|3 (Rhét.) Figure* qui consiste à rapprocher, dans un même énoncé, des termes contradictoires : EX. BOILEAU : « *Rétablir son honneur à force d'infamie.* » SYN. *alliance** (1).

Parallèle Comparaison méthodique entre deux idées ou deux personnes, soit dans une œuvre d'ensemble, soit dans un fragment particulièrement travaillé : EX. les *Parallèles des Anciens et des Modernes* (Ch. PERRAULT, 1688-1698).

Parallélisme 1 (Philos.) Correspondance exacte entre deux faits de deux séries différentes, dont l'un ne paraît pas se produire sans l'autre : EX. *parallélisme* entre phénomène physiologique et phénomène psychique.

2 Procédé poétique, fréquent dans la Bible, la litt. arabe ou orientale, qui consiste à répéter plusieurs fois la même construction ou la même idée.

Paramètre **1** En mathématiques, lettre dont on peut fixer à volonté la valeur numérique : *le paramètre d'une parabole*.
2 Par ext., élément important dont la connaissance éclaire les caractéristiques essentielles d'une question.

Paranoïaque Terme de psychopathologie dont usent certains critiques pour qualifier celui dont la logique apparente est en réalité le fruit d'un délire. On appliquera le mot, avec prudence, à des écrivains caractérisés par des raisonnements dont la logique est fondée sur une psychose*, le plus souvent orgueil, égoïsme, folie de la persécution.

Paraphrase (en grec, «phrase à côté») **1** Développement explicatif d'un texte. CHATEAUBRIAND : «*Saint Basile se tient presque toujours dans la* paraphrase *de l'Écriture.*»
2 Imitation libre, en vers, d'un passage de l'Écriture : *Paraphrase des Psaumes*.
3 Traduction inexacte qui amplifie un texte.
4 Bavardage, à propos d'un texte, qui le répète en termes diffus, sans l'expliquer.

Parataxe cf. *Asyndète**.

Paratexte (Néol.) Tout texte qui, bien qu'extérieur au texte proprement dit, reste intérieur à l'œuvre et tend à agir sur le lecteur; EX. *titre, sous-titre, préface, postface, avertissement, notes*, etc.

Pari (*argument du*), ou du *parti* (partage, balance des chances de gain et de perte) Argument de PASCAL (*Pensées*) destiné à prouver aux libertins* qu'en appliquant leur méthode, c.-à-d. le raisonnement logique, il faut parier que Dieu existe : *a*) la raison est incapable de se décider sur l'existence de Dieu et aussi sur la valeur de la vie humaine livrée à son cours naturel; *b*) le pari est nécessaire, car ne pas parier, c'est s'engager contre Dieu. On se trouve donc forcé de prendre part à un pari dans lequel les chances de gain et de perte sont rigoureusement égales (puisque la raison ne peut rien déterminer); si l'on parie pour Dieu, le gain possible est infini (la vie éternelle), la perte possible est négligeable (puisque la vie terrestre n'a pas de valeur en soi, est, en elle-même, indifférente au libertin et, si on la vit chrétiennement, compense largement, par ses satisfactions morales, les quelques plaisirs «empestés» dont on se détourne). Comment, dès lors, ne pas parier pour Dieu?

Parnasse Montagne de Phocide, séjour d'Apollon et des Muses. **1** (Par métaphore*) La poésie, les poètes. BOILEAU : «*C'est en vain qu'au* Parnasse, *un téméraire auteur...*»
2 (XIXe s.) Nom donné à une école de poètes français qui, de 1866 à 1876, publièrent leurs œuvres dans *Le Parnasse contemporain*, revue littéraire (LECONTE DE LISLE, SULLY PRUDHOMME, COPPÉE, DIERX, MALLARMÉ, etc.); par réaction contre le romantisme, la poésie du Parnasse recherche l'impersonnalité, l'art* pour l'art, l'érudition scientifique ou archéologique, une forme travaillée, plastique*, aux combinaisons rythmiques recherchées.

Parodie (en grec, «chant à côté») **1** (Vx) Vers nouveaux sur un air connu.
2 Travestissement bouffon d'une œuvre d'art pour mettre en valeur le ridicule qu'elle porte en germe : Ex. Les *parodies* du *Cid*; le *Chapelain décoiffé* de BOILEAU; *À la manière de...* de P. REBOUX et Ch. MULLER. Ne pas confondre avec le *pastiche**, qui ne cherche pas à ridiculiser l'œuvre originale.

Parole Manifestation volontaire et individuelle de la capacité de communication. La *parole* se distingue du *langage**, qui est une faculté, et de la *langue**, qui est le produit d'un groupe social; c'est l'acte de *parole* qui sert de matière à l'étude du linguiste.

Paronomase Figure* de rhét. qui consiste à employer côte à côte des mots dont le sens est différent, mais le son à peu près semblable : Ex. *traduttore, traditore* (ce que l'on peut rendre par «traduire, trahir». Un autre exemple se trouve dans la bande* dessinée *La Famille Fenouillard* (CHRISTOPHE, 1893) : *In Alpino lapinos*.

Paronyme cf. *Homonyme**.

Parterre (XVIIe, XVIIIe s.) Le rez-de-chaussée d'une salle de théâtre où, entre les loges et la scène, se tenait debout le public des places les moins chères; d'où la partie du public qui ne représente ni la cour, ni les mondains de la ville, ni les spécialistes, et juge spontanément, en dehors des considérations sociales ou techniques. MOLIÈRE : «*Tu es donc, marquis, de ces messieurs du bel air qui ne veulent pas que le* parterre *ait du sens commun.*» Parfois, péj., public grossier. FÉNELON : «*Molière a outré non rarement le caractère, il a voulu par cette liberté plaire au* parterre.» (Le parterre est devenu l'ensemble des fauteuils derrière les fauteuils d'orchestre; les places les moins chères sont passées au plus haut rang des loges, sous le nom de *poulailler* ou de *paradis;* cf. le film *Les Enfants du paradis.*) On ne confondra pas cet emploi historique avec l'acception usuelle de nos jours : public qui écoute et juge comme au théâtre (SYN. *galerie, auditoire*) : *faire de l'esprit devant un parterre de jolies femmes.*

Passéisme cf. *Futurisme**.

Passion (étym. «ce qui est supporté») **1** (XVIIe s., au sens d'ARISTOTE, repris par DESCARTES) Tous les phénomènes supportés passivement par l'âme, par opposition à l'action qu'exerce sur l'âme la cause du phénomène : EX. la faim, une sensation de brûlure sont des *passions;* cette passivité caractérise avant tout la vie *affective** par opposition à la vie intellectuelle et volontaire. LA ROCHEFOUCAULD : «*J'ai toutes les* passions *assez douces et réglées*»; SYN. *émotion, sentiment, tendance;* de plus, selon DESCARTES, les passions sont causées par les esprits* animaux et donc par le corps.
2 D'où, dans le langage littéraire (XVIIe s.) : *a*) tous les sentiments qu'éprouve un personnage. D'AUBIGNAC : «*Les acteurs éclatent en des* passions *différentes, ce qui contente infiniment les spectateurs quand ils voient* [...] *des mouvements d'esprit qui les ravissent*»; SYN. *sentiments**; *b*) tous les sentiments qu'éveille l'œuvre d'art chez le lecteur ou le spectateur. *Les passions tragiques* : pitié, terreur et, d'après CORNEILLE, admiration; *c*) (dans l'ancienne rhétorique) ensemble de moyens pour persuader le cœur, en émouvant la sensibilité (cf. *Pathos**).
3 Tendance d'une certaine durée, assez puissante pour *dominer* la vie de l'esprit. LA ROCHEFOUCAULD : [L'amour] «*dans l'âme, c'est une* passion *de régner.*» Le mot ne s'emploie plus de nos jours qu'au sens 3. En ce sens, il participe, au XVIIe s., du préjugé défavorable dû aux nuances du sens 1 (passivité, origine physique) : la *passion* est une sorte d'exagération de la sensibilité qui rend l'homme esclave, l'écarte du bien, œuvre de raison* et de volonté. PASCAL :«*Quand notre* passion *nous donne à faire quelque chose, nous oublions notre devoir.*» À partir du XVIIIe s. jusqu'au romantisme, à mesure qu'on accorde à la sensibilité une valeur morale, le mot prend une nuance favorable. VAUVENARGUES : «*Nous devons peut-être aux* passions *les plus grands avantages de l'esprit** (9).»

Pastiche Ouvrage dans lequel on imite exactement la manière d'un écrivain : EX. *Pastiches et Mélanges* de M. PROUST. Si le *pastiche* n'est pas avoué, c'est un faux ou un *plagiat**.

Pastorale **1** Toutes sortes d'ouvrages dont les personnages sont des bergers.
2 (Spéc.) Genre littéraire imité de VIRGILE, importé d'Italie au XVIe s. : la *pastorale* représente des bergers, peints sans aucun réalisme*, qui expriment des sentiments raffinés (amour, chevalerie, politique, philosophie) et cela sous trois formes : *a*) *poésie* : l'églogue*; EX. les *Églogues* de BAÏF; *b*) *roman* : EX. *L'Astrée*; *c*) *théâtre* : la *pastorale dramatique*, sorte de tragi-comédie, souvent avec chœurs, qui a pour personnages des bergers : EX. *Aminta* du TASSE, en Italie, et, en France, les *Bergeries* de RACAN (1625).

Pastourelle cf. *Chanson** (2).

Pataquès cf. *Lapsus**.

Paternalisme (Néol., XXe s., emprunté à l'anglais) **1** Doctrine et attitude de ceux qui considèrent le patron comme un père envers ses salariés, c.-à-d. comme ayant sur eux une autorité absolue et leur octroyant de son propre chef et dans un pur esprit de bonté certains avantages sociaux (par opposition à ce qu'exigent la justice sociale, ou la participation des salariés et de leurs syndicats).
2 Par ext., toute attitude de bienveillance condescendante qui cache un esprit de domination.

Pathétique Ce qui émeut le *pathos**, c.-à-d. les sentiments violents du spectateur ou de l'auditeur. Ne pas confondre, dans la critique théâtrale, avec *dramatique**, car le *pathétique* ne vient pas forcément de l'intensité de l'action : il peut venir du spectacle (*pathétique visuel*), des rapports réciproques des personnages, etc. : EX. une confrontation entre deux personnages, confrontation dont dépend la vie de l'un d'eux, est *dramatique*; s'il s'agit d'un père et d'un fils qui ne se sont pas reconnus et si le spectateur le sait, le *pathétique* s'ajoute au *dramatique*.

Pathos **1** Partie de la rhétorique qui apprend à l'orateur à émouvoir les passions de l'auditeur. En ce sens, le *pathos* s'oppose à l'*ithos* qui traite des mœurs. EX. MOLIÈRE : «*On voit partout chez vous l'*ithos *et le* pathos.» (*Les Femmes savantes*.)
2 (Péj.) Pathétique* artificiel dû à une émotion affectée et ridicule. VOLTAIRE : «*Je voudrais que les avocats de la famille des Calas eussent mis dans leurs mémoires moins de* pathos *et plus de pathétique*.»

Patois cf. *Dialecte**.

Péjoratif (Adj.) Qui présente une chose sous un aspect défavorable. ANTON. *mélioratif**.

Pensée A| (Philos.) **1** (XVIIe s., DESCARTES) Tout phénomène psychologique. DESCARTES : «*Qu'est-ce qu'une chose qui* pense? *C'est une chose qui doute, qui entend*, qui conçoit, qui affirme, qui veut, qui ne veut pas, qui imagine aussi et qui sent.*»
2 Les phénomènes de la connaissance, par opposition à la vie affective* et volontaire; SYN. *idée, imagination, raisonnement*, etc. LAMARTINE : «*Et puis il s'élevait une seule* pensée...», en ce sens, *penser* : raisonner, imaginer, se souvenir, etc.
3 Plus spéc., la raison* (2) et l'entendement* dans la mesure où ils nous permettent de *comprendre*, de réaliser un effort de synthèse*. PASCAL : «*L'univers me comprend et m'engloutit comme un point; par la* pensée, *je le comprends.*» En ce sens, la *pensée* est une activité créatrice. SYN. *intelligence, réflexion, méditation, contemplation*, spéculation**.
B| (Litt.) **4** Vérité brièvement énoncée, dans une forme souvent remarquable. **Maxime*** insiste sur la valeur de règle de la pensée et sur son élaboration stylistique. **Sentence** implique une forme souvent ramassée ou dogmatique : cf. *Apophtegme*, Aphorisme*, Axiome*, Adage**.
5 Au plu. *Pensées* : *a*) maximes, réflexions publiées sans lien : EX. les *Pensées* de MARC AURÈLE; *b*) collection de réflexions recueillies d'un écrivain ou tirées de son œuvre : EX. les *Pensées* de PASCAL.

Penseur **1** Celui qui a l'habitude de penser activement pour arriver à la connaissance de ce qui l'occupe, dans tous les domaines spéculatifs autres que la science, et communique à autrui des idées originales : LA BRUYÈRE est un *penseur*. **Méditatif** enchérit : celui qui est toujours abstrait en lui-même, plongé dans de profondes réflexions : MALEBRANCHE est un «*méditatif*» (VOLTAIRE). Cf. *Moraliste*, Philosophe*, Contemplateur**.
2 *Libre penseur* : celui qui a pour attitude la libre* pensée. SYN. au XVIIe s., *libertin** (3), *esprit** (9) *fort*.

Performance (Ling.) **1** Ensemble des contraintes qui s'exercent sur la *compétence** d'un *sujet* parlant* pour en limiter l'usage.
2 D'où, par ext., les phrases effectivement réalisées par ce *sujet* par rapport à tout ce qu'il est susceptible de produire.

Péril *(unité de)* L'unité d'action, dans la tragédie, d'après CORNEILLE : «*L'unité d'action consiste* [...] *en l'*unité de péril *dans la tragédie.*» La tragédie commence donc quand le héros affronte un danger et finit quand il a succombé à ce danger ou lui a échappé; il peut y avoir plusieurs périls si l'un entraîne nécessairement l'autre : EX. *Le Cid*.

Période (en grec, «chemin autour») (Rhét.) Phrase complexe formée de plusieurs propositions (membres) dont l'ensemble a un sens complet; la dernière proposition est appelée *clausule*.

Périodicité Caractère de ce qui revient à temps marqués, à intervalles réguliers : Ex. la *périodicité* des marées, des saisons, de la comète de Halley.

Péripatétisme (grec, *peripatein*, «se promener») La philosophie d'ARISTOTE qui donnait ses leçons en se promenant : cf. *Aristotélisme**.

Péripétie (étym. «passage subit d'un état dans un autre»)
1 Changement de fortune inopiné dans la situation du héros qui peut être dû soit à un fait nouveau qui modifie, de l'extérieur, les données de l'action, soit à une évolution psychologique des personnages, évolution vraisemblable, mais qui entraîne de leur part des décisions surprenantes.
2 Au sing., le mot désigne l'événement le plus important d'une pièce de théâtre, celui qui amène la crise* d'où sortira le dénouement : Ex. dans *Phèdre*, le retour de Thésée constitue la *péripétie*.

Périphrase (en grec, «circonlocution») Figure* qui consiste à exprimer par plusieurs mots ce qu'on aurait pu exprimer par un seul. PASCAL : «*Il y a des lieux où il faut appeler Paris* Paris *et d'autres où il la faut appeler* capitale du royaume.»

Permutation cf. *Hypallage**.

Péroraison Conclusion d'un discours* qui contient un résumé des preuves et un appel aux sentiments de l'auditeur.

Personnage (lat. *persona*, «masque de théâtre») **1** Traditionnellement, rôle défini par un certain nombre d'attitudes propres (nom, fonction sociale, aspect physique, caractère, etc.) qui tendent à en faire une *personne*, c.-à-d. un être de chair et d'os à qui l'on prête un contenu psychologique : Ex. le *personnage* balzacien.
2 Sensibles à cette assimilation illusoire *personnage/personne*, les *formalistes** ont tenté d'approcher le *personnage* par son influence sur le déroulement de l'intrigue* et en ont fait une *fonction** dans la *syntaxe** *narrative*, fonction appelée par A.-J. GREIMAS *actant**, par distinction avec les acteurs qui peuvent les incarner.
3 Pour les théoriciens du *nouveau** *roman*, le *personnage* ne doit pas être défini une fois pour toutes, mais saisi comme une *personne*, il sera présenté dans toute sa complexité avec ses interrogations, ses doutes, ses états de conscience de chaque instant.

Personnalisme 1 (XVIIIe s.) S'est dit pour *personnalité*, au sens moderne de ce mot, pour désigner le vice de celui qui est trop occupé de lui-même pour être sensible à ce qui touche les autres ou regarde l'intérêt général. SYN. *égoïsme, narcissisme*.
2 (Philos., depuis 1903; RENOUVIER, *Le Personnalisme*) N. de doctrines diverses qui postulent que chaque homme est une *personne*, c.-à-d. un être irréductible et libre, par ses caractères propres et par l'unité intérieure due à sa conscience et sa réflexion, et que cette personne est une valeur* suprême. Le *personnalisme* (EX. celui d'E. MOUNIER) s'oppose donc aux doctrines qui veulent anéantir l'individu dans la collectivité, mais aussi, dans la mesure où il intègre la personne dans la société, au côté antisocial qu'offre parfois l'individualisme* (4). Il a des rapports avec l'existentialisme* (1) au sens large.

Personnel 1 Qui est un individu. *Un Dieu personnel* : un Dieu qu'on se représente avec tous les caractères d'un individu humain (par opposition au *panthéisme**).
2 Qui caractérise un individu. *Lyrisme* personnel* : celui qui exprime des sentiments qui appartiennent en propre à un individu; ANTON. *collectif. Critique* personnelle* : celle qui attaque l'auteur et non l'ouvrage.
3 (Sens récent) Qui révèle la personnalité, c.-à-d. ce qu'il y a de plus original, d'unique dans chaque individu; ANTON. *banal, imité*.

Personnification Procédé par lequel on attribue à une chose abstraite ou inanimée les propriétés, les traits d'un être animé (homme ou animal). EX. M. PROUST : « L'Habitude *venait me prendre dans ses bras et me portait dans mon lit comme un petit enfant* ». Cf. *Allégorie*, Symbolisation**.

Pétrarquisme Imitation du lyrisme* du poète italien PÉTRARQUE (XIVe s.). **1** *Dans les thèmes* : *a*) galanterie mondaine*; *b*) passion inquiète; *c*) élévation vers Dieu à travers l'amour spiritualisé de sa créature (conception chrétienne et chevaleresque qui a des analogies avec le platonisme*, mais ne se confond pas avec lui).
2 *Dans le style* : antithèses*, métaphores* et images* souvent précieuses.
3 *Dans les rythmes* : sonnet*, canzone*, terza* rima.

Phatique cf. *Fonction* (du langage)*.

Phébus (VX) Style ampoulé* (comme celui de Gaston DE FOIX dans l'ouvrage de vénerie intitulé *Miroir de Phébus*, XIVe s.) VAUVENARGUES : « *La magnificence des paroles avec de faibles idées est proprement du* phébus. » Cf. *Logogriphe**.

Phénomène Étym., ce qui apparaît à la conscience*, donc tout ce qui est fourni par l'expérience*, soit interne soit externe, par opposition au *noumène*, c.-à-d. la chose en soi. Pour certaines philos. (celle de KANT en particulier), seul le *phénomène* peut être connu de l'homme (*phénoménisme*).

Phénoménologie N. de philos. modernes qui essaient d'étudier la façon dont les choses sont données à la conscience, sont des réalités intelligibles, comment l'esprit saisit le monde : la *phénoménologie* de HEGEL, de HUSSERL, de SARTRE.

Philippique N. des discours violents de DÉMOSTHÈNE contre le roi Philippe II de Macédoine, repris par CICÉRON comme titre de ses discours contre Marc-Antoine : d'où, discours violemment satirique, et souvent injurieux. VOLTAIRE : «*Le livre* du Système de la Nature, *c'est une* philippique *contre Dieu*.» SYN. *diatribe**.

Philistin cf. *Béotien**.

Philologie Science qui étudie la langue et les textes en tant que faits concrets exprimant la vie intellectuelle des peuples. **1** (XVIe s., sens très large) L'étude de tout ce que les textes peuvent révéler sur une civilisation : langue, histoire littéraire, archéologie, législation, etc.
2 (De nos jours) Surtout, étude de la langue, de la grammaire, de la prosodie*, de la métrique*, du style* et critique* des textes.

Philosophe, Philosophie (en grec, «ami de la sagesse») Le sage était celui qui s'occupait de connaître les choses divines et humaines, les origines et les causes de tous les faits; la plupart des nuances du mot existent dès l'Ant. et rayonnent autour de ce sens originel. **1** Savoir rationnel qui inclut toutes les sciences. Selon ARISTOTE, la philosophie comprenait : *a*) la *philosophie première* ou métaphysique*; *b*) la *philosophie morale* (sciences* morales); *c*) la *philosophie naturelle* (sciences de la nature*); à partir du christianisme, la *philosophie*, en ce sens, s'oppose à la religion fondée sur la révélation et non sur la raison*. Ce sens demeure usuel jusqu'au moment où la spécialisation des sciences rend difficile ce savoir universel et distingue le *philosophe* du savant (approximativement à la fin du XVIIIe s.).
2 Dès lors la *philosophie* s'oppose à la *science* : *a*) par le fait que la *philosophie* étudie l'esprit en lui-même (alors que les sciences appliquent l'esprit à la connaissance des objets), critique ses principes*, ses méthodes, essaie de rendre compte de l'instrument de la connaissance plutôt

que de son objet (cette nuance se trouvait déjà chez PLATON); *b*) par le fait que la *philosophie* tâche d'arriver à une synthèse* supérieure, de ramener le savoir humain à un petit nombre de principes directeurs, alors que la science se limite à une certaine catégorie d'objets ou d'idées : Ex. *la philosophie de l'histoire* (expression créée par VOLTAIRE) essaie de tirer, de la connaissance de l'histoire, des principes généraux sur l'esprit humain et l'évolution des sociétés.

3 (Au sens moral) Sagesse* (3) qui résulte de cette façon de voir raisonnablement le monde. LA BRUYÈRE : «*Il y a une* philosophie *qui nous élève au-dessus de l'ambition et de la fortune.*»

4 Au XVIIIe s., le mot comporte les quatre nuances précédentes : *a*) rationalisme appuyé sur l'expérience* par opposition à la foi; *b*) connaissances scientifiques; *c*) effort pour remonter aux principes généraux; *d*) honnêteté morale au service de l'humanité : c'est surtout l'importance accordée à l'action, au désir de plaire et de se rendre utile, afin de répandre les lumières, qui donne alors au mot une nuance originale.

Phonème (Ling.) Unité sonore minimale qui permet par sa valeur d'opposition de différencier deux unités significatives ou mots : Ex. le mot «canard» comporte cinq *phonèmes* : [k], [a], [n], [a], [r], mais les mots «rat» et «tas» se distinguent grâce à l'opposition des *phonèmes* [t] et [r] («rat» : [ra]; «tas» : [ta]); Cf. A.P.I.*.

Phonétique, Phonologie Parties de la ling. qui étudient les *phonèmes**. La *phonétique* étudie : *a*) comment sont émis, transmis, reçus ces phonèmes (*phonétique générale*); *b*) quels sont les phonèmes que transmet une langue (*phonétique descriptive*); *c*) comment et pourquoi ils ont évolué dans l'histoire (*phonétique historique* ou *évolutive*); *d*) comment on doit les prononcer correctement (*phonétique normative*). La *phonologie*, anciennement *phonétique générale*, traite, de nos jours, de la façon dont fonctionnent les phonèmes quant aux significations dont ils sont porteurs, grâce à leurs différences ou oppositions.

Phrase 1 (XVIIe s.) Tout assemblage d'un certain nombre de mots, aussi bien tour, locution, façon de parler que «phrase» au sens actuel. LA BRUYÈRE : «*L'on a enrichi la langue de nouveaux mots, secoué le joug du latinisme, et réduit le style à la* phrase *purement française.*» Ce sens subsiste encore dans les locutions comme *Faire des phrases* (parler avec recherche et emphase), *Sans phrases* (sans circonlocutions), *Phrases toutes faites* (clichés, lieux communs).

2 (Sens actuel) Ensemble d'articulations (ou de termes) unis phonétiquement et grammaticalement, ne dépendant pas syntaxiquement des autres unités de l'énoncé, et offrant un message complet, entre deux pauses rythmiques. En *grammaire**, on distingue la *phrase simple*, formée d'une seule proposition, la *phrase compliquée*, formée de plusieurs propositions juxtaposées ou coordonnées, et la *phrase complexe*, formée de plusieurs propositions dont l'une, au moins, est subordonnée à une autre. *Phrase nominale* : celle où il n'y a pas de verbe.

Phraséologie 1 (Vx) Construction de *phrases** (1) particulière à une langue ou propre à un écrivain.
2 Lexique*, terminologie*, tours habituels et style propres à un groupe, à un parti : *phraséologie marxiste*.
3 (Péj.) Grandes phrases vides de sens : Ex. *la phraséologie politique*.

Phrénologie, Physiognomonie Sciences dont on retrouve l'influence chez certains écrivains du XIXe s. (spéc. BALZAC) et qui expliquaient le caractère par la conformation physique. La *physiognomonie*, illustrée vers 1770 par le Suisse LAVATER, se fondait sur les traits du visage, concluant d'analogies entre physique humain et animal à des analogies de caractère; elle a donné la *morphopsychologie*, plus rigoureuse. La *phrénologie* (anc. *craniologie*), créée par le médecin allemand GALL, fondait l'étude du caractère et des fonctions intellectuelles sur la conformation du crâne; d'où l'expression : *avoir la bosse des mathématiques.*

Phylactère cf. *Bulle**.

Physiocrate cf. *Mercantilisme**.

Picaresque (*roman*) (Espagne, fin du XVIe, début du XVIIe s.) Roman qui, dans un style fort réaliste* (2), décrit les mœurs des *picaros* (vauriens), en promenant un pauvre hère, à qui l'injustice sociale enlève tout scrupule, à travers les divers milieux sociaux : Ex. en France, *Gil Blas* de LE SAGE.

Pictogramme Dessin schématique représentant en général un message complet : Ex. 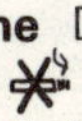 signifie *Interdit de fumer*.

Pindarisme Imitation du lyrisme* du poète grec PINDARE (IVe s. av. J.-C.) : *a*) *dans les thèmes* : louange des dieux et des héros, lieux communs moraux, légendes; *b*) *dans le style* : éloquence, images mythologiques savantes et difficiles; *c*) *dans le rythme* : la triade*.

Pittoresque (de l'italien *pittore*, «peintre») Qui appartient à la peinture; se dit d'un style riche en images* visuelles (Ex. le *pittoresque* de CHATEAUBRIAND), et, par ext., en images s'adressant aux autres sens, et en expressions caractéristiques d'une manière de parler, d'un personnage, d'un groupe social, etc. (Ex. le langage *pittoresque* des servantes de Molière); cf. *Couleur**.

Placage cf. *Digression**, *Mélange**.

Placards **1** (Édition) Premier état de la composition d'un livre où le texte est « saisi au kilomètre », sans *folio**, sans mise en page. Il subit tel quel une première lecture par le correcteur qui signale les corrections à effectuer. Cf. *Édition**, *Avant-texte**.
2 Petits livrets de 1534 particulièrement violents contre François Ier et affichés contre la porte de sa chambre à Amboise.

Placet Demande écrite succincte pour obtenir justice auprès d'une autorité.

Plagiat (en lat., « le fait de vendre un esclave appartenant à autrui ») En litt., le fait de donner comme sien, dans une œuvre, ce qu'on a pris à l'œuvre d'autrui. Le *plagiat* se distingue de l'imitation* : *a*) par le fait qu'on ne transforme pas ce qu'on emprunte, si ce n'est pour le démarquer*; *b*) par le fait qu'on dissimule son emprunt : Ex. *Le Cid* est une imitation de *Las Mocedades del Cid*, ce serait un *plagiat* si Corneille avait simplement traduit le drame espagnol sans le dire.

Plaidoyer **1** Discours prononcé devant un tribunal pour obtenir gain de cause.
2 Par ext., discours prononcé ou écrit en faveur d'une opinion, d'une personne.

Plan **1** Composition d'un texte selon différentes parties présentant chacune un élément nouveau.
2 (Cinéma) Ensemble d'images cadrées de la même façon : on distingue le *plan général*, le *plan semi-général*, le *plan moyen*, le *plan américain* et le *gros plan* .

Plastique (en grec, « relatif aux formes corporelles ») Se dit d'un style qui décrit surtout les formes : Ex. le style de Chénier.

Platonisme La philos. de Platon transmise d'Italie en France au début du xvie s. : **1** un spiritualisme*, un idéalisme* (1) d'après lequel la seule réalité est celle des Idées* (1), c.-à-d. les types* purs et éternels dont les choses qui tombent sous les sens ne sont que le reflet;
2 une conception de la beauté et de l'amour : notre âme ici-bas s'attache à la beauté, car elle garde le souvenir obscur d'une Beauté souveraine

contemplée autrefois dans le monde des Idées. L'amour n'est que le désir de cette beauté, mais il ne saurait se contenter de la beauté physique qui n'est qu'une apparence : il s'élève à la beauté des âmes et par elle à l'immuable et divine Beauté qui se confond avec le bien. *Amour platonique* : élévation vers la Beauté qui dépasse l'individu et les plaisirs des sens.

Pléonasme Répétition d'un rapport grammatical ou d'une idée, soit par maladresse (Ex. *monter en haut*), soit pour produire un effet d'insistance. Ex. RACINE : « *Et que* m'a *fait*, à moi, *cette Troie où je cours.* » À distinguer de la *tautologie** et de la *redondance**.

Plongée (Cinéma) La prise de vues est dite *en plongée* quand la caméra domine et « écrase » le sujet : le spectateur a une impression de supériorité. ANTON. *contre-plongée* : la caméra est placée beaucoup plus bas que le sujet; le spectateur se sent écrasé.

Pochade 1 (Fin du XVIIIe s.) Peinture sommaire, mais achevée (à la différence de l'*esquisse*), qui vaut surtout par la couleur, le mouvement, l'esprit de la touche : *une pochade de Boucher, de Goya*.
2 En litt., par analogie, œuvre courte, écrite très vite, dont la verve, le rythme, l'esprit font le charme. Ex. *Le monde comme il va* et l'*Histoire des voyages de Scarmentado* sont des *pochades* par rapport à *Candide.*

Poème 1 Composition en vers d'une certaine étendue, ou au moins d'une grande importance pour la pensée de l'auteur; parfois (Ex. chez RONSARD) composition poétique d'un genre indéterminé.
2 *Poèmes à forme fixe* : cf. *Forme** (5).
3 Toute œuvre qui suggère une impression poétique : Ex. les *Petits Poèmes en prose* de BAUDELAIRE.

Poésie (en grec, « création ») **1** Art de suggérer par des images*, des sons, des rythmes* et en général par l'emploi du vers*, une connaissance des êtres et des choses qui ne saurait être ramenée aux idées claires qu'exprime la prose. La définition de la *poésie* varie suivant les écoles, mais deux éléments permanents peuvent être distingués : *a*) *un langage* différent de celui de la prose, tel qu'en termes de ling. on pourrait définir la *poésie* comme primauté du *signifiant** sur le *signifié** quand un texte se prétend « poétique » parce qu'il présente une certaine recherche formelle — alors qu'il ne serait que rhétorique* ou versification* — et parler de symbiose parfaite entre *signifiant* et *signifié* quand un texte est réellement perçu comme « poétique »; *b*) *une vision du monde* traduisible seulement par le langage poétique et qui donne une connaissance

intuitive* essentiellement différente de celle de la prose; dès lors la *poésie* est un instrument de connaissance qui exprime ce qui n'est pas concevable par la raison : la Pléiade la considère comme une «fureur» d'origine divine, les romantiques comme le langage du cœur, BAUDELAIRE comme le moyen de déchiffrer les mystérieuses correspondances* de l'Univers. En ce sens, la *poésie* dépasse la versification, si bien qu'on a pu qualifier de *poétiques* des œuvres qui n'étaient pas en vers.
2 Par ext. de cette conception, on appelle *poésie* tout ce qui dépasse la connaissance claire, tout ce qu'on sent plutôt qu'on ne le comprend : Ex. la *poésie* du foyer.
3 Par opposition à poème* (1), pièce en vers de peu d'étendue.

Poète (en grec, «celui qui crée») **1** (Ant.) Le créateur d'une œuvre d'art.
2 (Dans un sens restreint) Celui qui écrit en vers.
3 Celui qui a une connaissance poétique du monde qu'il exprime par la poésie* (1 *b*) : en ce sens, dès l'Ant., le *poète* est considéré comme un devin; pour la Pléiade, il est inspiré par les dieux et, comme un prêtre, doit diriger les hommes; pour HUGO, c'est un mage, pour VIGNY, c'est le pilote qui dirige la société, il est supérieur à l'homme de lettres et au grand écrivain (Préface de *Chatterton*). À ces conceptions du rôle du *poète* s'opposent ceux qui lui refusent une autre compétence que dans son art et le considèrent ou comme un simple versificateur qui plaît par ses réussites techniques (Ex. les rhétoriqueurs), ou comme un artiste* qui ne peut révéler que la beauté et doit se désintéresser des problèmes moraux, politiques et sociaux (l'art* pour l'art).

Poétique A | (Adj.) **1** Relatif à la poésie*.
2 *Fonction poétique* (*du langage*) : cf. *Fonction**. Celle qui se caractérise par la «*visée du message en tant que tel*» (R. JAKOBSON).
B | (N. f.) **3** Traité de versification et de poésie* : Ex. la *Poétique* de VIDA.
4 Système *poétique* (au sens 1) d'un écrivain, d'une époque : Ex. la poétique de VIGNY.
5 Dans la critique contemporaine, discipline qui étudie les traits caractéristiques des formes littéraires, et pas seulement de la poésie (à rapprocher du sens 2) : Ex. l'essai *Pour la poétique* d'H. MESCHONNIC. *Poétique de la prose* : cf. les études de T. TODOROV (*Littérature et Signification*) et G. GENETTE (*Figures* I, II et III).

Point (de vue) cf. *Focalisation**.

Pointe 1 Trait d'esprit piquant. SOREL (XVIIe s.) : «*Nous y entremêlons* [...] *certains traits* qu'à bon droit l'on nomme* pointes d'esprit *pour ce*

que cela pique et réveille les auditeurs et les excite ou à l'admiration ou à la joie.» Le terme peut prendre un sens péj. si la pointe est d'une recherche affectée.
2 Désigne spéc. la pensée ou l'image recherchée qui termine irrésistiblement un texte : Ex. : les contes d'A. ALLAIS.

Polémique cf. *Discussion**.

Politesse 1 (XVIIe s.) Culture morale et intellectuelle, civilisation. BOSSUET : «*Les Romains ont établi* [...] *les lois et la* politesse.»
2 (XVIIe s.) Culture intellectuelle, finesse d'esprit. LA ROCHEFOUCAULD : «*La* politesse *de l'esprit consiste à penser des choses honnêtes* et délicates.*»
3 (Du XVIIIe s. à nos jours) Manière courtoise de se conduire dans la société, civilité. LA BRUYÈRE : «*Il faut très peu de fond pour la* politesse *dans les manières.*»

Polyphonie Conception formulée spéc. dans les travaux de M. BAKHTINE précisant qu'une œuvre offre une « pluralité de voix » (préoccupation récente de la recherche critique).

Polysémie Caractère d'un mot qui a plusieurs sens suivant la situation; l'*acception* est l'un des sens que prend un mot *polysémique*. Ex. *plage* aura des sens différents s'il se situe dans un contexte* de mer, de disques, de voiture, etc.

Polythéisme Tout système religieux qui admet plusieurs dieux.

Pompier (Fin du XIXe s., fam. et péj.) S'est dit d'abord des peintres et sculpteurs qui traitaient des sujets classiques rebattus (avec leur « pompe », ou avec leurs casques rappelant ceux des pompiers); par ext., en litt., ce qui est *pompier* est à la fois académique*, pompeux et banal. **Rococo** (début du XIXe s.) qualifiait tout style d'architecture, d'ameublement qui abusait des ornements contournés rappelant les coquillages et appelés *rocailles*, à la mode sous Louis XV; par ext., en litt, ce qui est *rococo* est passé de mode et porte en soi qqch. que le temps a rendu baroque.

Poncif Travail banal, sans originalité, qui semble un décalque. Cf *Cliché**, *Lieu* commun*.

Populiste (XXe s.) École littéraire (P. LEMONNIER, A. THÉRIVE) qui voulait consacrer le roman à la peinture des gens du peuple en répudiant, toutefois, les théories sociales et le style du naturalisme. Le roman *populiste*, dans les années 1950-1970, a fait la gloire de R. FALLET et A. LANOUX.

Portrait Description d'un personnage* présentant son identité, sa situation sociale, ses traits physiques, moraux et psychologiques les plus caractéristiques. La description part généralement de l'apparence extérieure pour en venir à l'intérieur, à l'« âme ». Sur le problème du *portrait*, cf. *Nouveau* roman*, *Personnage**, *Phrénologie**.

Positif 1 Qui a été établi (posé) par institution divine ou humaine : EX. *droit positif*; ANTON. *naturel**.
2 Qui est donné comme un fait par l'expérience*, qui est posé par une loi de la nature, sans qu'on en cherche la raison. CONDORCET : « *Dans les travaux d'esprit* [D'Alembert] *proscrivait avec sévérité tout ce qui ne tendait pas à la découverte de vérités* positives, *tout ce qui n'était pas d'une utilité immédiate.* » Cf. *Positivisme**.
3 D'où réel, certain (un renseignement *positif*), utile (un avantage *positif*) et, avec une nuance morale, utilitaire, pratique et même intéressée : un homme, un esprit *positif*.

Positivisme 1 La philos. d'Auguste COMTE (*Cours de philosophie positive*, 1830-1842).
2 Toute doctrine qui, même si elle ne ressemble pas, dans le détail, à celle d'A. COMTE, admet comme elle pour principe que seule la connaissance des *faits positifs** (2) est féconde et que, par conséquent, l'esprit humain doit renoncer à la métaphysique* (4) et, dans tous les domaines, chercher à établir sa certitude sur l'expérience* en se gardant des raisonnements *a priori**. Ces doctrines, héritées du XVIIIe s., qui cherchaient à fonder le bonheur de la société sur la science, caractérisent surtout la seconde moitié du XIXe s., souvent qualifiée, pour cette raison, d'*époque positiviste*.

Possible (narratif) Terme employé par C. BREMOND : cf. *Séquence** (2).

Postclassique cf. *Classique** (3).

Postulat Proposition qui n'est pas évidente par elle-même, mais qu'on demande d'admettre comme principe* d'un raisonnement parce que la vérité ou l'utilité des conclusions qui en découlent justifient cette demande : EX. *le cinquième postulat d'Euclide*; C. AVELINE : *Le Postulat* (*in Pour l'amour de la nuit*).

Pot-pourri cf. *Mélange**.

Pragmatique Théorie récente en matière de critique littéraire et de ling., qui décrit le langage en termes de relations sociales : la langue est un ensemble de conduites institutionnelles, et il faut donc prendre pour objet d'étude les *actes de langage* (cf. les recherches d'A. SEARLE).

Pragmatisme Doctrine de W. JAMES (1897) selon laquelle la vérité d'une idée consiste dans son efficacité à l'expérience : EX. Dieu existe si cela est utile à la bonne marche de la société.

Préambule cf. *Introduction** (2).

Préciosité 1 (XVIIe s.) Attitude de celles qu'on appelait *précieuses*, c.-à-d. de celles qui essayaient de se donner une valeur rare par le raffinement de leur langage et de leur goût *(préciosité littéraire)*, de leurs manières (*préciosité mondaine*), de leurs sentiments et de leurs idées morales; le mot a eu d'abord un sens favorable, ce qui explique que l'expression *préciosité ridicule* n'est pas un pléonasme.
2 En général, la même attitude à d'autres époques de l'histoire de la litt. et des mœurs : EX. la *préciosité* de PÉTRARQUE.

Prédestination 1 (Théologie orthodoxe) Dessein que Dieu a formé de conduire les élus à la vie éternelle par sa grâce* qu'il accorde à tous les hommes sans exception, en laissant intact leur libre arbitre*.
2 (Calvinisme, jansénisme) Doctrine suivant laquelle certains hommes sont d'avance élus et d'autres réprouvés. Cf. (*libre*) *Arbitre**, *Grâce** (2).

Prédicat Ce qui est affirmé à propos du *sujet**, la propriété qui lui est attribuée. EX. *dans la phrase* «*Cette maison est grande*», *le* prédicat *est* : «*est grande*». SYN. *attribut.*

Préface cf. *Introduction** (2).

Préfixe cf. *Affixe**.

Préliminaire (*discours*) cf. *Introduction**.

Prémisses Propositions qui servent de point de départ à un raisonnement.

Préraphaélisme Doctrine esthétique* anglaise (seconde moitié du XIXe s.) qui trouvait la perfection picturale dans les œuvres antérieures à Raphaël et préférait donc à l'art issu de la Renaissance celui du Moyen Âge avec sa naïveté et son symbolisme* religieux : cf. *Esthète**.

Présentation cf. *Introduction**.

Présupposé Élément de connaissance et d'information considéré comme déjà acquis par le lecteur d'un texte ou d'une œuvre. Ex. *si l'on dit* : «*Ouvrez la porte*», *le* présupposé *est* : «*Il y a une porte, laquelle est fermée*».

Prétérition Figure* de rhét. par laquelle on déclare passer sous silence une chose dont on parle néanmoins. Ex. BOSSUET : «Je pourrais faire remarquer *que* [la duchesse d'Orléans] *connaissait si bien la beauté des ouvrages de l'esprit* [...] *mais pourquoi m'étendre*?»

Primitif 1 (Ethnologie) Population d'une civilisation peu avancée.
2 (Esthétique) Artiste, peintre ou sculpteur antérieur à ce qu'on appelle la grande époque d'un art (pour l'art moderne, la Renaissance) : donc est *primitif* tout art simple et naïf dans son exécution.

Princeps (*édition*) La première édition *imprimée* d'un auteur ancien. Se dit aussi, par ext., de la première édition d'un livre moderne : cf. *Édition**.

Principe (en lat., «ce qui est au commencement») **1** Source ou cause d'action : Ex. Dieu. PASCAL : «*S'il y a un seul* principe *de tout,* [il y a] *une seule fin de tout, tout par lui, tout pour lui.*»
2 Spéc., chez MONTESQUIEU : «*Il y a cette différence entre la nature* d'un gouvernement et son* principe *que sa nature est ce qui le fait être tel, et son* principe *est ce qui le fait agir. L'un est sa structure particulière, l'autre les passions humaines qui le font mouvoir.*» Ex. la tyrannie a pour *principe* la crainte.
3 Ce qui rend compte d'une chose, ses éléments composants : Ex. les *principes* qui entrent dans la composition de l'eau. *Principes rationnels* ou *principes directeurs de la connaissance* (causalité*, contradiction*, identité*, milieu exclu) : les données qui constituent la raison* (2), qui sont les conditions *sine qua non* de toute connaissance (et qui servent aussi de point de départ à tout raisonnement, cf. sens 5).
4 Les vérités les plus générales d'une science, les propositions dont elle dépend. DESCARTES : «*Les Principes de la Philosophie*».
5 Proposition posée au début d'une série de déductions et donc mise hors de discussion (axiome*, postulat*, principe rationnel ou simplement résumé des données de l'expérience : Ex. *principe d'Archimède*). PASCAL : «*L'omission d'un* principe *mène à l'erreur.*»
6 Règle générale de pensée ou d'action : les *principes* de la morale, de l'art.

Procédés (*de style*) Façons de s'exprimer qui, par leur répétition fréquente chez un écrivain, semblent révéler une méthode consciente; dans un sens péj., artifice*, par opposition à la création toujours renouvelée du génie*.

Procès-verbal Relation officielle et écrite de ce qui a été dit dans une assemblée ou réunion.

Proclitique cf. *Enclitique**.

Productivité (Économie) Rapport entre ce qui a été investi pour la production (capital, matière, énergie, travail, etc.) et la valeur du produit : *faible productivité*; spéc. ce rapport considéré comme bon : *la productivité est une source de richesse.*

Projet Arrangement de moyens pour l'exécution d'un dessein, spéc. :
1 (Philos.) Toute fin que l'homme se donne pour modifier soit le monde, soit lui-même en un sens donné. S. de Beauvoir : «*Un homme qui a pour* projet *de progresser décolle de son passé.*»
2 (Litt.) Première rédaction de quelque écrit, à laquelle on apportera des améliorations. Cf. *Avant-texte**. On distinguera ce sens des emplois précis de *projet* : *a*) en architecture : ensemble de plans, coupes et élévations d'un édifice à construire; *b*) en technique : description de la chose à faire et des moyens de la réaliser après étude; *c*) *projet de loi* : texte complètement rédigé par le gouvernement ou un parlementaire, qui ne deviendra loi qu'une fois adopté et parfois amendé par le Parlement.

Prolégomènes cf. *Introduction** (2).

Prolepse (en grec, «anticipation») **1** (Grammaire) Transport d'un terme, d'une expression, dans la phrase, à une place plus avancée que celle que la syntaxe leur donne normalement : *prolepse* du complément d'objet en tête de phrase.
2 (Rhét.) Expression prématurée d'une idée, soit pour la mettre en relief, soit pour réfuter, par anticipation, une objection possible.

Prologue 1 Chez les Anciens, partie de la pièce qui servait d'exposition* et précédait la première entrée du chœur; puis dans les pièces sans chœur, sorte d'exposition servant de préface, dite parfois par un personnage étranger à l'action : les *prologues* de Térence sont des apologies de l'auteur.
2 De nos jours : cf. *Introduction** (2).

Prononciation cf. *Énonciation**.

Proposition 1 Idée que l'on avance pour en montrer la vérité ou la fausseté : EX. au XVIIe s. les *Cinq Propositions* étaient cinq idées tirées de l'*Augustinus* de JANSÉNIUS, idées dont les adversaires des jansénistes prétendaient montrer la fausseté.
2 (Rhét.) Exposition de l'idée que l'on compte développer. FÉNELON : «*Le discours* est la* proposition *développée.*»

Propre 1 *Sens propre* : le sens primitif d'un mot par opposition aux sens dérivés ou figurés*.
2 *Mot propre* : celui qui, employé dans son sens exact et précis, convient parfaitement à la chose à exprimer; c'est en ce sens qu'on parle de la *propriété* d'un terme. ANTON. *impropriété*, quand on n'emploie pas le terme qui convient.

Prosaïsme Caractère de ce qui est plat, sans inspiration : s'oppose à *poétique**.

Prose Forme d'expression qui s'oppose à la poésie* par le fait qu'elle n'est pas soumise aux lois d'un rythme* régulier, qu'elle utilise beaucoup moins les images, se rapproche davantage du langage parlé et, par sa souplesse, permet une analyse intellectuelle plus poussée. Une *prose poétique* est une prose qui se rapproche de la poésie par l'abondance des images et la recherche d'un certain rythme. Les traités de rhét. distinguent : *a*) *la prose narrative* (histoire, roman); *b*) *la prose démonstrative*, prose oratoire (éloquence) et prose didactique (traités, dialogues, lettres).

Prosodie Règles fixant la quantité* des syllabes. *Vers prosodiques* : vers fondés sur la quantité* des syllabes et non sur leur nombre; les vers grecs et latins sont des vers *prosodiques* puisque leur rythme dépend de la disposition des syllabes brèves et longues; certains poètes de la Pléiade, notamment BAÏF (*Étrennes de poésie française en vers mesurés*, 1574), ont essayé, sans succès, d'introduire en français les *vers prosodiques*.

Prosopopée (en grec, «discours fictif») Figure de rhét. qui consiste à prêter la parole à une personne morte ou absente, ou à un être inanimé personnifié; EX. la *prosopopée* de la Nature (VIGNY, *La Maison du berger*) : «*Elle me dit : Je suis l'impassible théâtre* [...]»

Protagoniste Terme issu de la tragédie grecque pour désigner : *a*) la personne qui joue le rôle principal dans une pièce; *b*) ou, plus généralement, dans un roman ou une affaire quelconque.

Protase **1** (Théâtre) SYN. savant de *Exposition**.
2 (Stylistique) Partie de la phrase au cours de laquelle la voix monte vers un sommet, par opposition à la partie, appelée *apodose*, où elle descend progressivement. On peut employer ces termes en parlant d'une période*.

Proverbe Petite comédie dont le sujet est l'illustration d'un proverbe (au sens courant). À l'origine du genre (dès le XVIIe s.), la comédie était souvent improvisée, c'était une énigme*, car il fallait deviner le proverbe d'après l'action. MUSSET en a fait un genre littéraire : EX. *Il ne faut jurer de rien*. Cf. *Sentence**, *Maxime**, *Pensée**.

Providence Action par laquelle Dieu conduit les événements et les créatures vers les fins prévues par sa sagesse et sa bonté. *Providence générale* : l'organisation permanente du monde à qui Dieu a donné des lois*. *Providence particulière* : intervention de Dieu, comme une personne, pour modifier le cours des événements par un miracle.

Psalmodie cf. *Mélopée**.

Psaumes Poèmes lyriques* religieux de la Bible, traduits et paraphrasés*, en France, d'abord par les protestants sous forme de chansons* (MAROT), puis par les catholiques sous forme d'odes* (MALHERBE, J.-B. ROUSSEAU, etc.)

Psittacisme (grec *psittakos*, «perroquet») Répétition mécanique de termes, souvent savants, mal assimilés, généralement afin d'impressionner l'auditoire.

Psychanalyse (néol. 1914) Méthode du psychiatre autrichien S. FREUD, fondée sur l'idée que la *libido*, c.-à-d. l'instinct, le désir de jouissance, refoulé chez les hommes normaux par le *moi* éduqué par la raison, résiste, chez certains sujets, et son conflit avec le moi provoque des névroses dont les manifestations symbolisent les actes que la libido voudrait accomplir. Pour guérir ces névroses, FREUD amenait le sujet à prendre une conscience claire de ses tendances refoulées par le moi dans l'*inconscient*, et c'est la méthode d'investigation utilisée à cet effet qu'il appelait *psychanalyse*. Depuis, les travaux de J. LACAN ont recentré la théorie freudienne en faisant du *désir* l'objet même de l'investigation psychanalytique. Se trouve ainsi privilégié un aspect de la communication : la *demande*, aspect envisagé dans ses rapports avec le besoin et le désir (cf. *Signifiant** pour les modifications apportées par

J. LACAN à ce concept). La tentation d'appliquer la méthode psychanalytique à la litt. a été suggérée par FREUD lui-même, qui considérait que l'œuvre d'art devait intéresser la *psychanalyse* en tant que manifestation du désir dans l'imaginaire (FREUD, *Avenir d'une illusion*, 1927). Parmi les pionniers de ce que l'on a appelé la *nouvelle* critique*, G. BACHELARD a essayé de découvrir le lien unissant les images poétiques à une réalité onirique profonde qui dépendrait des quatre éléments fondamentaux : l'eau, le feu, l'air et la terre. À partir de là se sont développés des courants de critique inspirés de la théorie freudienne : *critique thématique**, *psychocritique**, *mythocritique**.

Psychique Qui concerne l'esprit* (8) : Ex. l'association des idées est un phénomène *psychique*.

Psychocritique Méthode critique créée par Ch. MAURON en 1948 : plutôt que de tenter de psychanalyser l'auteur d'une œuvre par sa biographie, il vise l'œuvre et se propose de «*découvrir dans les textes des faits et des relations demeurés jusqu'ici inaperçus ou insuffisamment perçus et dont la personnalité inconsciente de l'écrivain serait la source*». Il procède par superpositions de textes, étudie la façon dont les réseaux et les groupements d'images se répètent et se modifient dans l'œuvre, dégage les structures de situations dramatiques, recherche le «mythe personnel» de l'écrivain et ne vérifie qu'après coup ses hypothèses par la biographie. Cette méthode (appliquée par MAURON aux œuvres de RACINE, MALLARMÉ, GIRAUDOUX et au genre comique) a été battue en brèche par les disciples de JUNG, qui substituent à l'«inconscient personnel» les archétypes diffus dans la psyché collective, par la *mythocritique** de G. DURAND et par les travaux inspirés des recherches de J. LACAN.

Psychologie (*d'un personnage*) L'ensemble des états ou dispositions psychiques qui le caractérisent : le personnage a une *psychologie* lorsque ces états psychiques ne sont pas élémentaires, mais riches et nuancés. Le *point de vue psychologique* s'oppose au point de vue moral* (3) en ce sens qu'il se borne à constater sans porter de jugement moral.

Psychologisme Tendance à ramener toute la philos. ou la ling. à l'explication par la psychologie. Cf. *Mentalisme**; ANTON. *structuralisme**.

Psychose Dans le langage médical, maladie mentale assez grave pour que le sujet perde conscience du réel. **Névrose**, affection qui marque un grand déséquilibre nerveux et rend anormal, mais non aliéné. Dans le langage courant, *névrose* a conservé ce sens : les GONCOURT voulaient étudier les *névroses modernes*. *Psychose* s'est spécialisé pour désigner une sorte d'obsession, souvent collective : *psychose de guerre*. SYN. *hantise, idée fixe*.

Publiciste (XVIIIe s.) **1** (Vx) Celui qui écrit sur le droit public et, par ext., sur des sujets politiques ou sociaux.
2 De nos jours, pour désigner un journaliste, on l'emploiera lorsque celui-ci s'occupe de ce genre de sujets.
3 De nous jours aussi, agent de publicité*.

Publicité Ensemble des moyens utilisés pour faire connaître une entreprise ou une doctrine, accroître la vente d'un produit en influençant le public.

Pulsions (Psychanalyse) Forces inconscientes qui poussent l'homme vers certains buts : Ex. *pulsion de vie, de mort, pulsions sexuelles*.

Pur Qui ne contient en soi rien d'étranger. *L'Esprit pur* (VIGNY) : la fidélité aux règles idéales* de pensée et d'action que suppose la foi en la supériorité de l'esprit* (5) sur la matière*. *Poésie pure, roman pur* : d'après des théories surtout à la mode entre 1920 et 1930 (cf. abbé BREMOND, *La Poésie pure*, 1927, et A. GIDE, *Journal des Faux-Monnayeurs*), poésie* et roman* qui cherchent à remplir leur mission en appliquant uniquement les modes d'expression qui leur sont propres, qui correspondent à leur essence* : cela conduit la poésie à abandonner l'exposé des idées, des sentiments, la rhét., pour n'être qu'images* et rythmes*, le roman à renoncer à décrire la réalité extérieure pour n'être que le déroulement d'une action dans une conscience*. *Style pur* : style propre* et correct.

Pureté **1** *du style* : le fait d'être propre* et correct;
2 *de lignes, de formes* : netteté et harmonie qui provoquent le plaisir esthétique à l'état pur, c.-à-d. sans mélange d'éléments qui gâtent la perfection.

Purgation (*des passions*) cf. *Catharsis**.

Purisme Affectation dans la pureté* du langage qui se refuse à tenir compte de son évolution vivante et tend à lui imposer des règles étroites.

Pyrrhonisme Doctrine du philosophe grec PYRRHON : le scepticisme* radical. PASCAL : «*Nous avons une idée de la vérité invincible à tout* pyrrhonisme.» DIDEROT : «*J'avais la vérité de la religion à démontrer aux sceptiques qui n'accordent ni ne nient rien; aux* pyrrhoniens, *qui nient tout.*»

Q

Quantité Durée attribuée à une syllabe dans la prononciation.

Quatrain Strophe* de quatre vers*, à rimes* *plates* (*aabb*), *embrassées* (*abba*) ou *croisées* (*abab*), isométrique* ou hétérométrique*. *Quatrain à clausule* (RONSARD) : trois vers de six syllabes suivis d'un vers de quatre.

Querelle cf. *Discussion**.

Quête Dans le schéma* narratif, la *quête* est la suite de péripéties* que le héros* va affronter pour atteindre son objet*. Cf. *Conte**, *Nœud**, *Actant**.

Quiétisme Doctrine du théologien espagnol MOLINOS (1628-1696), adoptée en France par Mme GUYON (1648-1717) et partiellement adoptée par FÉNELON (*Maximes des saints*, 1697) qui l'abandonna en 1699, après la condamnation de son livre. Suivant cette doctrine, la perfection consiste, pour l'âme, à s'unir avec Dieu dans un état continuel d'amour qui lui donne la paix absolue (*quies*), l'indifférence à son salut, la rend irresponsable des impressions sensibles* qui s'exercent sur le corps et la dispense de toute pratique morale et religieuse. Par ext., toute doctrine pour laquelle la perfection consiste dans une contemplation bienheureuse et inactive. SYN. *molinosisme* (ne pas confondre avec *molinisme**).

Quinaire (lat. *quinarius*, « qui a pour base le nombre cinq ») S'applique au schéma narratif d'un récit où l'on distingue cinq étapes ou nœuds*. Cf. *Récit**.

R

Raccord 1 (Litt.) cf. *Transition**.
2 (Cinéma) *a*) *Raccord de plan* : manière dont s'enchaînent deux *plans*, c.-à-d. deux prises de vues effectuées sans interruption, pour entrer dans une séquence*; *b*) plan tourné spéc. pour servir de transition entre deux plans.

Raccourci Procédé qui consiste à regrouper en peu de mots l'exposé d'une idée ou le récit d'un événement en sous-entendant certains éléments de manière à donner plus de force et de vivacité à l'expression. Cette intention stylistique ne permet pas de confondre *raccourci* et *résumé**.

Racine 1 Élément irréductible d'un mot après avoir éliminé les *affixes** et les *désinences* : Ex. *dans «in-dé-racin-able» la* racine *est* «*-racin-*». SYN. *radical*.
2 En étymologie, la *racine* est la forme minimale et originelle qui est à la source de toute une famille lexicale : Ex. la *racine* indo-européenne -bher-.

Raison (lat. *ratio*, «calcul, compte, rapport») À la grande époque de la philos. latine, le mot s'est enrichi de diverses nuances venues du grec. La plupart des sens modernes existent dès l'Ant.
A| (Philos.) **1** Étym. le rapport entre deux choses, ce qui rend compte d'un effet. PASCAL : «Raison *des effets.*» D'où, la cause légitime d'une action. PASCAL : «*Le cœur a ses* raisons...» Ce qui rend parfaitement intelligible la production d'un phénomène. *Principe de raison suffisante* : «*Aucun fait ne saurait se trouver vrai ou existant, aucune énonciation véritable, sans qu'il y ait une* raison suffisante *pour qu'il en soit ainsi et non pas autrement*» (LEIBNIZ).
2 La faculté qui permet à l'homme d'établir des rapports entre les choses, c.-à-d. de comprendre l'Univers; l'ensemble des principes* rationnels *a priori** qui ne viennent pas de l'expérience* et qui permettent à l'homme d'arriver à la connaissance réfléchie. En ce sens, la *raison* est considérée comme une faculté proprement humaine qui s'oppose à l'*animalité*; ANTON. *instinct**. PASCAL : «*Instinct et* raison *marque de deux natures.*» La *raison* s'oppose à l'*expérience**, car ses principes ne dépendent pas

de celle-ci. Toutefois les empiristes* nient l'innéité* des principes rationnels et soutiennent que ce que nous appelons *raison* est un résultat de l'*expérience**. En ce sens, le XVIIe s. disait plutôt *entendement** (2).

3 Dans un sens plus restreint, la faculté de former des idées générales et de raisonner discursivement* : SYN. *raisonnement logique*; en ce sens, de nos jours, on dit plutôt *entendement** (1) ou *raison raisonnante*. La *raison*, dans ce sens, peut s'opposer à l'expérience* dans la mesure où elle se contente de raisonnements logiques *a priori**, sans s'appuyer sur des faits : c'est en ce sens que MONTAIGNE accuse la *raison* d'être «*ployable en tous sens*».

4 La faculté qu'a l'homme de «*bien juger*» (DESCARTES), c.-à-d. de discerner le vrai et le faux, le bien et le mal, le beau et le laid; on peut concevoir que l'homme arrive à ce sentiment de la vérité par un raisonnement logique, mais aussi par une intuition* intellectuelle, ou par le jugement* et l'esprit de finesse : SYN. *bon* sens* (XVIIe s.), *jugement**. En ce sens, l'emploi du mot *raison* est donc plus large qu'au sens 3; en morale, c'est le fait de tenir compte de tous les principes* et de tous les faits qui commandent l'action, de ne pas exagérer la rigueur logique aux dépens de l'esprit de finesse et de mesure. MOLIÈRE : «*La parfaite* raison *fuit toute extrémité| Et veut que l'on soit sage avec sobriété.*» Cette *raison* s'oppose à toutes les puissances psychologiques qui peuvent empêcher de voir clairement la vérité ou le bien, comme la passion*, la folie, l'imagination*; tout comme la vérité, elle a un caractère universel. BOILEAU : «*La* raison, *pour marcher, n'a souvent qu'une voie.*»

5 La connaissance naturelle*, opposée à la connaissance révélée par la foi : nuance importante au XVIIIe s., avec évidemment les nuances 2, 3 et 4.

6 La faculté de concevoir les idées métaphysiques les plus générales : idée de Dieu, de l'absolu*, etc., et donc de connaître d'une vue directe le réel et l'absolu* par opposition à l'apparent et à l'accidentel. BOSSUET : «*Au-dessus de notre faible* raison* (5) *restreinte à certains objets, nous avons reconnu une* raison *première et universelle.*» PASCAL : «*La sagesse nous renvoie à l'enfance* [...] *il n'y a rien de si conforme à la* raison *que ce désaveu de la raison** (5).»

B| (Litt.) **7** Au XVIIe s., dans le domaine de l'art, la *raison* est la faculté de distinguer clairement le beau du laid (sens 4) : ce n'est donc pas simplement le raisonnement logique, mais aussi le jugement*, le goût*, l'esprit de finesse appliqué à l'esthétique. BOILEAU : « [Le poète...] *afin de mieux entrer dans la* raison, *sort* [...] *de la* raison* (3) *même.*» Le sens 3 n'est évidemment pas exclu : il y a, dans la *raison* artistique, une part de logique, mais celle-ci se joint au sentiment de la beauté tiré des œuvres antiques, et à l'esprit de finesse qui sent les bienséances*. Les règles logiques se complètent donc de l'imitation des Anciens, du goût*, de l'intuition des nécessités de l'œuvre d'art. Les Modernes*, notamment sous l'influence du cartésianisme*, renonceront, au nom de la *raison** (2 et 3), à l'imitation des Anciens et détruiront ainsi l'équilibre des divers éléments qui constituaient la *raison* classique. Il n'en reste pas moins que n'était beau et vrai que ce qui l'était pour tous les hommes. Cette conception condamnait donc, non pas l'imagination en elle-même, mais les imaginations des écrivains dans la mesure où elles enfantaient des conceptions qui paraissaient invraisemblables et fausses à la majorité des hommes.

Rapport Texte rédigé par le témoin de qqch. pour exposer aux autres ce qu'il a vu ou compris de cette chose.

Rapsode Chez les Grecs, à l'origine, celui qui « cousait », c.-à-d. ajustait des chants épiques pour faire un ensemble; par la suite, celui qui récitait des rapsodies*. **Aède**, poète « chanteur », religieux puis épique, dans la Grèce primitive. **Barde**, poète héroïque chez les Celtes. Au fig., dans le style élevé, *barde* : poète lyrique ou héroïque vénérable, qui souvent chante de vieilles légendes nationales ou régionales; *aède*, tout poète héroïque national; en ce sens *rapsode* est plus rare, et s'emploie surtout lorsque le poète est en même temps récitant.

Rapsodie 1 (Ant.) Récitation d'un poème épique; d'où, poème épique sur un thème restreint, chant ou morceau contenant un épisode des poèmes homériques.
2 (Sens moderne péj.) Ouvrage fait de parties disparates, assemblage de mauvais vers ou de mauvaise prose. DIDEROT : « *Votre Jacques* [Jacques le fataliste] *n'est qu'une insipide* rapsodie *de faits* [...] *écrits sans grâce et distribués sans ordre.* » Cf. *Mélange**.

Rationalisation Méthode d'organisation de la production et par ext. d'une activité quelconque, pour obtenir la meilleure productivité. **Standardisation** (sur l'anglais *standard*, « étalon »), dans l'industrie, unification des éléments de construction et de tout ce qui peut faciliter et simplifier les travaux. **Normalisation**, *standardisation* méthodique et organisation scientifique du travail, fondées sur des normes* (2) précises. **Taylorisme** (ou **taylorisation**), **stakhanovisme**, systèmes d'organisation du travail pour éviter tout gaspillage de temps, le premier américain, le second soviétique, souvent péj., conception du travail qui fait de l'ouvrier une pure machine.

Rationalisme 1 Doctrine suivant laquelle toute connaisance certaine vient des principes* rationnels et non de l'expérience* : Ex. le *rationalisme* de DESCARTES; ANTON. *empirisme**.
2 Foi dans la raison* (2, 3, 4, 5) : Ex. le *rationalisme* des philosophes du XVIIIe s.; ANTON. *mysticisme**, *traditionalisme**, *philosophie du sentiment**.
3 Effort pour interpréter à l'aide de la raison* (6) les dogmes religieux révélés : LEIBNIZ parle en ce sens de « *théologiens* rationaux ».

Rationnel 1 Tout ce qui appartient à la raison*, dans tous les sens, est fondé sur elle, ou conçu par elle : Ex. les principes *rationnels* de la connaissance.
2 Qui est conforme aux lois de la raison logique, qui est le résultat d'un raisonnement; SYN. *logique** : Ex. l'application *rationnelle* des règles de l'épopée dans *La Pucelle* de CHAPELAIN.

Réalisme A| (Philos.) **1** Théorie qui affirme l'existence du monde extérieur indépendamment de la pensée : ANTON. *idéalisme**.
B| (Esth.) **2** Toute forme d'art qui se refuse à idéaliser le réel et cherche au contraire à reproduire l'objet tel qu'il est. En ce sens, il n'y a pas de réalisme absolu, car la nature ne saurait jamais être reproduite qu'à travers le tempérament de l'artiste.
3 Spéc., la doctrine littéraire de certains écrivains, vers 1850 (les GONCOURT et, en partie, FLAUBERT) qui veulent représenter la réalité telle qu'on peut la voir, la deviner, l'étudier : histoires réelles, vécues, tirées de faits divers, ou d'une documentation historique très poussée, personnages ordinaires, aux sentiments vraisemblables, ou personnages vrais; peinture minutieuse* du milieu et du physique des personnages; style impersonnel et objectif*.
4 Tendance à représenter le côté matériel et grossier des choses : en ce sens RABELAIS est *réaliste*, alors qu'il ne l'est pas aux sens 2 et 3.

Rébus cf. *Logogriphe** (2).

Récepteur cf. *Destinataire**.

Réception En critique littéraire, accueil d'une œuvre par la critique et le public. L'une des dernières tendances de la critique tient compte de ce phénomène sociologique*. Cf. H.-R. JAUSS, *Pour une esthétique de la réception*, 1979.

Recherche 1 (Litt., art, parfois péj.) Effort pour se distinguer par les sentiments, les idées, le style, sans l'idée de fausseté qu'implique affectation*, qualité de l'œuvre ou de l'auteur caractérisés par cet effort; au

plu., traits de l'œuvre qui en résultent : *la recherche dans le vocabulaire; la recherche du maniérisme; les recherches des poèmes de Mallarmé.*
2 *La recherche* : l'ensemble des activités et des travaux d'une personne ou d'un groupe pour trouver du nouveau, inventer, en science, érudition, art : *la recherche à l'Institut Pasteur, peintre qui se consacre à la recherche de formes nouvelles. Les recherches* de qqun, *une recherche* : travail particulier de recherche.

Récit 1 (Ling.) Énoncé indépendant de toute situation n'impliquant pas le narrateur* : les faits existent par eux-mêmes. ANTON. *discours**.
2 (Litt.) Énoncé de caractère narratif* rapportant les différentes phases d'un événement ou d'une série d'événements. Le *récit* se compose alors de l'*histoire* (*fiction* ou trame des événements) et de la *narration* (manière dont l'auteur raconte). On distingue les *récits de réalité* : conversation quotidienne, information narrative, rapport*, témoignage, reportage, biographie, autobiographie*, confession*, récit historique,... et les *récits de fiction* : conte*, mythe*, fable*, apologie*, parabole*, nouvelle*, roman*,... Pour l'analyse du *récit*, cf. *Actant**, *Séquence**, *Schéma**, *Nœud**.

Récitatif cf. *Mélopée** (2).

Reconnaissance Le fait que deux personnages qui ignoraient chacun qui était l'autre et les liens qui les unissaient découvrent la vérité. Procédé recommandé par ARISTOTE pour provoquer le pathétique* : EX. dans *Iphigénie en Tauride* d'EURIPIDE, Iphigénie reconnaît son frère Oreste au moment où elle allait l'immoler aux dieux.

Récurrent Se dit d'une image*, d'une structure*, d'un thème* qui revient souvent, qui se reproduit.

Redondance (étym. « débordement ») Abondance de mots, dont plusieurs sont inutiles, pour exprimer une idée : EX. les *redondances* du style de CICÉRON. L'adj. *redondant* se dit spéc. d'un message* où il y a trop d'informations ou qui n'a pas de sens : EX. « *Le silence invertébral indispose le voile licite* » ou « *Quelle est la couleur du cheval blanc d'Henri* IV? ».

Référent Ce terme renvoie à la réalité extralinguistique, au domaine de l'expérience du sujet* parlant. Le *référent* d'un signe*, c'est ce par quoi le *signifié** prend un sens.

Référentielle cf. *Fonction** (*du langage*).

Réfutation (Rhét.) Partie d'un discours, après la confirmation, où l'on répond aux objections déjà exprimées ou prévues.

Registre cf. *Niveau* de langue*.

Règle Principe* qui prétend déterminer les conditions dans lesquelles l'œuvre d'art peut parvenir à la beauté. Les *règles classiques* sont fondées sur la tradition des Anciens (ARISTOTE, HORACE et la pratique des œuvres) et la raison* (7). Elles ont pris corps en Italie, au XVIe s., et se sont imposées en France, selon l'imitation des Anciens, entre 1630 et 1650.

Régression cf. *Chiasme**.

Réimpression cf. *Édition**.

Rejet Il y a *rejet* quand un élément syntaxique finit dans le vers qui suit celui dans lequel il est contenu pour la plus grande partie : SYN. *enjambement**; RACINE : «*Mais tout n'est pas détruit et vous en laissez vivre*| Un... *Votre fils, Seigneur, me défend de poursuivre.*»

Relations Chez DIDEROT : cf. *Conditions**.

Relativité Qualité de ce qui est *relatif*, c.-à-d., par opposition à absolu*, qui ne se conçoit que par rapport à un autre terme : EX. une œuvre d'art est *relative* à une civilisation et s'explique par elle. *Relativité de la connaissance* : le fait que nous ne connaissons pas les choses en soi, l'absolu* : *a*) parce que nous ne saisissons que des relations entre les choses sans pouvoir remonter à leur principe* absolu (*relativisme objectif*); *b*) parce que notre esprit ne peut saisir des choses que ce que nos facultés le rendent capable de saisir et encore en le déformant suivant notre activité propre (*relativisme subjectif*).

Religiosité (XIIIe s., «scrupule religieux») De nos jours, disposition très vague à croire en Dieu, qui n'est rapportée à aucune foi positive, à aucun sentiment précis d'un dogme ou de devoirs envers Dieu.

Réminiscence 1 Chez PLATON, théorie d'après laquelle notre connaissance actuelle des Idées* est fondée sur le souvenir que nous avons de les avoir contemplées directement dans un état antérieur.
2 (Psych.) Retour dans la conscience d'une image qu'on ne reconnaît pas comme un souvenir parce qu'on a oublié la perception réelle à laquelle elle correspond.
3 Souvenir si incertain qu'on ne le localise pas dans le passé ou qu'on le prend pour une idée nouvelle; chez un écrivain, emprunt à son passé,

à sa culture qu'il ne reconnaît pas pour tel et donne, inconsciemment, comme une idée originale.

Répétition 1 (Rhét.) Figure consistant à employer plusieurs fois les mêmes termes pour mettre en valeur une idée ou un aspect de cette idée. Ex. Verlaine : «*Ô* triste, triste *était mon âme*| À cause à cause *d'une femme.*» Dans ce cas, la *répétition* est volontaire. Cf. *Anaphore**.
2 Dans un récit*, on trouve des *répétitions* d'épisodes sous forme de rappels, de variations : *récit répétitif* (G. Genette, *Figures III*).

Réplique 1 Au théâtre, dernier mot, dernière phrase d'une partie de dialogue, signe quelconque au moyen duquel un acteur en scène reconnaît que le moment est venu pour lui de parler. Dans un sens plus général, la réponse d'un acteur à la tirade d'un autre acteur. Syn. *élément du dialogue, repartie.*
2 (Beaux-arts) Reproduction d'une œuvre d'art, par le même artiste, en général dans des dimensions différentes.

Résonance Manière dont un corps accroît ou transmet les ondes sonores, prolongement de ces ondes dans un autre corps. Au fig., la *résonance* d'un mot, d'un thème, d'une œuvre, etc.; c'est donc : **1** leur pouvoir d'éveiller, comme en écho, certaines impressions particulières chez le lecteur ou l'auditeur;
2 cette impression elle-même.

Résumé Condensé d'un texte, le nombre de mots pouvant être imposé.

Réticence 1 (Rhét.) Figure par laquelle on interrompt sa phrase sans achever sa pensée (que l'auditeur devine pourtant) pour marquer son émotion, ou pour quelque allusion*.
2 Dans le langage courant, la *réticence* est proprement un *silence* qui en dit long, car on se tait alors qu'on devrait normalement parler. C'est un abus actuel que d'appeler *réticences* des paroles ou des manifestations qui marquent ou laissent deviner la désapprobation : on dira plutôt *réserves, hésitations*.

Rêver 1 (XVIIe s.) Méditer.
2 Se laisser aller au rêve, c.-à-d. à des associations d'images ou d'idées qui ont la même fantaisie* ou irréalité que dans le sommeil : *a*) (sens défavorable) concevoir des choses déraisonnables; *b*) (sens favorable) pénétrer dans un monde idéal créé par l'imagination. Flaubert : «*Le comble de l'art, c'est de faire* rêver.»

3 Depuis la *psychanalyse**, le rêve est interprété comme une manifestation de l'inconscient : *rêver*, c'est libérer ses désirs refoulés, en les travestissant le plus souvent.

Rêverie 1 (XVIIe s.) Méditation. BOILEAU : «*J'occupe ma raison d'utiles* rêveries.»
2 État de l'esprit qui se laisse aller *passivement* à des associations psychiques* : *a*) en s'abandonnant à des *sensations* à demi conscientes; sens fréquent chez ROUSSEAU : EX. la *rêverie* au bord du lac de Bienne (*Rêveries...*, «cinquième promenade»); *b*) en s'abandonnant à des associations d'*images* ou même d'*idées* très conscientes : EX. *La Pente de la Rêverie* (V. HUGO, *Les Feuilles d'automne*).

Réversion Figure* de style qui consiste à énoncer deux fois les mêmes mots, mais de façon qu'il en résulte deux propositions sémantiquement opposées; EX. MOLIÈRE : «*Il faut manger pour vivre, et non pas vivre pour manger*» (*L'Avare*).

Révolte En un sens spécial, chez A. CAMUS (*L'Homme révolté*, 1951) et, de nos jours, à sa suite : refus de la religion ou de la morale imposées, de l'esclavage historique, de l'absurde*, etc., au nom de valeurs* que l'homme postule et auxquelles il s'identifie pour se dépasser dans un idéal qui tend à devenir commun. CAMUS : «*L'analyse de la* révolte *conduit au moins au soupçon qu'il y a une nature humaine.*» La *révolte* peut être à l'origine de la *révolution*, mais ne postule pas, comme elle, une idéologie complète et une action organisée pour substituer celle-ci à l'ordre actuel. En revanche, la *révolte* est liée à la vie, crée perpétuellement des valeurs, alors que la révolution peut être au service d'une idéologie déshumanisée et au fond nihiliste*.

Rhétorique 1 (Ant.) Technique du *bien dire* et, par suite, de *persuader* un auditoire.
2 Devenue une discipline qui énumère, classe, enseigne les éléments et les règles de l'art oratoire et de l'art littéraire, elle se divise en *invention* (*inventio* : recherche des idées), *disposition* (*dispositio* : mise en ordre), *élocution* (*elocutio* : recherche des figures*), *action* (*actio* : étude des gestes et de la diction) et *mémoorisation* (*memoria*). L'intérêt pour la *rhétorique*, longtemps négligée, a quelque peu resurgi : cf. G. GENETTE, «Rhétorique et enseignement » *in Figures II*.
3 Contrairement à l'éloquence* naturelle, ensemble de règles formelles* par opposition au *don* de persuader. VOLTAIRE : «*L'*éloquence *est née avant les règles de la* rhétorique.»

4 Style oratoire trop artificiel qui n'atteint ni l'émotion ni la poésie. BOILEAU : [un spectateur] «*qui des vains efforts de votre* rhétorique| *Justement fatigué s'endort ou vous critique.*»
5 (Adj.) *Interrogation rhétorique* : cf. *Interrogation**.

Rime Retour, à la fin de deux ou plusieurs vers, de la même *consonance* de la terminaison accentuée (voyelle et consonne qui suit) du mot final : la *rime* se substitue à l'assonance* au XIIIe s. *Rimes très riches* : celles qui comportent plusieurs syllabes identiques de son et d'articulation : Ex. *vaillant*, tra*vaillant*; —*riches* : la consonne précédant la voyelle accentuée est la même dans les deux mots : Ex. ban*nir*, fi*nir*; —*pauvres* : la voyelle seule est semblable, la rime n'est alors qu'une simple assonance* : Ex. am*i*, par*i*; —*défectueuses* : *a*) entre le simple et son composé : Ex. *faire*, dé*faire*; *b*) deux composés du même mot simple : Ex. re*tourner*, con*tourner*; *c*) deux mots dans lesquels la voyelle n'a pas la même prononciation : Ex. gr*â*ce, pl*a*ce; m*er* et aim*er* (cette dernière rime était encore possible au XVIIe s., les deux finales ayant alors la même prononciation : c'est ce qu'on appelle la *rime normande*); *d*) une diphtongue et une voyelle : Ex. n*u*ire, dés*i*re; *rime masculine* : entre deux mots se terminant par une syllabe tonique : Ex. fl*eur*, bonh*eur*; —*féminine* : entre deux mots se terminant par une syllabe muette : Ex. b*elle*, cru*elle*; am*ie*, infam*ie* (cf. *Alternance**). *Rimes plates* ou *suivies* : ordre *aa*, *bb*, *cc*, *dd*...; —*croisées* : *ababcdcd*; —*embrassées* : *abba*, *cddc*; —*redoublées* : l'une des deux rimes ou les deux sont répétées au moins deux fois; —*mêlées* : sans ordre uniforme; —*équivoquées** (cf. ce mot); —*enchaînées* ou *annexées* : rimes répétées au commencement du vers suivant : Ex. «Prenez garde, l'on n'ap*proche*| *Proche* du feu, sans brûler»; —*léonines* : très riches, de deux, trois syllabes (un *vers léonin* est un vers dont les deux hémistiches riment ensemble).

Rocambolesque Qui atteint le comble de l'invraisemblance, comme les aventures de Rocambole, héros de diveres œuvres de PONSON DU TERRAIL, dans la seconde moitié du XIXe s., qui fourmillent d'anachronismes, ressuscitent les personnages morts, etc.

Rococo cf. *Pompier**.

Roman 1 (M.A.) Récit en prose ou en vers en langue vulgaire (*roman*) et non en latin : Ex. *Le Roman de Renart*, *Le Roman de la rose*.
2 (Depuis le XVIe s.) Récit en prose d'aventures imaginaires qui se distingue : *a*) *de la nouvelle**, par sa durée prolongée dans le temps ou par le fait que, même dans un récit assez court, nous avons une vue de la psychologie *totale* des personnages; *b*) *du conte*, par le fait qu'il

donne l'existence aux choses et aux êtres qu'il décrit, sans les considérer comme des inventions merveilleuses* ou des symboles* philosophiques. Depuis le M.A. le *roman* a eu des formes si variées qu'il est impossible de les ramener à une définition unique. Les *romans* se distinguent par l'importance relative des divers éléments qui coexistent dans la plupart d'entre eux : *a*) *l'action*, qui domine dans le *roman d'anticipation* (récit d'aventures se passant dans le futur, plus ou moins fondé sur des données scientifiques, EX. l'œuvre de R. BRADBURY, de F. BROWN), le *roman d'aventures* (où les péripéties* sont mouvementées, EX. *Les Trois Mousquetaires*), le *roman de cape et d'épée* (où les personnages sont batailleurs et chevaleresques), le *roman noir* (emprunté à la litt. angl. : aventures macabres, avec fantômes et brigands, dans des décors effrayants, de nos jours, violent et pessimiste), le *roman policier* (aventures criminelles où se mêle quelque mystère, EX. l'œuvre de G. SIMENON, la *Suite policière* de Cl. AVELINE); *b*) *l'analyse psychologique** qui prédomine dans le *roman d'analyse* (cf. *La Princesse de Clèves*), le *roman d'apprentissage* (où l'on nous montre le héros expérimentant la vie, la société, le monde, cf. *L'Éducation sentimentale*), le *roman autobiographique**, le *roman personnel* (EX. E. FROMENTIN, *Dominique*), le *roman-feuilleton* (qui paraît par fragments dans un journal), le *roman par lettres**; *c*) *la peinture de la société* : le *roman de chevalerie* (récit qui se passe au M.A. et met en scène des chevaliers), le *roman historique* (les personnages et les lieux sont calqués sur l'histoire : EX. F. CHANDERNAGOR, *L'Allée du Roi*), le *roman picaresque**, le *roman de mœurs**, *paysan*, *populiste**, le *roman-fleuve* (très long, se passant sur plusieurs générations et donnant une large vue d'une époque, EX. J. ROMAINS, *Les Hommes de bonne volonté*); *d*) *la peinture du monde extérieur* : le *roman exotique**, *planétaire* (qui se passe à travers tous les pays du monde, après 1920), le *roman champêtre* (qui se passe à la campagne et en montre la vie); *e*) *les idées* : le roman peut avoir un but didactique*, contribuer à développer le savoir-vivre et la politesse (XVIIe s., le *roman pastoral**, *précieux**), défendre des idées morales et philosophiques (le *roman à thèse**), attaquer la société (le *roman satirique*, EX. *Les Lettres persanes*), proposer un idéal social (le *roman socialiste* de G. SAND); *f*) *l'élément poétique* : *roman lyrique**, *fantastique**. C'est actuellement le genre littéraire le plus pratiqué et le plus diversifié. Sur les règles* de ce genre, cf. leur remise en cause par les théoriciens du *nouveau* roman*.

Romance 1 (Espagne) Cf. *Romancero**.
2 En France, courte chanson à couplets, continuant les *lais lyriques* du M.A., sur divers sujets, mais spéc. la tendresse et l'amour, à la mode

sous ce nom emprunté à l'espagnol à partir du XVIIIe s., et à l'époque romantique (où on l'oppose à la ballade*, plus dramatique) : la *romance* de Chérubin dans *Le Mariage de Figaro*.
3 En musique, l'air de cette chanson, puis tout air tendre et amoureux (d'où *Romances sans paroles*, de VERLAINE).
4 Fig., péj., chanson ou genre d'un sentimentalisme naïf ou bête.

Romancero (Espagne, XVe-XVIIe s.) L'ensemble des *romances*, c-à-d. des poèmes en octosyllabes qui racontent des événements caractéristiques de l'âme héroïque, passionnée et mystique de l'Espagne du M.A. et de la Renaissance : Ex. *Le romancero du Cid*.

Romanesque 1 Qui a trait au roman, donc extraordinaire, imaginaire, trop parfait pour être vrai.
2 Qui conçoit la vie comme un roman*, c.-à-d. ayant un penchant pour la sentimentalité, la rêverie et du goût pour les aventures extraordinaires : Ex. *Les Romanesques* d'E. ROSTAND.

Romanticisme Mot forgé sur *romantique** par STENDHAL (*Racine et Shakespeare*, 1823) pour caractériser la litt. nouvelle par opposition au classicisme* : «*Le* romanticisme *est l'art de présenter aux peuples les œuvres littéraires qui, dans l'état actuel de leurs habitudes et de leurs croyances, sont susceptibles de leur donner le plus de plaisir possible. Le classicisme, au contraire, leur présente la littérature qui donnait le plus grand plaisir possible à leurs arrière-grands-pères.*»

Romantique 1 (XVIIe-XVIIIe s.) Qui tient du héros de roman. DIDEROT : [Néron] «*était un* romantique *consciencieux, un empereur d'opéra.*»
2 (À partir de 1775 environ, sous l'influence de l'angl. *romantic* : qui a le pittoresque et la sentimentalité de certains romans) «*Se dit ordinairement des lieux, des paysages qui rappellent à l'imagination la description des poèmes et des romans*» (Acad. 1798). ROUSSEAU : «*Les rives du lac de Bienne sont plus sauvages et plus* romantiques *que celles du lac de Genève*» (*Rêveries...*, «*cinquième promenade*», entre 1776 et 1778). Il s'agit d'une «*nature pleine de surprises, tour à tour farouche et pacifique, sombre et lumineuse, inspiratrice d'exaltation et de mélancolie*» (D. MORNET, *Le Romantisme en France au XVIIIe s.*)
3 Vers 1800, le mot s'applique aux œuvres d'art (poèmes, romans, musique, etc.) qui rappellent à l'imagination les paysages dits «*romantiques*» et produisent la même impression qu'eux; un morceau d'*Obermann* de SÉNANCOUR (1804) est intitulé : *De l'expression* romantique *et du ranz des vaches*.
4 À partir de la même époque, le mot subit l'influence de l'allemand *romantisch* (qui désigne l'idéal des écrivains allemands de la fin du

XVIIIe s., dressés violemment, sous l'influence de F. SCHLEGEL, contre l'art et les idées classiques* : critique des règles esthétiques et logiques, exaltation de la passion, de l'intuition, de la vie, idée que l'inspiration nationale médiévale doit être, pour les Modernes, ce qu'était l'épopée pour les Anciens) : dès lors, le mot désigne toutes les formes de la litt. et de la pensée nouvelles (avec évidemment la nuance dominante d'exaltation et de mélancolie venue des sens 2 et 3) par opposition aux formes classiques*. A. DE CUSTINE (lettre de 1814) : «*Les dénominations de* romantiques *et de classiques, que les Allemands ont créées depuis plusieurs années, servent à désigner deux partis qui bientôt diviseront le genre humain.*» On ne s'est d'ailleurs jamais mis exactement d'accord sur la définition précise du mot, chacun s'en servant pour désigner ce qui lui paraissait caractériser le mieux l'art et la pensée de cette époque. Le mot *romantisme* qui a supplanté *romanticisme** entre 1820 et 1830 n'a été admis par l'Académie qu'en 1878.

5 De nos jours, on appelle *romantisme* l'art, l'état d'âme et la pensée de la période 1820-1850, c.-à-d. avant tout : *a*) *un art* que caractérisent la liberté, l'influence des littérateurs du Nord, le retour à la tradition nationale, le lyrisme* personnel, le drame*, le roman, etc.; *b*) *un état d'âme* : crise de la raison et de la volonté, vague des passions et mal* du siècle, inquiétude* et désir d'évasion, apologie de la passion*, sentiment de la fatalité*, orgueil du moi; *c*) *des formes de pensée* : retour à la religion, pessimisme et, après 1830, théories sociales des écrivains.

6 Dans un sens général appliqué à toutes les époques, le mot désigne un état d'âme : prédominance de la sensibilité, impossibilité de se contenter d'une sagesse raisonnable : Ex. le *romantisme* du TASSE; il faut éviter de l'appliquer à des formes esthétiques (Ex. le lyrisme* personnel) ou à des thèmes (Ex. le sentiment de la nature) quand ils ne sont pas traités par les écrivains avec l'état d'âme dit *romantique*.

7 (Dans un sens péj.) Qui a les défauts du *romantisme*, déséquilibre, imagination exaltée, impossibilité de s'adapter à la vie, sentimentalité exagérée, étalage de ses propres sentiments : Ex. le *romantisme* d'Emma Bovary.

Rondeau Petit poème à forme fixe. BOILEAU : «*Le* rondeau *né gaulois* a la naïveté.*» **1** *Rondeau simple* : treize vers sur deux rimes *aabbaaabaabba*; pause après le cinquième et le huitième vers; les premiers mots du rondeau se répètent après le huitième et le treizième vers sans compter pour un vers : Ex. le célèbre rondeau de VOITURE : «*Ma foi c'est fait de moi, car Isabeau...*»

2 *Rondeau redoublé* ou *parfait* : vingt vers en cinq quatrains. Chaque vers du premier va former successivement le dernier vers des autres quatrains; parfois s'ajoute un sixième quatrain appelé *envoi** après lequel doit se trouver répété le premier mot ou le premier hémistiche de la pièce.

Rondel Poème à forme fixe du XVe s. : quatorze vers (de huit ou dix syllabes) en trois strophes sur deux rimes *abba, abab, abbaab*; le premier vers est répété au septième et au treizième, le deuxième au huitième et au quatorzième : Ex. Charles D'ORLÉANS, *Le Printemps* : «*Le temps a laissé son manteau*...»

Rythme 1 (Étym.) Retour à intervalles réguliers d'un son plus fort que les autres et nommé «temps fort» qui alterne avec des «temps faibles». Dans la poésie française, le *rythme* repose sur la longueur du vers* (mesure*), la disposition des rimes*, la place des césures*, la distribution dans le vers des accents*; le *rythme de la strophe** dépend de la nature, du nombre et de la disposition des vers employés. En prose, le *rythme* dépend du nombre et de la longueur des divers membres de la période* et de la disposition des syllabes accentuées; Ex. *rythme ternaire* : celui d'une période coupée en trois parties.
2 Impression que produit un vers ou une phrase dans la conscience de celui qui l'écoute ou, par ext., une œuvre, en particulier par son harmonie : Ex. le *rythme* des phrases de ROUSSEAU dans la «*cinquième promenade*» des *Rêveries*...
3 *Rythme d'un récit** : alternance de phases de méditation lentes et de phases d'action rapides; on ne peut mesurer ce tempo* qu'en se référant au premier épisode de l'œuvre elle-même. Dans les romans d'action, le *rythme* s'accélère en général, tandis que les derniers tomes de *À la recherche du temps perdu*, par exemple, dissolvent l'action dans la réflexion (cf. les études de G. GENETTE *in Figures III*).

Rythmique 1 (N.) Science du rythme* (1).
2 (Adj.) *Poésie rythmique* : versification fondée non sur le nombre ou la quantité* des syllabes, mais sur le retour régulier d'accents qui marquent les temps du vers; Ex. la poésie anglaise. *Prose rythmique* : prose à laquelle le retour régulier de certains accents donne un rythme particulier; Ex. cette phrase de ROUSSEAU : «*Le flúx et le reflúx de cette eaú, son bruít continú, mais renflé par interválles, frappánt sans relâche mon oreílle et mes yeúx*...» (*Rêveries*..., «cinquième promenade») donne, par le retour à peu près régulier des accents, l'impression d'un mouvement monotone qui berce les sens, comme le mouvement de l'eau mourant sur une grève.

S

Sacré Qui a rapport au culte de Dieu. **Sacraliser** (néol.), rendre sacré, c.-à-d. vénérable et comme religieux, ce qui, en fait, n'a aucun rapport avec Dieu : *sacraliser les ancêtres, la patrie.* **Désacraliser** (néol.), ôter son caractère à ce qui était proprement sacré ou avait été sacralisé : *désacraliser un mythe.*

Sadisme (fin XIXe s.) Lubricité accompagnée de cruauté dont il y a de nombreux exemples dans les œuvres du marquis DE SADE; spéc. perversion qui consiste à trouver du plaisir dans la souffrance d'autrui, par opposition au **masochisme** (fin du XIXe s., sur MASOCH, romancier autrichien), dans lequel le sujet se complaît dans sa propre souffrance.

Sage, Sagesse 1 (Ant.) Savant, habile, celui qui sait : Ex. les Sept Sages de la Grèce (cf. *Philosophie**).
2 (Ant.) Celui qui réalise un type moral idéal, le type de la *vertu** parfaite : Ex. *le sage stoïcien.*
3 Celui qui se conduit par raison*, qui est maître de lui, détaché des passions humaines : SYN. *philosophe** (4). LA BRUYÈRE : «*Le* sage *quelquefois évite le monde, de peur d'être ennuyé.*»
4 Celui qui est judicieux, équilibré, prudent, se rend compte des limites de l'homme et tâche de s'en accommoder raisonnablement. JOUBERT : «*Rousseau a ôté aux hommes la* sagesse *en leur enseignant la vertu.*»

Salon 1 Réunion de personnes autour d'un hôte pour parler litt., art, politique; implique toujours un goût mondain, opposé à celui du peuple, ou des bourgeois, ou des artistes, ou des spécialistes, ce que n'implique pas **cercle**, qui se dit pour tous les milieux. **Bureau d'esprit** (XVIIe s.), fam. et ironique de nos jours, ajoute à *salon* une idée de raffinement ou de recherche, **ruelle** (XVIIe s., chambre à coucher où une mondaine recevait les visiteurs), une idée de préciosité.
2 Depuis 1737, compte rendu littéraire des expositions d'artistes vivants qui se tenaient dans la salle carrée du Louvre appelée *salon* : les *Salons* de DIDEROT, de BAUDELAIRE.

Satanisme Caractère d'une œuvre, d'un personnage, d'un écrivain qui s'inspire du diable : *a*) en évoquant ses interventions ou manifestations, ce qui aboutit à une sorte de fantastique* : le *satanisme* de BARBEY D'AUREVILLY; *b*) plus profondément, en lui donnant le culte dû à Dieu, en se faisant son dévot, en choisissant le mal, la méchanceté, l'orgueil : le *satanisme* de BAUDELAIRE.

Satire (lat. *satura*, «mélange de différents mets») **1** (Ant. latine) Sorte de farce* mélangeant la prose et les vers, et critiquant les mœurs, puis poème attaquant les vices; EX. *Satires* d'HORACE.
2 (XVIe s.) Mélange de prose et de vers qui s'attaque aux mœurs publiques : EX. *La Satire Ménippée* (1594).
3 À partir du XVIIe s., poème à rimes plates, descriptif* et oratoire, qui s'attaque aux défauts littéraires, moraux, politiques ou simplement à des individus, la plupart du temps en nommant les personnages, ce que ne fait pas la comédie : EX. les *Satires* de BOILEAU.**4** Tout texte critique qui vise les mêmes cibles que celles citées en (1), (2) et (3) : EX. *Le Canard Enchaîné* est un journal satirique.

Satyrique 1 (En Grèce) *Drame satyrique* ou *satyre*, poème dramatique joué après la trilogie* tragique, et mettant en scène les satyres, compagnons de Bacchus, avec des éléments de gros comique.
2 (À Rome) *Jeux satyriques*, farces inspirées du drame satyrique grec.

Saynète 1 (Théâtre espagnol) Petite pièce bouffonne servant d'entracte.
2 Pièce légère, en un acte, à peu de personnages : *une saynète de Tchekhov*. La **pièce en un acte**, aussi courte, peut être de tous les genres, même le plus tragique. **Sketch** (1903; en angl., «esquisse»), sujet comique, souvent d'actualité, traité en une seule scène, qu'on peut insérer dans une revue, un film, etc. Cf. aussi *Proverbe**, *Divertissement**.

Scénario 1 (1764, mot italien, «décor») D'abord mise en scène, puis présentation écrite, canevas de l'intrigue* d'une pièce de théâtre, d'un ballet et par ext. d'un récit.
2 (Cinéma, 1911) Plan détaillé des diverses scènes qui doivent composer un film. **Synopsis**, résumé, schéma du *scénario*.

Scène (en grec, «tente») **1** Endroit couvert où jouaient les acteurs, d'où décor, puis tout bâtiment qui supporte le décor, puis théâtre et art dramatique.
2 D'où spéc. : *a*) le décor indiqué par le texte : *la scène représente une forêt*; *b*) le lieu de l'action : *la scène est à Rome*; *c*) *mise en scène* : organisation matérielle de la représentation : décors, place, mouvements, déclamation des acteurs, rythme du spectacle.

3 «*Partie d'un acte qui apporte quelque changement au théâtre par le changement des acteurs*» (D'AUBIGNAC). *Scène à faire* (terme de F. SARCEY, fin du XIXe s.) : scène attendue par les spectateurs parce qu'elle réunit deux personnages qu'on a hâte de voir ensemble et pose un conflit capital pour l'action*.

Scènique Qui a rapport à la scène du théâtre ou à la mise en scène; au fig., se dit de ce qui passe la rampe, s'adapte bien à l'*optique* théâtrale* : *instinct scénique, style scénique*. **Théâtral** (au propre, qui a rapport au théâtre comme divertssement social) s'applique, au fig., en un sens plus large, à tout ce qui produit certains effets propres au théâtre, non seulement par son caractère dramatique*, mais aussi par les attitudes, les décors, le pathétique* et, parfois, péj. par quelque grandiloquence : le caractère *théâtral* de *Phèdre*.

Scepticisme **1** Doctrine d'après laquelle l'esprit humain ne peut atteindre en rien la certitude ni même la probabilité : EX. dans l'Ant., les doctrines de PYRRHON d'Élis, de SEXTUS EMPIRICUS, etc., et au XVIe s., celle de MONTAIGNE dans l'*Apologie de Raimond de Sebonde* (*Essais*, II, 12); ANTON. *dogmatisme** (1); SYN. *pyrrhonisme** (avec toutefois une nuance, cf. ce mot). DESCARTES : «*Non que j'imitasse en cela les* sceptiques *qui ne doutent que pour douter et affectent d'être toujours irrésolus.*»
2 Spéc., doute vis-à-vis de la métaphysique* (3) et de la religion : SYN. *incroyance*; EX. le *scepticisme* de VOLTAIRE à l'égard de la métaphysique; par ext., défiance à l'égard des idées reçues, du succès ou de la vérité de qqch.

Schéma (en grec, «forme, figure») **1** Figure, description ou représentation simplifiée donnant les traits essentiels d'un objet (*schéma d'une fleur*) ou d'un processus (*schéma d'une opération*). *Un personnage schématique* est un personnage ramené à quelques traits essentiels : EX. les personnages des *Contes* de LA FONTAINE, des farces de MOLIÈRE, des *Contes* de VOLTAIRE sont *schématiques*. Dans la mesure où ce qui est *schématique* est le résultat d'une abstraction*, on l'oppose à la complexité du réel et de la vie.
2 *En critique littéraire*, pour l'analyse d'un récit*, on parle *a*) du *schéma actantiel* : on analyse le récit en appliquant les *paradigmes* actantiels** (*sujet**, *objet**, *destinateur**, *destinataire**, *opposant**, *adjuvant**) qui permettent de donner un *schéma* des différentes fonctions remplies par les personnages; *b*) du *schéma quinaire** : il s'agit de distinguer les cinq étapes ou *nœuds** de l'action du récit*. Ces méthodes d'analyse sont inspirées des études de V. PROPP sur le conte* (*Morphologie du conte*).

Science 1 Connaissance parfaite d'une chose. DESCARTES : « *Toute connaissance qui peut être rendue douteuse ne doit pas être appelée du nom de* science. »
2 Connaissance d'une technique, d'un art : Ex. *science du rythme*.
3 À partir de la fin du XVIIe s., ensemble de connaissances objectives* dans un certain domaine, coordonnées par des principes* et vérifiées par une méthode rationnelle, par opposition : *a*) à la connaissance vulgaire parce que la *science* unifie certains groupes de connaissances; b) à la métaphysique*, parce que la *science* n'étudie que les faits positifs*; c) à la philosophie*, parce que la *science* est spécialisée; *d*) à la religion, parce que la *science* est fondée sur la raison* et non sur la révélation; *e*) à l'art*, parce que la *science* n'a pas de fin* esthétique*. *Sciences abstraites* ou *exactes* : celles qui arrivent à des lois; EX. les mathématiques, l'astronomie, la physique; —*concrètes* : celles qui ne connaissent que des individus ou des objets concrets qu'elles classent; Ex. botanique; —*morales* ou *humaines* : celles qui étudient l'esprit humain et les rapports sociaux; Ex. psychologie, sociologie*; —*physiques* : la physique et la chimie; —*naturelles* : les sciences qui étudient les êtres animés (y compris l'homme dans son corps), les végétaux et les minéraux de la nature. *Science pure* ou *fondamentale* : science étudiée indépendamment de ses applications possibles, par opposition à *science appliquée* ou *technique*; la frontière entre sciences pures et appliquées fluctue dans le temps.
4 Science-fiction : s'applique à une œuvre d'imagination qui s'appuie sur des données scientifiques pour écrire une fiction*, un récit sur le monde futur; ce genre, universellemnt apprécié, est pratiqué presque exclusivement aux États-Unis. Cf. *Anticipation**, *Roman**.

Scientisme 1 (Histoire religieuse) Croyance, attitude des *scientistes*, partisans de la *Christian Science*, doctrine religieuse américaine de la seconde moitié du XIXe s., qui prétend guérir par la prière les maladies du corps comme celles de l'âme.
2 (Début du XXe s.) Croyance aveugle en la toute-puissance de la science positive dans tous les domaines et pour résoudre tous les problèmes humains. A. CAMUS : « *Le marxisme n'est pas scientifique, il est, au mieux,* scientiste. »

Scolastique 1 (M.A.) Méthode philosophique enseignée à l'« École », c.-à-d. dans les écoles ecclésiastiques et les universités du M.A. : elle repose sur la théologie, essaie de concilier foi et raison, abuse des raisonnements formels* et de l'autorité*, notamment d'ARISTOTE.

2 D'où, péj., formalisme exagéré (divisions, distinctions, etc.), philosophie purement verbale sans rapport avec l'expérience* et la vie.

Scolie Note grammaticale ou critique destinée à expliquer un texte ancien*, et faite par le « scoliaste ».

Sémanalyse Terme contracté pour « sémiotique analytique » qui recouvre la recherche critique de J. KRISTEVA : elle se propose d'emprunter à d'autres sciences que la ling. (psychanalyse, mathématiques,...) les concepts nécessaires à la saisie du « génotexte » (ensemble de signes non achevé), mais indéfiniment construit par les pulsions.

Sémantique Étude du sens* des mots (ou *signifié**).

Sème Particularité qui compose le sens* d'un mot : on distingue les *sèmes communs* et les *sèmes spécifiques*.

Sémiologie Terme proposé par F. DE SAUSSURE pour désigner la science qui étudie la vie des *signes** au sein de la société, c.-à-d. tous les systèmes symboliques.

Sémiotique Étude des éléments et des mécanismes de la signification dans un texte littéraire.

Sens 1 Faculté de connaître par une sensation*.
2 Faculté de connaître d'une manière immédiate et intuitive* (comme par une sensation). *Sens moral* : faculté de connaître intuitivement le bien et le mal : SYN. *conscience* morale*.
3 D'où, jugement*, *bon* sens*. *Sens commun* : ensemble des opinions si généralement admises que les opinions contraires apparaissent comme fausses, sans même qu'on les discute. FÉNELON : « *Qu'est-ce que le* sens commun? *n'est-ce pas les mêmes notions que tous les hommes ont précisément des mêmes choses?* »
4 L'ensemble des impressions qui nous viennent *par* les sens, donc ce qui est irrationnel, impulsif, animal, par opposition à la raison* (3, 4). ROUSSEAU : « *Quand les* sens *enflammés aliènent l'entendement** ... ».
5 *Sens d'un mot* : valeur précise que le *signifié** acquiert dans un contexte*, une situation*, une langue* ou un sujet unique. **Signification**, en ling., est SYN. de *signifié**; ailleurs, il peut désigner un *sens particulier* que l'on donne au mot. **Acception**, celle de ces *significations* que l'on choisit lorsqu'on se sert du mot dans une de ses nuances précises et particulières : Ex. le *sens* de « absurde* », c'est « illogique et inconcevable, par quelque contradiction »; le mot a pris une *signification* particulière

après la Seconde Guerre mondiale; on peut l'employer dans son *acception* ordinaire ou dans l'*acception* de CAMUS, SARTRE, etc. **Emploi**, utilisation d'un mot dans une acception déterminée. *Sens propre, sens figuré* : cf. *Propre**, *Figuré**.

Sensation Impression psychologique affective* et représentative :
1 reçue par l'intermédiaire des sens : EX. une *sensation* de rouge est une sensation visuelle *représentative* parce qu'elle me fait connaître une couleur et *affective* parce qu'elle est agréable ou déplaisante;
2 due à une stimulation psychologique quelconque : *une* sensation *de faim, de vertige.*

Sensibilité **1** L'ensemble des opérations sensitives* (1) de l'esprit, la faculté d'avoir des *sensations*. G. CABANIS : «*Les nerfs sont les organes de la* sensibilité», d'où finesse des sens, faculté de ressentir les moindres impressions physiques ou morales. BOSSUET : «*Il se forme dans les grandeurs une nouvelle* sensibilité *pour les déplaisirs.*»
2 L'ensemble des phénomènes affectifs*, passifs (douleur, plaisir), actifs (inclinations, passions), par opposition à l'intelligence* (2) et à la volonté*; d'où prédominance, chez un être, de l'affectivité des facultés d'émotion, de sympathie, de passion : EX. *la sensibilité de Rousseau*.
3 Les traits caractéristiques de l'affectivité d'un être, d'une époque, d'une école : *la sensibilité romantique*.

Sensible **1** Qui tombe sous les sens* (1). *Monde sensible* : celui qui tombe sous les sens par opposition au monde intelligible.
2 Qui est l'objet d'une intuition du sens* (2). PASCAL : «*Dieu est* sensible *au cœur** (4), *non à la raison** (3).»
3 Plein de sensibilité* (2) : EX. *une femme sensible.*

Sensitif **1** Qui appartient à la sensation*; ANTON. *intellectuel*. BOSSUET : «*Nous connaissons notre âme** (1) *par ses opérations qui sont de deux sortes : les opérations* sensitives *et les opérations intellectuelles.*»
2 Dont la sensibilité* (1) est spéc. développée.

Sensualisme Doctrine de CONDILLAC (1715-1780) d'après laquelle toutes nos connaissances proviennent des sensations*; cf. *Associationnisme** (le mot n'a aucun rapport avec *sensuel**).

Sensuel Qui goûte les plaisirs des sens* (4), ou qui les exprime : EX. *une poésie sensuelle*.

Sentence cf. *Pensée**.

Sentencieux cf. *Laconique**.

Sentiment Étym., tout ce qui est «*senti*», tout ce dont on a conscience. Mais le mot s'est spécialisé dans des sens précis. **1** (XVIIe s.) Sensation*. BOSSUET : «*Les opérations sensitives*, c'est-à-dire celles des sens sont appelées* sentiments *ou plutôt sensations.*»
2 État *affectif**; *a*) par opposition à la *représentation* que donne la *sensation* : Ex. j'ai une *sensation* de rouge qui me donne un *sentiment* de plaisir; *b*) d'une façon générale, tout état affectif* par opposition à ce qui est intellectuel et actif. CORNEILLE : «*Ma raison, il est vrai, dompte mes* sentiments.»
3 Plus spéc., les émotions et les tendances *altruistes* par opposition à l'*égoïsme* : Ex. avoir des *sentiments de pitié, de tendresse*.
4 Conscience* claire ou confuse (mais aussi directe qu'une *sensation*, cf. sens 1). VAUVENARGUES : «*Le* sentiment *de nos forces les augmente.*»
5 D'où intuition*, par opposition à raison* (3), à raisonnement. PASCAL : «*Ceux qui sont accoutumés à juger par le* sentiment *ne comprennent rien aux choses du raisonnement, car ils veulent d'abord pénétrer d'une vue et ne sont point accoutumés à chercher les principes**.»
6 Opinion, avis, croyance. DESCARTES : «*Tous ceux qui ont des* sentiments *fort contraires aux nôtres ne sont pas pour cela barbares ni sauvages, mais plusieurs usent autant ou plus que nous de raison.*»
7 *Morale du sentiment* : morale fondée sur les tendances altruistes (sens 3) avec l'idée que le cœur* nous donne une connaissance intuitive du bien (sens 5) : Ex. au XVIIIe s., les morales de VAUVENARGUES; de DIDEROT, de ROUSSEAU.
8 *Les sentiments d'un personnage* : *a*) tout ce qu'il éprouve en lui-même; *b*) plus spéc., sa vie affective* par opposition à ses idées et à ses actes. *Sentiment de la nature* : toutes les impressions que produit la nature* (9) sur la sensibilité* (2).

Séquence 1 (Cinéma) Suite de *plans*, c.-à-d. de prises de vues effectuées sans interruption, groupés pour faire une unité dramatique, équivalente, dans le film, à une scène* ou à un tableau* au théâtre.
2 (Litt.) Groupement d'éléments divers, de temps ou de lieux différents, présentant une unité particulière dans l'action générale : Ex. l'entrée des Français à Milan, *séquence* de *La Chartreuse de Parme*.
3 En critique littéraire, le mot a été employé par V. PROPP pour désigner le «*développement partant d'un méfait ou d'un manque, et passant par les fonctions intermédiaires pour aboutir au... dénouement*» dans un conte*; le terme a été réutilisé par R. BARTHES et les structuralistes à propos de tout récit pour en dégager la syntaxe*. C. BREMOND (*Logique*

du récit, 1973) regroupe les fonctions en une *triade** qu'il nomme à son tour « séquence » : d'une *virtualité* (Ex. un but à atteindre), on peut avoir passage à l'acte (*actualisation*) ou non, puis *achèvement* avec succès ou échec, ce schéma* aboutit par multiplication à des *séquences complexes* et offre tous les « possibles narratifs », toutes les options logiquement offertes au narrateur pour continuer son récit.

Série noire Célèbre collection de romans policiers, fondée par M. DUHAMEL en 1945. Les premiers titres, traduits de l'américain, étaient caractérisés par une certaine violence. De nos jours, la *Série noire* fait une large place aux auteurs français; le ton est souvent humoristique, marqué par une distanciation étonnante : Ex. *Je suis un roman noir* (A.D.G.).

Sérieux (*genre*) (XVIIIe s.) Le drame* conçu par DIDEROT « *au point qui sépare la distance du genre comique au genre tragique* ». DIDEROT : « *Il y aura* [de l'intérêt] *dans toute composition dramatique où le sujet sera important, où le poète prendra le ton que nous avons dans les affaires* sérieuses *et où l'action* s'avance par la perplexité et les embarras* [...] *j'appellerai ce genre le genre* sérieux ».

Sermon Enseignement religieux prononcé en chaire : Ex. les *Sermons* de BOSSUET. Par ext., tout discours moralisateur.

Seuil (Au fig., terme de science, XXe s.) Limite, valeur d'une importance capitale, parce qu'elles marquent un passage à qqch. de différent : Ex. le *seuil*, c'est en psychophysiologie la plus petite intensité à partir de laquelle un phénomène devient sensible : en sociologie ou en économie, le niveau d'un facteur dont le franchissement fait varier brusquement toute une série; ce peut être aussi le passage à un niveau supérieur dans une évolution : l'apparition de la pensée, chez l'homme, est un *seuil*.

Sibyllin cf. *Hermétique**.

Signe (Ling.) Terme défini par F. DE SAUSSURE comme « association » de deux parties : le *signifiant** et le *signifié**; on leur adjoint le *référent**, c.-à-d. l'objet réel auquel renvoie le signe dans un énoncé particulier : Ex. le signe « table » est composé d'un élément matériel (la suite de phonèmes* [tablə]), d'un concept (celui de « table ») et de l'objet qui s'impose à l'esprit pour illustrer ce concept à cet instant précis (Ex. *la table de ma grand-mère*). Cependant le *signe* n'est pas forcément linguistique : Ex. un *drapeau* est un *signe*. Le *signe* se définit par son arbitraire (voir pour preuves les variations d'une langue à l'autre, d'une part, et le fait, d'autre part, qu'un même *signifiant* puisse avoir plusieurs *signifiés* : Ex. *une* tour *et un* tour), son immutabilité (nul ne peut le faire varier à son gré) et sa mutabilité (évolution dans le temps).

Signifiant (Abrégé «Sa») Élément perceptible, aspect matériel d'un *signe**; pour un signe ling., le mot écrit ou prononcé, son expression phonique : Ex. la suite de phonèmes* [tablə]. Indisssociable du *signifié** pour F. DE SAUSSURE, le *signifiant* s'est vu accorder, dans les études de J. LACAN et R. BARTHES, une relative autonomie qui fait de lui l'élément privilégié de la litt. comme production de sens et de plaisir.

Signifié (Abrégé «Sé») Contenu sémantique* d'un *signe**; pour un signe ling., l'objet auquel renvoie le mot qui lui donne son sens : Ex. l'objet «table».

Simple (*style*) En rhét., le style le plus proche du langage ordinaire, le moins orné de tous les styles.

Simplisme 1 (Vx, sans nuance péj.) Emploi de moyens simples, spéc. en art : le *simplisme d'un paysagiste ancien*.
2 (Péj., depuis le XIXe s. et FOURIER) Défaut du «simpliste» ou de ses raisonnements, qui, en simplifiant outre mesure ou en ne voulant voir qu'un seul côté des choses, tombent dans l'inexactitude.

Simultanéisme (Néol., appliqué d'abord, vers 1917, à une école poétique) Procédé qui consiste à juxtaposer et même à mêler dans le récit, sans aucune transition, des événements simultanés, mais éloignés dans l'espace, et appartenant à des séries en apparence différentes : Ex. J.-P. SARTRE; dans *Le Sursis* (*Les Chemins de la liberté*), pratique le *simultanéisme* en entrelaçant des événements se passant en France, un discours de Hitler, des événements se passant chez les Sudètes, des réactions d'hommes politiques anglais, etc.

Situation 1 (Théâtre) Moment, souvent important, de l'action dramatique* et, par ext., d'un récit, défini par le rapport actuel des personnages entre eux ou avec les circonstances de l'intrigue et par l'effet qui en résulte : *situation comique, tragique*. MARMONTEL : «*La fameuse* situation *de Phocas, dans* Héraclius [...] *entre son fils et son ennemi et ne pouvant discerner l'un de l'autre.*» *Personnage en situation* : placé en scène pour produire son effet sur le spectateur. *Vers, mot de situation* : dont la valeur vient des circonstances où il est prononcé.
2 (Ling.) *Situation de communication* : ensemble des conditions matérielles dans lesquelles le message* est produit.

3 (Philos.) Relations concrètes unissant, en un moment donné, un être ou un groupe à un milieu et à des circonstances qui conditionnent son action. J.-P. SARTRE : « *Ma position au milieu du monde* [...], *voilà ce que nous nommons la* situation. »

Sizain Strophe* de six vers*, isométrique ou hétérométrique*, sur deux rimes* (*ababab* ou *aabaab* ou *aababb* ou *abbaab*) ou trois (*aabccb* ou *abbacc* ou *aabcbc*).

Sketch cf. *Saynète** (2).

Slogan (XIXe s., en écossais, « cri de guerre d'un clan ») **1** (Publicité) Courte phrase qui est comme la devise commerciale d'un produit ou d'une firme.
2 (Depuis 1933 environ) Formule de propagande, spéc. politique. Ex. « *Métro, boulot, dodo* » (P. BÉARN).

Snob (Milieu du XIXe s., en angl., « cordonnier »; sobriquet, dans l'argot de Cambridge, du non-universitaire) **1** Celui qui, n'étant pas un vrai mondain, affecte les opinions et manières de ce qu'il croit être le beau monde, se targue de ses relations avec celui-ci, et exagère. Cf. *Le Livre des Snobs* de W. M. THACKERAY.
2 (Par ext.) Celui qui affecte les goûts des milieux qu'il croit distingués : le *snobisme littéraire, artistique*, etc., consiste à n'apprécier que ce qu'on croit la pierre de touche de la distinction intellectuelle. Cf. *Le Confort intellectuel* de M. AYMÉ.

Social 1 Qui concerne l'organisation des hommes en société : Ex. *contrat* social, sciences sociales*; en ce sens, le *politique* fait partie du *social*.
2 (Par opposition à politique) Qui concerne non la forme du gouvernement, mais l'état qui résulte de l'organisation de la société pour un ensemble d'individus appelé *classe sociale*, parce qu'ils sont placés au même niveau dans la société. *Critique* sociale* : celle qui porte sur les individus d'une classe (XVIIe s.) ou sur l'existence même de certaines classes (à partir du XVIIIe s.). *Question sociale* : la question de savoir comment doit être organisée la société de façon à augmenter le bien-être des classes défavorisées (à partir du XIXe s.).
3 Qui est utile au bien de la société : Ex. *l'action sociale*.

Socialisme (XIXe s., mot créé vers 1830, pour désigner la doctrine de SAINT-SIMON) Chez les écrivains de la première moitié du XIXe s., qualifie des doctrines fort diverses qui essaient d'organiser rationnellement la société, et, dans un sens encore plus large, s'applique à certaines œuvres qui prônent la justice sociale (SYN. *humanitaire*) : EX. les romans *socialistes* de G. SAND. **Communisme** (1841), **communiste** (1834 en ce sens) ont alors rapport à des doctrines contemporaines ou antérieures qui tendent à la suppression de la propriété privée et à la répartition des biens communs entre tous les hommes suivant leurs besoins : *le communisme de Babœuf*. De nos jours, *socialisme* et *communisme* désignent la doctrine des partisans des idées de K. MARX (1818-1883) ou *marxisme*, fondée sur le matérialisme historique et proposant, avec la lutte des classes* pour moyen, l'établissement du collectivisme comme terme de l'évolution des sociétés. Mais *socialisme* se dit plutôt de l'attitude de ceux qui pensent que l'évolution prédite par MARX doit s'accomplir fatalement, et agissent par réformes partielles ou en collaborant avec le capitalisme, *communisme* désignant par opposition l'attitude des marxistes qui veulent établir la dictature du prolétariat, en prenant le pouvoir par un moyen quelconque, par exemple la révolution, comme en Russie en 1917. **Collectivisme**, forme de *socialisme* prônant la mise en commun, au profit de la collectivité, de tous les moyens de production, mais admettant une certaine propriété privée et la liberté de consommation. **Étatisme** dit moins et implique ou que l'État met sous sa dépendance tous les moyens de production, ou qu'il intervient pour modifier les conditions de la production et de la répartition des richesses : dans ce cas, on dit plutôt **dirigisme**.

Sociocritique Terme créé par C. DUCHET pour qualifier sa forme d'intervention critique : il s'agit d'étudier « le statut du social dans le texte », de définir « la place occupée dans l'œuvre par les mécanismes socioculturels de production et de consommation » : EX. le Paris de *La Comédie humaine* par rapport au Paris réel de 1830.

Sociologie (XIXe s.) Mot créé par A. COMTE (1798-1857) : science qui étudie les phénomènes sociaux* (1) considérés comme soumis à des lois* (7). L'un des principaux fondateurs fut ensuite É. DURKHEIM (1858-1917). *Sociologie de la littérature* : sous ce terme (SYN. *Critique sociologique*) apparaît l'une des tendances de la critique contemporaine, affirmant que, dans la création artistique, *un* individu n'est pas *seul* concerné, mais que l'œuvre est l'expression d'une conscience collective dont l'artiste participe avec plus d'intensité que la majorité des individus. Cette recherche consiste donc à élucider les liens qui unissent créateur et société, œuvre d'art et structures mentales. Le fondateur en fut le Hongrois G. LUKÁCS, avec pour disciples (souvent d'obédience marxiste) en France : L. GOLDMANN (*Le Dieu caché*, *Pour une sociologie du* *roman*), L. ALTHUSSER, P. BÉNICHOU (*Morales du Grand Siècle*), P. BARBERIS (*Balzac et le mal du siècle*), R. ESCARPIT et C. DUCHET (cf. *Sociocritique**).

Solécisme cf. *Barbarisme**.

Soliloque cf. *Monologue**.

Somme Abrégé qui résume toutes les connaissances en une matière : *somme théologique*. SYN. *encyclopédie, compendium* (VX). **Sommaire**, abrégé, mais réduit à l'essentiel, voire au simple, de ce qu'on développera par la suite; spéc., en tête d'un livre, annonce de son contenu. SYN. *analyse, précis, résumé, notice, argument.*

Sonnet (italien *sonnetto*, « petite chanson ») Poème de quatorze vers d'origine provençale ou italienne, introduit en France au XVIe s. par MAROT : d'abord en décasyllabes*, il fut écrit en alexandrins* par les poètes de la Pléiade; depuis, il a admis tous les mètres*. Le *sonnet* comporte deux quatrains et deux tercets. Les deux quatrains sont sur deux rimes et chacun d'eux doit présenter un sens complet; chaque tercet n'a pas toujours un sens complet; les Italiens les construisaient sur deux rimes, MAROT les construisit sur trois, la Pléiade essaya des combinaisons fort diverses. On appelle *sonnets réguliers a*) le *sonnet marotique* : *abba abba ccd eed*; *b*) *le sonnet le plus courant chez* RONSARD : *abba abba ccd ede*. *Sonnet madrigalesque*, cf. *Madrigal**. *Sonnet libertin*, cf. *Libertin** (5).

Sophisme 1 Raisonnement faux qui paraît vrai : EX. « les œuvres de l'esprit sont éternelles; les poésies de l'abbé Cotin ont beaucoup d'esprit; elles sont donc éternelles », est un *sophisme*, car « esprit* » est pris successivement dans deux sens différents, ce que l'on ne mentionne pas. Cf. *Esprit** (9 et 12). **Paralogisme**, faux raisonnement qui trompe celui-là même qui le fait.
2 Argument qui, partant de prémisses* vraies, aboutit à une conclusion absurde, destinée non à tromper, mais à mettre dans l'embarras; EX. l'argument du tas ou *sorite* : si, d'un gros tas de blé, on retire un grain, le tas reste un tas; en continuant à retirer grain à grain, on arrive à conclure qu'un grain est un tas, ce qui est absurde.

Sophiste (en grec, « homme habile ») **1** (Ant.) Celui qui fait profession d'enseigner la sagesse : EX. Protagoras, Gorgias que critique PLATON dans ses *Dialogues*.
2 (Après PLATON) Dans un sens défavorable, celui qui pratique le sophisme* (1).

Sophistique **1** Attitude intellectuelle des sophistes* (1).
2 Philos. faite de sophismes* (1) et, donc, contraire à la vérité et à la simplicité naturelle.

Sophistiquer (XIVe s.) **1** (Intransitif, VX) Raisonner en sophiste* (2) avec des arguments captieux. VOLTAIRE : « *On* sophistiquait, *on ergotait.* »
2 (Transitif) Frelater un liquide (*sophistiquer du vin*) et, au moral, écarter du naturel (*sophistiquer le goût*). D'où *sophistiqué* : *a*) péj., d'une subtilité excessive qui aboutit à la complication, à l'obscurité, à l'artificiel. Mme DE SÉVIGNÉ : « *Le comte de Guiche et Mme de Brissac sont tellement* sophistiqués *qu'ils auraient besoin d'un truchement pour s'entendre eux-mêmes* »; *b*) néol., calque de l'anglo-américain, et sans nuance péj., du moins dans le langage du cinéma et de la couture : dont la beauté et l'élégance viennent d'un artifice raffiné.

Sotie Genre théâtral (XVe-XVIe s.) cultivé à Paris par la Confrérie des Enfants sans souci (les sots) : pièce bouffonne à personnages allégoriques*, souvent satirique : Ex. *le Jeu du Prince des sots* de GRINGOIRE (1512); *Paludes, Le Prométhée mal enchaîné, Les Caves du Vatican* (A. GIDE) sont appelés *soties* par leur auteur.

Sources cf. *Inspiration*, Avant-texte**.

Soutenu (*style*) cf. *Élevé** (style).

Souvenirs cf. *Mémoires**.

Spécieux Qui semble vrai, mais qui ne l'est pas : Ex. un sophisme* est un raisonnement *spécieux*.

Spéculation **1** Pensée qui n'a pour but que de connaître et d'expliquer, par opposition à la pensée orientée vers un résultat pratique.
2 (Péj.) Construction abstraite et arbitraire, non vérifiée par l'expérience et dont la valeur est douteuse.

Spiritualisme **1** Toute doctrine qui croit à l'existence de l'esprit* (2) comme réalité substantielle : Ex. le cartésianisme.
2 D'où, en psych., toute doctrine qui pense que les phénomènes psychiques intellecuels et volontaires ne se ramènent pas à des phénomènes physiologiques : Ex. *le spiritualisme de Bergson*.
3 (Morale) Toute doctrine qui juge les fins de l'esprit* (5) supérieures à celles du corps : Ex. *le spiritualisme de Vigny*; ANTON. *matérialisme**.

Spirituel On rattachera les significations de cet adj. à celles de *Esprit**.
1 Au sens religieux (cf. *Esprit** A et 6), par opposition à ce qui est de

l'ordre de la chair ou terrestre : *a*) qui a rapport à l'âme, est de l'ordre de l'amour de Dieu : *concert spirituel*, concert de musique religieuse; *exercices spirituels*, pratiques de dévotion; *b*) en parlant des personnes, qui dégage son âme des sens, vit intérieurement, cherche à se perfectionner aux yeux de Dieu : les *spirituels* et les *charnels* (PASCAL); on a appelé *spirituels* certains mystiques, par exemple les quiétistes* au XVIIe s.; *c*) qui se rapporte à la religion, à l'Église, par opposition à ce qui est laïque, temporel, mondain, séculier : *le pouvoir spirituel*; *d*) qui a un sens (allégorique, moral, religieux) caché derrière le sens littéral. PASCAL : «*Les prophéties ont un sens caché et* spirituel.» SYN. *symbolique**, *mystique**, *anagogique*.
2 Du domaine de l'*esprit** (4, 5, 7), par opposition à la matière et au corps : *famille spirituelle, valeurs spirituelles, héritage spirituel*; *amour spirituel* : non physique (SYN. *platonique*). ANTON. *charnel, physique, matériel*.
3 Qui montre de l'*esprit* : *a*) VX, aux sens 8 et 9 de ce mot, là où nous disons *intellectuel*, en parlant des personnes, *ingénieux*, en parlant des choses; *b*) de nos jours, au sens 12 : *un conteur spirituel; un récit spirituel*. SYN. *plaisant, piquant, amusant*.

Spleen (en angl., «rate») **1** (XVIIIe s.) Mauvaise humeur. VOLTAIRE : «*Pardon de m'être mis en colère; j'avais le* spleen.»
2 (XIXe s.) Mélancolie, tristesse, inquiétude* romantiques. BAUDELAIRE : «*Spleen et idéal*».

Stance (italien *stanza*, «demeure», XVIe s.) **1** Groupe de vers offrant un sens complet et suivis d'un repos, en nombre et en ordre déterminés, répétés périodiquement pour former les divisions d'un poème : SYN. *strophe** (2).
2 Poème lyrique* composé d'un certain nombre de stances (au sens 1) : EX. les *stances* du *Cid*.

Standardisation cf. *Rationalisation**.

Stéréotype En termes d'imprimerie, c'était imprimer avec des planches à caractères fixes servant pour plusieurs tirages (SYN. *clicher*). D'où, fig.; *stéréotype* : modèle qui permet de produire des phrases, des jugements, des personnages ou des intrigues tous semblables. SYN. *lieu* commun*, *cliché**, *poncif**. L'adj. *stéréotypé* s'applique à ce qui imite artificiellement un modèle sans tenir compte des circonstances particulières : EX. *une phrase stéréotypée*.

Stichomythie Partie du dialogue dramatique dans laquelle les interlocuteurs se répondent vers par vers.

Stoïcisme 1 (Ant.) École philosophique de ZÉNON (IVe s. av. J.-C.), SÉNÈQUE, ÉPICTÈTE, MARC AURÈLE, etc.
2 Les principales idées morales de cette école : le souverain bien placé dans l'effort pour arriver à la vertu; la liberté* du sage* vainqueur de ses passions, de la douleur, de la mort et de la contrainte dont il se libère par le suicide; la souveraineté de la raison*.

Strophe (en grec, « action de tourner », XVIe s.) **1** (Ant.) Ce que chantait le chœur en évoluant sur la scène.
2 (Poésie française) SYN. de *stance**; la *strophe* se définit par le nombre des vers, la nature des mètres* (isométriques* ou hétérométriques*), la disposition des rimes.

Structure, Structural, Structuralisme, Structuré Disposition et arrangement des parties d'un ensemble considéré comme faisant une sorte d'architecture, de construction; manière dont ces parties sont solidaires. **1** En général : *la structure d'un discours*; SYN. *composition, plan, distribution, économie**.
2 (XVIIe-XVIIIe s.) En biologie et en physique : *structure d'un tissu, du spectre*. SYN. *constitution, organisation, contexture*.
3 (XIXe s.) Dans les sciences sociales, avec l'idée que la *structure* de la chose sert à la définir : *structure d'une société, d'un gouvernement*. SYN. *forme, organisation, système*. D'où, spéc. : *a*) dans le marxisme, la réalité économique : cf. *Infrastructure**; *b*) organisation ou organisme complexe : *réformes de structure, les structures administratives*.
4 (XXe s.) En ethnologie, ling., philos., critique littéraire, etc., avec deux idées essentielles : *a*) celle de *relation*, chaque partie ne pouvant être ce qu'elle est que par sa dépendance et son rapport avec les autres; *b*) celle d'*autonomie de l'ensemble*, qui ne se définit et n'existe que comme étant une « *structure* ». L.T. HJEMSLEV : « *Décrire le langage comme étant essentiellement une entité autonome de dépendances internes, en un mot,* une structure. » *Structuré*, p.p. adj., peut se dire : *a*) de ce qui est bien construit, solidement composé par son auteur : *un discours structuré*; *b*) de ce qui a une structure (2, 3, 4) propre ou se définit par elle : *une société primitive structurée*. *Structural*, relatif à la *structure* (surtout au sens 4), qui l'étudie : l'*anthropologie structurale* analyse une société comme un ensemble « *d'éléments tels qu'une modification quelconque de l'un d'eux entraîne une modification de tous les autres* » (C. LÉVI-STRAUSS); la *linguistique structurale* rejette le sujet de son analyse et s'attache aux seuls énoncés à partir desquels elle infère la langue; la *critique structurale* ou *structuraliste* (cf. *Formalisme**) examine le « *phénomène verbal tel qu'il se présente dans la structure de l'énoncé*

concret» (R. BARTHES), c.-à-d. renonce à expliquer l'œuvre par référence au sujet qui l'a produite et se livre exclusivement à l'étude du texte : Ex. l'étude structurale du sonnet *Les Chats* de BAUDELAIRE pr R. JAKOBSON et C. LÉVI-STRAUSS. Cf. *Stylistique**.

Style Le sens fig. le plus ancien paraît être : *manière d'agir* (cf. *changer de style*); d'où découleraient certains emplois du sens 3 : *manière de parler.* Mais les significations dominantes de nos jours sont : **1** (Ling.) Choix personnel fait par un locuteur*, entre tous les moyens possibles que lui offre la langue, de ceux qui ajoutent au degré zéro de l'énoncé, c.-à-d. à la formulation la plus logique et la plus simple, l'expression de sa nature et de ses intentions; cf. *Langue** (4).
2 (Spéc, critique littéraire) Emploi particulier fait par un écrivain de la langue commune pour réaliser ses conceptions d'art et traduire de façon originale sa personnalité littéraire (choix des mots et des tours, figures*, rythmes*); par opposition à la langue* (1 et 4) qui est commune et à la pensée qui est transmissible tandis que « le style *est de l'homme même* » (BUFFON). Cette notion d'«*écart*» par rapport à la langue commune suppose qu'on puisse cerner cette norme. Aussi, d'autres définitions ont été proposées par la *stylistique** contemporaine : pour M. RIFFATERRE, c'est «*la mise en relief qui impose certains éléments de la séquence verbale à l'attention du lecteur, de telle manière que celui-ci ne peut les omettre sans mutiler le texte et ne peut les déchiffrer sans les trouver significatifs et caractéristiques*» (*Essais de stylistique structurale*, 1971); une autre recherche intéressante est celle de L. SPITZER qui s'attache à découvrir le phénomène linguistique qui s'impose au lecteur (cf. *Déclic**) comme caractéristique du style (*Études de style*, 1970).
3 Formes esthétiques caractérisant une époque : Ex. le *style* Renaissance; façon de s'exprimer d'un groupe social : Ex. le *style* du Palais; façon de s'exprimer suivant certains procédés généraux : *style* simple*, fleuri*, tempéré*, sublime*, artiste*, esthétique*, impressionniste*, noble*, figuré*, etc.
4 Caractère d'un ouvrage dont le *style* (au sens 2) présente des qualités artistiques conformes à une certaine idée qu'on se fait de la perfection : Ex. ce tableau a du *style*. Mais souvent une certaine confusion se produit avec le sens 3 et le *style* qu'on apprécie est le reflet d'un idéal artistique qui caractérise une époque ou l'application habile d'un certain nombre de procédés généraux; en ce sens, le *style idéal* s'oppose au *style personnel* et vivant d'un écrivain.

Styliser Donner du *style** (néol.) **1** Reproduire la nature* dans un *style** (2) personnel qui exprime le tempérament de l'artiste plutôt qu'il

ne cherche à rendre l'image conforme à un idéal esthétique ou moral traditionnel. É. FAGUET : « *J'ai tout de suite accepté* styliser [...] *qui dit autre chose qu'idéaliser.* »
2 Représenter la nature sous une forme schématique, simplifiée, qui en dégage l'essence*, sous une représentation plus symbolique* que concrète (en art, *styliser* signifie ramener les éléments de la nature à des ornements décoratifs) ; on dit un *personnage stylisé* pour qualifier un personnage ramené à quelques réactions essentielles qui expriment symboliquement sa vraie nature : EX. les personnages de la *commedia* dell'arte* (Arlequin, le vieillard Pantalon, etc.)

Stylistique A| (N.) **1** (Vx et scolaire) Connaissance pratique des tours et figures propres à une langue : *stylistique latine*.
2 Étude d'une langue pour faire l'inventaire des tours et expressions qui permettent à ceux qui la parlent, en leur offrant des possibilités d'« écart » avec l'énoncé le plus logique et le plus simple, d'exprimer la nature, les intentions, l'affectivité du sujet parlant (*stylistique générale*).
3 La *stylistique littéraire* est l'étude du *style** (2) d'un auteur et l'on tend à la définir de nos jours comme « *une linguistique des effets du message, du rendement de l'acte de communication, de la fonction de contrainte qu'il exerce sur notre attention* » (M. RIFFATERRE).
B| (Adj.) **4** SYN. *expressif, affectif* (ANTON. *logique**) : les exclamations, les phrases sans verbe sont des tours *stylistiques*, ont un effet *stylistique* ; **5** habituellement, SYN. de *formel** (4) : EX. l'étude *stylistique* d'une œuvre.

Subconscient 1 (Adj.) Dont on n'a qu'une demi-conscience.
2 (N.) Zone de faits psychiques dont le sujet n'a pas une conscience claire mais qui, à la différence de l'inconscient*, influe sur son comportement : EX. une scène d'un film éveillant de vagues souvenirs, des associations d'idées.

Subjectif Qui se rapporte au sujet* pensant par opposition à l'objet pensé : EX. face à un spectacle, objet de connaissance, l'émotion que je ressens n'appartient qu'à moi, sujet pensant : elle est donc *subjective* ; d'où, qui se rapporte à *un seul* sujet pensant par opposition aux autres sujets ; ANTON. *objectif** (2) ; *SYN. individuel. Lyrisme* subjectif* : celui qui exprime des sentiments purement individuels.

Subjectivisme 1 Tendance à ramener tous les jugements de valeur* à des états de conscience individuels. Le *subjectivisme esthétique** consiste donc à considérer tous les jugements esthétiques comme exprimant simplement le goût* individuel de leur auteur.

2 Attitude d'une personne, caractère d'une œuvre qui n'apprécie ou n'exprime que ce qui est subjectif*, n'a rien d'objectif* (2) : Ex. le *subjectivisme* des *Confessions* de ROUSSEAU.

Sublimation (Psychanalyse) Phénomène par lequel le « Soi » détache certaines pulsions instinctives de leur obsession primitive pour les transformer en conduites approuvées par la société.

Sublime (lat. *sublimis*, « élevé, supérieur ») Terme imprécis au sens esthétique* et moral*, il implique : **1** une idée d'*élévation* (surtout au XVIIe s.); cf. (style) *Élevé**. LA BRUYÈRE : « *Le* sublime *ne peint que la vérité, mais en un sujet noble.* » Pour lui, le *sublime* vient de la pensée et non du style;
2 une idée de *bouleversement* pour l'esprit. P. BOUHOURS : « *La* sublimité, *la grandeur dans une pensée est justement ce qui emporte et ce qui ravit.* » En ce sens le *sublime* dépasse le beau*, il produit une sorte de tension différente de l'apaisement que donne le beau et plus qu'une harmonie, un ordre parfait, il évoque l'infini*.
3 Pour V. HUGO, le contraire du *grotesque**.

Substrat 1 (Philos.) Réalité qui sert de base, de support*, à ce qui n'existe, ne se produit ou ne se manifeste que par elle : pour un matérialiste, la matière est le *substrat* de l'esprit. ANTON. *accident, phénomène, mode.*
2 (Ling.) Parler supplanté en un lieu par un autre parler très différent, mais qui survit, à travers celui-ci, par certaines modifications qu'il lui a fait subir : le *substrat gaulois* explique certains aspects particuliers de l'évolution du latin au français.

Suffixe cf. *Affixe**.

Sujet (lat. *subjectus*, « soumis ») **1** Ce qui est soumis à la réflexion, ce dont on parle, par opposition à ce qu'on en dit, qui est le *prédicat**; Ex. *le sujet d'un roman* (nuance différente de celle d'objet* au sens de but : le *sujet* d'une discussion est ce dont elle traite son *objet**, le but qu'on s'est proposé en l'instituant); d'où, en psych., l'être individuel *soumis à l'observation* : Ex. *un sujet nerveux*.
2 L'être réel considéré comme agissant : dans un récit*, le sujet est SYN. de *héros** (cf. *Actant**); en psych., *celui qui connaît* par opposition à ce qui est connu, c.-à-d. à l'objet* (ne pas confondre avec le sens 1).
3 L'individu soumis à l'autorité du souverain, par opposition à *citoyen*. ROUSSEAU : « *Les associés* [...] *s'appellent citoyens comme participant à l'autorité souveraine et* sujets *comme soumis aux lois de l'État.* »

Superstructure cf. *Infrastructure**.

Support (Fig., néol.) Élément matériel nécessaire pour qu'existe ou s'exprime qqch. d'immatériel ou d'abstrait : le *support* d'un dessin, c'est le papier, le carton sur lequel il est fait, un *support publicitaire*, le moyen matériel par lequel la publicité s'exprime (cf. *Médias**); un symbole (Ex. l'albatros, pour BAUDELAIRE, est le *support* d'une idée, celle du poète).

Surnaturel Qui est au-dessus de la nature*. **1** De la nature corrompue de l'homme sans la grâce* (nature* 5 b) : donc, qui n'appartient qu'à l'ordre* de la grâce*. PASCAL : «*De tous les corps et esprits, on n'en saurait tirer un mouvement de vraie charité, cela est d'un autre ordre,* surnaturel.»
2 De la nature* (3), c.-à-d. de la partie de l'Univers qui est soumise à des lois. MALEBRANCHE : «*Les effets naturels sont ceux qui sont des suites des lois générales que Dieu a établies pour la production et la conservation de toutes choses, et les effets* surnaturels *sont ceux qui ne dépendent point de ces lois.*» SYN. *miraculeux*.

Surréalisme, Surréaliste Mots créés par G. APOLLINAIRE (*Les Mamelles de Tirésias, drame surréaliste*, 1917), repris en 1924 par A. BRETON et divers poètes et artistes qui ont voulu libérer la poésie de la logique, des préoccupations esthétiques* et morales*, pour en faire l'expression du mouvement authentique de la pensée, souvent cherché dans l'inconscient*. A. BRETON : [Le surréalisme est] «*un automatisme psychique par lequel on se propose d'exprimer soit verbalement soit par écrit, soit de toute autre manière, le fonctionnnement réel de la pensée. Dictée de la pensée, en l'absence de tout contrôle exercé par la raison, en dehors de toute préoccupation esthétique ou morale.*»

Suspense (Néol., mot anglais) Moment d'un film et, par ext., d'une œuvre littéraire, où l'action provoque une attente angoissée; caractère de ce qui provoque un tel sentiment. Le mot s'emploiera bien à propos d'œuvres modernes qui cherchent consciemment de tels effets, pour désigner le *moment* («le *suspense* de l'évasion du prisonnier») ou le *caractère* («le *suspense* du récit policier»), mais pour le *sentiment*, on préférera, selon les cas, *intérêt, attente, anxiété, angoisse, inquiétude*, etc.

Sybarite (XVIe s.) Personne qui vit dans le luxe, le raffinement et la mollesse, comme faisaient les habitants de Sybaris, dans le Bruttium. VOLTAIRE : «*Les Parisiens sont aujourd'hui des* Sybarites, *et crient qu'ils* *sont couchés sur des noyaux de pêche, parce que leur lit de roses n'est pas assez bien fait.*»

Syllepse 1 Accord des mots en genre et en nombre, non d'après les lois grammaticales, mais d'après l'idée présente à l'esprit de l'écrivain; Ex. RACINE : «*Entre le pauvre et vous, vous prendrez Dieu pour juge* [...]| *Comme* eux *vous fûtes pauvre, et comme* eux *orphelin.*»
2 *Syllepse de sens* : figure qui consiste à employer un mot dans son sens propre* et son sens figuré* en même temps; c'est une des formes du jeu de mots : Ex. «*Il mourut décapité, mais* la tête haute.»

Syllogisme (Logique) Raisonnement par déduction qui contient trois propositions (les deux *prémisses** : majeure et mineure, d'où est déduite la troisième : la conséquence ou conclusion). L'**enthymème** est la forme abrégée d'un *syllogisme* dans lequel on sous-entend l'une des deux prémisses ou la conclusion. Ex. «*Je pense, donc je suis*» est un *enthymème*, alors que le *syllogisme* serait : «Je pense; qui pense est. Donc je suis.» Par ext., dans le langage courant, raisonnement très serré, très logique, et parfois trop géométrique, sans finesse, sans humanité. MICHELET : «*Étalage de logique et de* syllogismes» (chez ROUSSEAU).

Symbole (en grec, «signe de reconnaissance» formé par les deux moitiés d'un objet qu'on rapproche) **1** Tout signe concret* évoquant par un rapport naturel qqch. d'invisible : Ex. le drapeau est le *symbole* de la patrie. Cf. *Signe**.
2 (Litt.) Expression indirecte, au moyen de récits et d'images* qui suggèrent ce que l'on veut exprimer : cf. *Allégorie**. J. LEMAÎTRE : «*Le* symbole *est une comparaison dont on ne nous donne que le second terme, un système de métaphores* suivies*» Ex. le *symbole* du pélican (MUSSET, *Nuit de mai*).

Symbolisme 1 (Acad., 1878) Mot utilisé en esth., surtout à partir de 1886, pour désigner la tendance d'un groupe de poètes (MORÉAS, KAHN, SAMAIN, VIELÉ-GRIFIN, etc.) qui, reconnaissant pour maîtres BAUDELAIRE, RIMBAUD, MALLARMÉ, LAFORGUE, VERLAINE, cherchent à réagir contre le Parnasse* et les survivances de la poésie romantique*, et à créer une poésie qui suggérera la vie intérieure du poète, en retrouvant dans les images du monde des correspondances secrètes avec elle qui font de ces images des *symboles**. MALLARMÉ : «*C'est le parfait usage de ce mystère qui constitue le* symbole : *évoquer petit à petit un objet pour montrer un état d'âme, ou inversement choisir un objet pour en dégager*

un état d'âme. » Ex. dans le poème « *Il pleure dans mon cœur...* » VERLAINE n'analyse pas intellectuellement ses sentiments un jour de pluie, il cherche des images, des sonorités, des rythmes qui suggèrent une mélancolie semblable à la sienne et sont le *symbole* de ce qu'il ressent. Le *symbolisme* se caractérise aussi par ses innovations en poésie : refus d'exprimer des idées abstraites, goût des images floues, poésie musicale qui tend vers le vers* libre.
2 Par ext., on a appelé *symbolisme* des usages du *symbole* assez différents des conceptions *symbolistes* : a) le fait d'utiliser un récit ou une image pour exprimer une idée philosophique; cet emploi du *symbole* remonte à la plus vieille tradition : Ex. BRUNETIÈRE (à propos de l'emploi du *symbole* chez VIGNY) : c'est là « *le vrai* symbolisme »; *b*) chez BAUDELAIRE, le fait de considérer les sensations comme les *symboles** d'une réalité cachée qui s'évoque par de mystérieuses correspondances* : cette conception apprenait évidemment au poète à voir dans les objets autre chose que leur aspect usuel, mais elle orientait la poésie plutôt vers la découverte d'une réalité idéale*, au sens platonicien du mot, que vers l'expression d'un état d'âme très subjectif* au moyen de *symboles* : Ex. dans le sonnet *Bohémiens en voyage*, BAUDELAIRE ne se contente pas de décrire les bohémiens ni d'en faire le *symbole* d'une idée (au sens 2*a*), par exemple le *symbole* de la vie errante du poète inadapté à la société; il cherche à suggérer ce que sont *réellement* les bohémiens. Comme le grillon et la source, ils sont, pour lui, les fils de la terre, une manifestation de la vie instinctive de la nature, et l'apparence des bohémiens est une image, un *symbole* de cette réalité cachée. La poésie n'exprime donc pas pour BAUDELAIRE un sentiment subjectif, mais une réalité objective* cachée, inaccessible à la raison et à la science, et que seule la poésie peut découvrir par intuition*.

Symétrie 1 (Vx) Juste proportion ou accord des parties d'un ensemble entre elles ou avec l'ensemble, spéc. en architecture. SYN. *harmonie, proportion*.
2 De nos jours, plus spéc., correspondance de grandeur, de forme, de position entre deux parties ou deux objets soit opposés, soit placés de chaque côté d'un axe réel ou supposé; *symétrie* entre les deux ailes d'un édifice, entre deux membres de phrase, entre deux hémistiches. SYN. *équilibre, balancement*. **Asymétrie**, absence totale, parfois naturelle de *symétrie*. **Dissymétrie** suppose une ébauche ou une attente de *symétrie*.

Synchronie cf. *Diachronie**.

Syncrétisme Fusion de diverses doctrines, de divers cultes ou, en philos., fusion par synthèse de différents éléments.

Synecdoque Figure par laquelle on assigne à un mot un sens plus large ou plus restreint qu'il ne comporte habituellement; Ex. la partie pour le tout : trente *voiles* = trente *vaisseaux*; le tout pour la partie : acheter un *vison* = acheter un *manteau fait en peau de vison*. La *synecdoque* se distingue de la *métonymie** dans la mesure où elle suppose un rapport plus étroit entre le terme propre et le terme figuré.

Synérèse Le fait, en poésie, de compter pour une seule syllabe un groupe de sons qui, dans la prononciation courante, compte pour deux; ANTON. *diérèse** : Ex. *Écuelle* a compté longtemps pour quatre syllabes; mais C. MENDÈS écrit : «*Mille petits cailloux volaient vers son écuelle.*»

Synonyme Mot qui a parfois exactement le même sens qu'un autre mot de la même classe grammaticale (*synonyme parfait*), mais qui, plus souvent, a, avec lui, une analogie de sens et s'en distingue soit par des nuances particulières (Ex. *pénétration* et *sagacité*), soit par des connotations (Ex. *pâtre* et *berger*, *médiéval* et *moyenâgeux*), soit par son appartenance à un niveau* de langue différent (Ex. *chef* et *tête*; *partir* et *décamper*), soit par la possibilité qu'il a seul d'entrer dans certaines constructions syntaxiques (*danger* et *péril* ne sont pas commutables dans *en danger de mort* et *au péril de sa vie*).

Synopsis cf. *Scénario**.

Synoptique Qui permet de saisir, d'un même coup d'œil, les parties d'un ensemble : Ex. un tableau *synoptique* d'histoire.

Syntagme (Ling.) Suite de monèmes* pourvue d'un sens et d'une fonction; le *syntagme* peut être autonome ou non; il est intermédiaire entre le mot (ou monème*) et la phrase. On distingue le *syntagme nominal*, le *syntagme verbal* et le *syntagme qualifiant* (adverbe, adj.) : Ex. dans la phrase «*Le téléphone sonne*», il y a un *syntagme* nominal (*le téléphone*) et un *syntagme* verbal (*sonne*).

Syntaxe 1 (Grammaire) Combinaison des monèmes* dans un énoncé suivant des lois telles que cette combinaison ait un sens dans une langue donnée.
2 En critique littéraire, on parle de «*syntaxe narrative*» ou de «*syntaxe fonctionnelle*» pour désigner la façon dont se combinent les unités narratives (ou *séquences**) ou les *fonctions** à l'intérieur d'un récit : cf. les travaux de V. PROPP, R. BARTHES et C. BREMOND.

Synthèse Reconstitution des éléments d'un tout qui ont été séparés : ANTON. *analyse**. **1** (Logique) Marche de l'esprit, des propositions les

plus simples aux plus composées. DESCARTES : [La synthèse commence] «*par les objets les plus simples et les plus aisés à connaître pour monter peu à peu comme par degrés jusqu'à la connaissance des plus composés*».
2 (Histoire) La *synthèse* va des détails à l'ensemble, des faits particuliers à une vue générale.
3 Cf. *Thèse**, *Dialectique**.

Système 1 Idées philosophiques ou scientifiques coordonnées logiquement de façon à ne pas se contredire et à donner des choses une vue cohérente dépendant de principes* : Ex. *le système de Descartes.*
2 Avec une nuance péj., toute vue des choses uniquement fondée sur la raison* (3) logique, qui, sous prétexte de cohérence, se contente d'affirmation *a priori**, sans tenir compte de l'expérience* : au XVIIIe s., l'*esprit de système* est, en ce sens, souvent opposé à la vraie philosophie* fondée sur l'expérience*. D'ALEMBERT : «*Le goût des* systèmes, *plus propre à flatter l'imagination qu'à éclairer la raison, est aujourd'hui presque absolument banni des bons ouvrages.*»
3 Sans idée de construction de l'esprit, ensemble d'éléments définis par leurs relations réciproques et destinés à fonctionner de concert, Ex. dans l'ordre physique (*le système solaire*), physiologique (*le système nerveux*), politique ou social (*système politique, monétaire, capitaliste,* etc.). En ce sens, une langue* est un *système*. *Structure**, terme plus savant et moderne, insiste davantage sur l'autonomie de l'ensemble : une *structure* peut être fondée sur plusieurs *systèmes*.

T

Tableau 1 Représentation pittoresque et vivante d'une série d'images constituant un ensemble. MORILLOT : «*Le* tableau *que* [La Bruyère] *nous offre des mœurs de son siècle.*»
2 (Théâtre) Groupement de personnages en scène dans certaines attitudes immobiles.
3 (Théâtre) Partie d'un acte* marquée souvent par un changement de décor.

Tabou 1 Interdiction religieuse, chez les Polynésiens primitifs, de toucher ou de faire ce qui est considéré comme sacré ou impur; l'être ou la chose objet de cette interdiction.
2 Par analogie, interdiction ou chose interdite, spéc. dans le langage, pour satisfaire à l'idée que se fait une société de la morale ou de la convenance : un *sujet tabou* ne doit pas être traité; un *tabou linguistique*, c'est l'interdiction de nommer certaines choses, par exemple jugées déshonnêtes.

Talent 1 Capacités naturelles qui demeurent inférieures au génie* (3). De plus, le génie implique la faculté de concevoir, d'imaginer, le *talent* regarde l'exécution, c'est un savoir-faire. MARMONTEL : «*L'étude avait donné à Boileau tout le* talent *qu'on peut avoir sans la sensibilité et la chaleur de l'âme : il lui manquait ces deux éléments du génie.*»
2 Capacités artistiques par opposition aux lumières* de la raison. VOLTAIRE : «*Siècle de grands* talents *bien plus que de lumière.*»

Tautologie (en grec, le fait de «dire la même chose») Répétition vicieuse de la même idée en termes différents : Ex. un *misanthrope* qui *hait les hommes*. Le *pléonasme** répète le même rapport grammatical, la *battologie** répète les mêmes expressions, la *tautologie* prétend expliquer une idée, mais ne fait que la reprendre sans rien lui ajouter.

Taylorisme cf. *Rationalisation**.

Technique (N. f.) **1** Procédés bien définis et transmissibles destinés à produire des résultats utiles : Ex. la *technique de l'habitation* est bien antérieure à la science des architectes.

2 Les procédés qui caractérisent une forme d'art : Ex. *la technique du conte.*
3 Les procédés individuels d'un artiste, d'un écrivain : Ex. *la technique de La Fontaine.*
4 (Fin du XIXe s.) Méthodes organisées qui reposent sur une connaissance scientifique correspondante : Ex. la *technique* de la radio dépend de la science des ondes.
5 (N. m., VX) La partie de l'art qui regarde l'exécution. DIDEROT : « *Ce peintre n'a jamais rien produit de verve; il a le génie du* technique. »
6 (Adj.) Caractérise ce qui, dans une science, regarde l'application pratique et non la connaissance théorique : Ex. les *applications techniques* des lois de l'électricité.
7 (En art) Caractérise l'exécution de l'œuvre, les procédés*, par opposition au sujet de l'œuvre et à sa valeur expressive et affective : Ex. l'*habileté technique* d'un écrivain.
8 (En parlant d'un mot, d'une expression) Qui appartient au vocabulaire d'un art, d'une science, d'un métier : Ex. *antonomase** est un *terme technique* qui appartient à la rhétorique.

Technocratie (XXe s.) Système de gouvernement qui, dans tous les domaines de la vie nationale (administration, économie, questions sociales, etc.), fonde ses options sur les impératifs de la *technique** (4) plutôt que sur des idées politiques, humanitaires, philosophiques, etc. Le mot est souvent péj.; il l'est moins lorsqu'il désigne le même système dans la grande entreprise. *Technocrate,* haut technicien qui dirige ou influence, se dit dans les deux cas, mais, dans le premier, ce peut être aussi un homme politique ou un haut fonctionnaire de formation technique.

Tel Quel Revue littéraire d'avant-garde publiée de 1960 à 1982 et animée, en particulier, par Ph. SOLLERS, M. PLEYNET, J.-É. HALLIER et J. RICARDOU. Ce groupe a longtemps été la figure de proue de la recherche littéraire, bien qu'on ait critiqué son dogmatisme et ses palinodies politiques. Certains auteurs marquants de cette époque (A. ROBBE-GRILLET, R. BARTHES, J. DERRIDA, J. KRISTEVA,...) ont écrit dans cette revue des articles portant essentiellement sur les problèmes de l'écriture*.

Tempo (Musique) Notation d'un mouvement dans un morceau; absolument, vitesse d'exécution (notamment dans le jazz). D'où, néol. fig., rythme* donné au déroulement d'une action dans un film, une pièce, un récit : Ex. le *tempo* de ce roman est très lent.

Temps 1 *Unité de temps* : cf. *Jour**.
2 En critique littéraire, on distingue *temps vécu* et *temps romanesque* : le *temps vécu* est le *temps* existentiel, celui que nous vivons en tant qu'êtres de chair et de sang, sans retour en arrière ni saut en avant possible; le *temps romanesque*, au contraire, ne suit pas forcément l'*ordre* chronologique* mais comporte des infractions prospectives ou rétrospectives (cf. la construction complexe de *Sylvie* de NERVAL ou les rétrospectives de *À la recherche du temps perdu*); par ailleurs, G. GENETTE distingue le *temps* réel d'un événement et sa longueur dans sa transcription discursive (cf. TR, *temps* du récit et TH, *temps* de l'histoire, dans *Figures III*).

Tendresse Qualité d'une âme qui n'est pas dure, ne résiste pas : **1** (VX, XVIIe s.) est extrêmement sensible à toutes sortes d'impressions morales. BOSSUET : «*Cette première* tendresse *d'une conscience innocente, ah! que vous l'avez endurcie*»;
2 spéc. (au XVIIe s.) éprouve l'amitié, l'affection et surtout l'amour, avec une *extrême sensibilité* qui peut aller jusqu'à la *passion* violente. RACINE : «*Tu sais combien de fois ses jalouses* tendresses [de Mithridate]| *Ont pris soin d'assurer la mort de ses maîtresses.*»
3 De nos jours, et dès le XVIIe s., *tendresse* implique, dans les mêmes sentiments et dans leur expression, une grande douceur, la durée de l'attachement, la caresse des gestes et des paroles. JOUBERT : «*La* tendresse *est le repos de la passion.*» Si l'on a à étudier la «tendresse» des personnages de RACINE, on déterminera d'après la date du jugement proposé et son contexte, s'il s'agit de l'extrême sensibilité du sens 2 ou de l'attachement caressant et parfois doucereux du sens 3.

Tercet 1 *Terza rima* ou *Rime tierce*. Système de versification par groupes de trois vers suivis, après la dernière strophe*, d'un vers isolé, d'après la disposition des rimes suivantes : *aba bcb cdc...d*. C'est la *terza rima* consacrée en Italie, au M.A., à la haute poésie philosophique et amoureuse. Le *tercet*, introduit en France avant la Pléiade, tomba en désuétude après DESPORTES et fut repris par les parnassiens.
2 Strophe de trois vers dans un sonnet*.

Terminaison cf. *Affixe**.

Terminologie 1 (d'une science) Cf. *Nomenclature**.
2 (d'une personne, d'un auteur, d'un groupe, d'une époque) La partie de leur lexique* (2), faite de termes qu'ils ont spéc. fabriqués pour leur usage ou qu'ils prennent dans des acceptions qui leur sont particulières : *la terminologie marxiste*. **Phraséologie*** ajoute l'idée d'un style particulier.

Ternaire cf. *Rythme**

Terza rima cf. *Tercet**.

Test 1 Épreuve consistant en des opérations définies à accomplir, les mêmes pour tous, appréciées selon un barème précis, et permettant de mesurer les aptitudes ou les connaissances d'une personne ou d'un groupe.
2 Spéc. : *a*) en biologie, examen par prélèvement sur un tissu vivant; *b*) en technique, contrôle sur un échantillon pris au hasard dans une série; *c*) en économie, *test conjecturel* : sondage pour prévoir l'évolution de la conjoncture économique.

Texte 1 (XVIIe s.) Sujet de discussion. LA FONTAINE : «*Je reviens à mon* texte.»
2 (Sens courant) «*Les propres paroles d'un auteur, d'un livre, considérées par rapport aux commentaires, aux gloses, qu'on a faits dessus*» (LITTRÉ).
3 En critique contemporaine, ce terme tend à remplacer la notion de *genre**, devenue difficile à cerner, et désigne qqch. d'une autre nature que la phrase ou le paragraphe : en revenant à l'étym., on comprend le *texte* comme un *tissu* complexe de relations entre des éléments de différents niveaux*, formant une *structure** dont l'analyse n'est pas réductible aux catégories du langage de la communication* simple, utilisées par la ling. (cf. l'article «Texte» de R. BARTHES dans l'*Encyclopædia Universalis*).

Théâtral cf. *Scénique**.

Théisme cf. *Déisme**.

Thématique 1 (N.) «*Réseau organisé d'obsessions*» (R. BARTHES), structure révélatrice de la personnalité d'un individu, d'un écrivain en particulier.
2 (Adj. formé sur *thème** [4]) La *critique thématique* est l'une des tendances majeures de la critique contemporaine qui fonde son analyse sur une conception existentielle* de l'écriture : il s'agit d'élucider le rapport entre le vivre et le dire d'un auteur, puisque «*la littérature est une aventure d'être*» (J.-P. RICHARD). Les thématiciens vont donc étudier ces thèmes pour en dégager des vues sur la structure* de l'œuvre ou de l'univers* de l'auteur. Cf. les travaux de G. BLIN, G. POULET, J.-P. RICHARD, J. STAROBINSKI, J. ROUSSET et, sous certains aspects, R. BARTHES. Cf. *Mythocritique**, *Nouvelle** *critique*, *Psychanalyse**.

Thème (en grec, « ce qu'on pose ») **1** Sujet, proposition qu'on pose avant de la développer : Ex. *le thème d'un discours*.
2 Un des sujets généraux que traite la litt. : la nature, l'amour, Dieu, la mort, etc.
3 (Musique) Phrase musicale servant de sujet à une composition et sur laquelle on fait des variations.
4 *Thèmes d'une œuvre, d'un écrivain* : idées, sujets, descriptions, images, formes qui reviennent très souvent et créent une « vision » du monde et de l'existence particulière à l'auteur; G. POULET y voit « *l'acte par lequel l'esprit, pactisant avec son corps et avec celui des autres, s'est uni à l'objet pour s'inventer sujet* ». Cf. *Mythe**, *Thématique**.

Théocratie Gouvernement exercé par une caste sacerdotale : Ex. le gouvernement bouddhique du dalaï-lama du Tibet.

Théologie Dans toutes les religions et, notamment, dans la religion chrétienne, étude de Dieu, des dogmes, de la morale, etc., fondée sur la tradition et les textes sacrés (et non sur la science ou sur la raison, comme le sont la philosophie* et la métaphysique*). **Théodicée** ou **Théologie rationnelle**, partie de la métaphysique qui étudie Dieu par la raison. **Théogonie**, tout système religieux, chez les peuples polythéistes, exposant les rapports des dieux entre eux et avec le monde. VOLTAIRE : « *Le peu qui nous reste des* théogonies *phénicienne, persane, syrienne, indienne, égyptienne* » **Théosophie**, nom générique de toutes les doctrines (cf. *Occultisme**, *Gnose**) qui prétendent arriver à la connaissance directe de Dieu par une intuition mystique fondée sur l'approfondissement méthodique de la vie intérieure, et à un pouvoir sur l'Univers naturel par des moyens surnaturels : Ex. la *théosophie* de Swedenborg, dans *Serafita* de BALZAC. **Théurgie**, forme de magie qui agit sur l'Univers en faisant appel aux divinités ou esprits célestes.

Thèse 1 Proposition qu'on avance avec l'intention de la défendre si elle est attaquée.
2 D'où les sens universitaires : *a*) ancien : proposition soutenue par le candidat à un grade universitaire; *b*) moderne : ouvrage de recherche présenté pour obtenir le grade de docteur.
3 En litt., une pièce de théâtre, un roman sont dits à *thèse* lorsque les aventures racontées ou mises sur la scène doivent servir à démontrer la vérité de telle ou telle théorie : Ex. *La Religieuse* de DIDEROT est un *roman à thèse* parce que l'intrigue est destinée à prouver que c'est un mal d'enfermer les jeunes filles dans un couvent.
4 (Philos.) Chez KANT, et dans la dialectique* de HEGEL, premier membre

d'une antinomie*, auquel s'oppose son contraire l'*antithèse*, la conciliation et le dépassement étant faits par la *synthèse*.

Thriller (angl., « qui effraie ») Film à suspense*, qui provoque des émotions vives chez le spectateur. Le terme s'applique aussi à un certain type de romans policiers : Ex. les romans de P. HIGHSMITH sont des *thrillers*.

Tirade Au théâtre, longue suite de phrases ou de vers récités sans interruption par un personnage : Ex. *la* tirade *du Cid où il raconte le combat contre les Mores*. La *tirade* n'est pas un monologue, puisque le personnage a un ou des interlocuteurs.

Tiroirs (*à*) Se dit, en critique littéraire, d'une pièce (cf. *Comédie** [3]), d'un roman, où « s'emboîtent », dans l'action principale, comme un tiroir dans un meuble, des éléments étrangers qui l'allongent, par exemple, dans un roman, le récit d'un personnage, un long rappel du passé, un épisode accessoire, dans une pièce, des gags*, des sketches*, des tableaux* ou une action secondaire.

Titre Nom, désignation d'un livre ou d'un chapitre, d'une pièce de théâtre, d'un film, etc. : Ex. *Le Vent* est le titre d'un roman de C. SIMON. L'usage du *titre* s'est généralisé au XIXe s.; au M.A., comme les ouvrages étaient copiés à la main, seul *l'incipit** faisait fonction de *titre*. **Sous-titre** : *titre* placé après le *titre* principal pour le compléter; *titre*, *sous-titre*, etc., forment le *paratexte**.

Tmèse Division d'un mot en deux parties et insertion entre celles-ci d'un ou de plusieurs autres mots; EX. P. VALÉRY : « *Porte-moi*, porte *doucement* moi. »

Tolérance Le fait, pour une autorité, de supporter une chose qu'elle aurait le droit d'interdire. **1** (XVIIe s., après les guerres de Religion) *Tolérance civile* : l'impunité assurée aux protestants et, par généralisation, à toutes les sectes. Dans un sens défavorable, pour certains théologiens, la *tolérance* est le fait de reconnaître « *tous les hérétiques pour vrais membres et vrais enfants de l'Église* » (BOSSUET), ce qui implique l'indifférence des religions.
2 (Du XVIIIe s. à nos jours) Disposition d'esprit qui consiste à respecter l'opinion d'autrui et à lui laisser la liberté de l'exprimer, même si on ne la partage pas. VOLTAIRE : *Traité de la tolérance*. *SYN. libéralisme** (4).

Tombeau Recueil de prose et de vers composé à la mémoire d'un personnage : Ex. le *Tombeau* de RONSARD, publié en 1586.

Topique Qui est bien à sa place, en parlant d'un argument, d'une réflexion (ne pas confondre avec *typique*, qui est un type*) : Ex. l'argument du pari*, de PASCAL, adressé aux libertins, est un *argument topique* puisqu'il parle le langage de ceux à qui il est destiné (raisonnement logique sur un problème qui se rapporte au jeu).

Tract Petite feuille ou brochure de propagande, distribuée au public.

Traditionalisme 1 Le fait de préférer à une organisation politique, sociale, économique, etc., fondée sur la raison* et l'esprit* critique, les formes politiques, religieuses, etc., transmises par la parole, l'écriture, les manières d'agir (la *tradition*) d'une société : Ex. le *traditionalisme* de MONTAIGNE, de PASCAL en politique est fondé sur le peu de confiance qu'ils ont en la raison humaine.
2 (XIXe s.) Spéc., doctrine de BONALD et de LAMENNAIS, qui, par réaction contre le rationalisme* du XVIIIe s., pensaient que la raison* est une source d'erreur et que, toute connaissance ayant pour principe une vérité révélée, il faut chercher cette vérité dans la tradition, notamment celle de l'Église.

Traduction 1 Action de faire passer dans une langue donnée une œuvre ou un fragment écrits dans une autre langue; par ext., produit qui en résulte : Ex. la *traduction* du roman de M. CONDÉ, *Segou*, sera assurée en plusieurs langues
2 Insertion dans un texte d'un fragment donné dans une autre langue : Ex. les dialogues en français qui figurent dans la version originale de *Guerre et Paix* de TOLSTOÏ. Vu le génie propre* à chaque langue, la *traduction* nécessite souvent une *adaptation**.

Tragédie Poème dramatique développant une action sérieuse et complète, empruntée à l'histoire ou à la légende, entre personnages illustres, afin de provoquer dans l'âme du spectateur la terreur et la pitié par le spectacle des passions humaines en lutte entre elles ou contre le destin. Ce genre, pratiqué par les Anciens*, fut introduit en France par la Pléiade. *Tragédie pathétique** : celle qui cherche à rendre l'action plus émouvante par les liens qui unissent les personnages sans que ceux-ci le sachent; c'est la forme préférée d'ARISTOTE : « *On tue un parent sans le reconnaître, on le reconnaît après; on veut tuer un parent qu'on ne reconnaît pas, le reconnaissant on ne le tue pas.* » *Tragédie lyrique* (celle de la Pléiade, XVIe s.) : celle qui s'intéresse moins au développement dramatique* de l'action qu'aux réactions lyriques* que suscitent dans l'âme des personnages des événements donnés : Ex. *Cléopâtre* de JODELLE. *Tragédie* *classique* : elle se distingue de la *tragédie* du XVIe s. par l'élimination des éléments lyriques*, l'importance qu'elle accorde à la construction dramatique*; action simple, prise près de son dénouement*, progressant sous l'influence du jeu des passions, sans intervention d'événements extérieurs, sans utilisation du pathétique*, ce qui met au premier plan l'étude psychologique. CORNEILLE ajoute à la terreur et à la pitié, l'admiration. RACINE élève l'amour au rang des passions capables de provoquer les calamités tragiques. La *tragédie classique* est soumise aux règles*. Sous sa forme classique, la *tragédie* s'est maintenue jusque vers le milieu du XIXe s.; de nos jours, elle a disparu comme genre. Actuellement nous appelons *tragédie* : *a*) ce qui donne une impression de terreur provoquée par le déroulement d'événements funestes avec une implacable fatalité échappant à la volonté humaine; *b*) spéc., au théâtre, toute pièce triste dont l'action très concentrée se développe, à partir d'une situation donnée, par le jeu fatal des passions sans que le hasard, les événements extérieurs ni même la volonté humaine puissent modifier le dénouement (par opposition au *drame**).

Tragi-comédie Genre dramatique en faveur en France, de 1552 à 1670 environ, qui mêlait à la *tragédie** des éléments empruntés à la *comédie** (sans cependant rien de comique* au sens 2) : dénouement heureux, sujet inventé et romanesque, action très riche en péripéties*, personnages de conditions diverses, un certain mélange de tons. *Le Cid* était d'abord une *tragi-comédie*, car le sujet en était romanesque et le dénouement heureux; CORNEILLE l'appela ensuite tragédie.

Trait Pensée vive, brillante. *Avoir du trait* : posséder l'art de telles pensées.

Trame (Fig.) Ensemble des détails qui constituent le fond d'un récit sur lequel se détachent les événements importants; EX. M. BUTOR : « *Rien n'avait encore déchiré la* trame *de notre vie bien réglée.* »

Tranche de vie Expression créée par l'auteur dramatique J. JULLIEN (1854-1919) et adoptée par les écrivains naturalistes* pour qualifier leurs pièces qui reproduisent sur le théâtre la vie exactement comme elle est dans la réalité : « *une* tranche de vie *mise sur la scène avec art* ».

Transcendant Qui s'élève au-delà d'un niveau ou d'une limite donnés. **1** Qui ne s'explique pas par le jeu naturel d'êtres ou d'actions appartenant à une classe donnée, mais par l'intervention d'un principe* (1) supérieur : ANTON. *immanent*. La justice *immanente* résulte du cours naturel des choses, la justice *transcendante* est d'un ordre différent et

plus élevé (celle de Dieu, par exemple).
2 (Théol.) *La doctrine de la transcendance* considère que Dieu n'est pas dans le monde comme le principe vital dans un être vivant, mais qu'il est par rapport à sa créature «*ce qu'un inventeur est à sa machine, ce qu'un prince est à ses sujets*» (LEIBNIZ). Cette conception s'oppose au *panthéisme**.

Transfert 1 (Psych.) Transport d'un état affectif d'un objet (être ou personne) sur un autre : en psychanalyse, *transfert* sur le psychanalyste de l'hostilité éprouvée par le sujet envers son père; dans *Un cœur simple* (G. FLAUBERT), *transfert* de la sensibilité inassouvie de Félicité sur son perroquet.
2 Passage à un autre ordre de choses : la métaphore* est le résultat d'un *transfert*, par exemple du physique au moral.

Transformisme Théorie biologique, entrevue au XVIIIe s., mais formulée nettement par LAMARCK, au début du XIXe s., suivant laquelle les espèces vivantes ne sont pas fixes et distinctes, mais variables, susceptibles de se transformer l'une en l'autre, et dérivent, par transitions insensibles et ininterrompues, d'un ou plusieurs types primitifs : ANTON. *fixisme*; cf. *Darwinisme**, *Lamarckisme**.

Transition Développement intermédiaire par lequel on passe insensiblement d'une idée ou d'une partie à une autre dans un ouvrage de l'esprit : *la transition entre deux parties d'une composition française*. **Liaison**, enchaînement, rapport nécessaire entre deux idées ou deux parties. **Passage**, qui se dit aussi en musique et en peinture, fait surtout penser à l'effet produit par la *transition*, la *liaison* ou par leur absence : Ex. le *passage* de cette idée à cette autre idée est trop brusque et aurait dû être ménagé par une *transition*. **Raccord**, travail pour ménager une *transition* ou établir une *liaison* à la place d'une partie qui a été retranchée, afin que la suppression ne se sente pas.

Transposer Mettre à une autre place : **1** (avec un compl. au plu.) des choses, en changeant leur ordre et parfois en les intervertissant : *transposer les termes d'une proposition*;
2 (litt.) une chose qu'on porte dans un autre domaine ou contexte, en changeant ce qui est nécessaire pour qu'elle s'accorde avec lui, mais en sorte que la forme nouvelle garde la structure de l'original, en soit l'équivalent ou le rappel : *transposer un drame réel dans un roman*. *Transposer* est souvent nécessaire pour faire une bonne *adaptation** d'une œuvre.

Transtextualité cf. *Intertextualité**.

Triade 1 Groupe de trois couplets dans une ode* pindarique : la strophe*, l'antistrophe, exactement symétriques et l'épode* sur un rythme différent.
2 En critique littéraire : cf. *Séquence**.

Trilogie 1 Chez les Grecs, ensemble de trois tragédies* faisant suite sur le même thème* : Ex. l'*Orestie* d'ESCHYLE (*Agamemnon, Les Choéphores, Les Euménides*).
2 Ensemble de trois œuvres (opéras, pièces de théâtre, romans, etc.) se faisant suite : Ex. la *trilogie* de BEAUMARCHAIS : *Le Barbier de Séville, Le Mariage de Figaro, La Mère coupable*. Pour quatre œuvres, on dit *tétralogie* : la *Tétralogie* de *L'Anneau du Nibelung* de WAGNER : *L'Or du Rhin, La Walkyrie, Siegfried, Le Crépuscule des dieux*.
3 Parfois, œuvre coupée en trois grandes parties qui se correspondent : *La Divine Comédie, trilogie* de DANTE (*L'Enfer, Le Purgatoire, Le Paradis*).

Triolet (M.A.-XVIe s.) Petit poème, exprimant une pensée gracieuse ou doucement satirique, en huit vers, ordinairement octosyllabes, sur des rimes en général du type *abaaabab*. Les vers 1, 4 et 7, 2 et 8 sont les mêmes.

Trivial (lat. *trivium*, «carrefour») Se disait autrefois des idées et des expressions si usées qu'on les retrouvait partout («à tous les carrefours»), même chez les gens les plus communs. Qualifie, de nos jours, un langage ou un style à la fois vulgaires et grossiers. Dans les milieux intellectuels, *trivial* est souvent pris au sens angl. du terme, c.-à-d. *banal* : Ex. *un théorème trivial*.

Trope (Rhét.) Emploi d'un mot ou d'une expression dans un sens figuré; cf. *Figure**.

Troubadour cf. *Trouvère**.

Trouvère Poète et diseur de vers au M.A. Le *trouvère*, attaché en général à un grand seigneur, composait des vers en langue d'oïl*. Le **troubadour**, généralement errant, composait en langue d'oc*. Le **jongleur** allait çà et là dire des vers ou des contes en s'accompagnant d'un instrument de musique; par la suite, il composa lui-même et devint, de ce fait, *trouvère* ou *troubadour*. **Ménestrel** se disait de tout homme qui allait de château en château pour réciter, chanter ou jouer d'un instrument : le *jongleur* était donc une espèce de *ménestrel*. À partir du XIVe s., le *ménestrel* ne fut plus qu'un musicien qu'on appela, plus tard, *ménestrier*.

Truc (Théâtre, cinéma) Sans nuance péj., tout moyen matériel employé pour créer une illusion : les *trucs* servent à imiter les bruits ou les cris d'animaux dans les dessins animés. Au théâtre, lorsqu'il s'agit d'illusions dues au décor, on dit plutôt *machines*.

Truculent (lat. *truculentus*, «brutal, farouche») Se dit : **1** d'un style brutal qui ne recule pas devant les mots violents : Ex. le *style truculent* de RABELAIS, de ZOLA;
2 d'un personnage qui ou bien parle ainsi, ou bien a un comportement, des traits fort pittoresques, est haut en couleur : Ex. Panurge est un personnage *truculent*.

Truisme Vérité si banale qu'elle ne mérite pas d'être énoncée. SYN. *lapalissade*. EX. J. GIRAUDOUX : «*Il est rappelé aux condamnés à mort qu'*une exécution est un évenement sérieux» ((*Intermezzo*). Le *truisme* se distingue du *lieu* commun*, qui est une pensée très usitée mais pas évidente.

Truquage **1** Sans nuance péj., emploi de *trucs** au cinéma.
2 Ne pas confondre avec l'emploi fig. ancien, le fait de *truquer*, c.-à-d. de modifier, de falsifier qqch. par fraude : *truquage* d'un meuble par un antiquaire; *truquage* des élections; le témoignage vécu de cet écrivain n'est que *truquage*.

Turlupin Celui qui fait des jeux de mots grossiers et bêtes (appelés *turlupinades*), comme le faisait, au XVIIe s., dans ses farces, l'acteur Legrand qui avait pris le surnom de Turlupin.

Type (en grec, l'«empreinte» sur laquelle on reproduit d'autres empreintes) **1** Le modèle original et idéal sur lequel sont formés les objets d'une même série : EX. pour PLATON; les Idées* sont les *types* de toutes les choses créées; cf. *Archétype**.
2 Un être *concret*, réel ou imaginaire, représentatif d'une classe d'êtres : Ex. Harpagon est le *type* de l'avare.
3 Schéma* qui groupe *abstraitement** les caractères généraux d'une classe : Ex. le *type* grec, classique, etc.; les différents *types* d'êtres humains, de langues, de régimes politiques, de structures économiques, etc.
4 SYN. de *symbole**, de *figure** (3), en histoire religieuse, spéc. en parlant

des faits ou des personnages de l'Ancien Testament regardés comme la préfiguration de ceux du Nouveau Testament.

Typer Donner à un personnage les caractères du *type** (3) auquel il appartient. *Un être, un personnage typés* présentent naturellement ou ont reçu ces caractères : Harpagon est fortement *typé*, parce qu'il ajoute à ses traits individuels des traits appartenant au *type* de sa classe, celle des avares. **Typifier**, faire qu'un individu, un personnage, un modèle deviennent un *type** (2), c.-à-d. soient représentatifs d'une classe d'êtres : RICHARDSON a *typifié* Lovelace, puisqu'on appelle un séducteur un lovelace.

Typique 1 D'après *type** (4), symbolique, allégorique, au sens religieux, en parlant de choses, d'êtres ou de leur sens. VOLTAIRE : «*J'appelle miracles* typiques *ceux qui sont évidemment le type, le symbole de quelque vérité morale.*»
2 Qui peut servir de symbole, de *type** (2 et 3) à une classe d'êtres ou de choses : Rastignac est *caractéristique* de son époque, car il en a un trait distinctif, l'arrivisme; il est *typique*, parce qu'il est le symbole d'une classe d'êtres, les arrivistes.

Typographie Transcription des énoncés par les techniques de l'imprimerie : romain, *italique*, **gras**, **demi-gras**, bas de casse (minuscules), CAPITALES (majuscules), PETITES CAPITALES, etc. Leur utilisation variée dans un même texte a une signification intentionnelle.

Typologie 1 Science qui étudie les *types** (3) humains au physique et au moral : *typologie* des caractères.
2 Science qui, dans n'importe quel domaine complexe, élabore des *types** (3), c.-à-d. des schémas définissant des classes, ce qui permet l'analyse ou la classification : *typologie* des langues, des régimes politiques; *typologie* économique.

U

Ubuesque En parlant des personnes, des actions, des situations, qui rappele Ubu, personnage grotesque* d'A. JARRY (*Ubu Roi*, 1896), par une absurdité foncière résultant en réalité d'un égoïsme cynique, souvent cruel et lâche.

Ultra (au-delà de) **1** Entre en composition avec des adj. ou des participes pour marquer le degré excessif, en parlant de celui dont les conceptions, par leur violence, dépassent des conceptions déjà nettement tranchées : *un ultra-colonialiste, un ultra-révolutionnaire, un ultra-réaliste.*
2 (Absolument) Extrémiste en politique, mais, vu l'emploi historique du mot, surtout en fait d'idées conservatrices ou réactionnaires. Pour la gauche, on dit plutôt *extrémiste*.

Unanimisme Doctrine littéraire de J. ROMAINS (début du XXe s.) : l'écrivain doit renoncer à peindre des personnages individuels pour analyser par la poésie, le roman, le théâtre, l'âme «*unanime*» qui émane de tout groupe d'hommes.

Unité 1 Harmonie d'ensemble d'une œuvre d'art dans laquelle toutes les parties concourent à produire un même effet. D'ALEMBERT : «*L'*unité *est pour moi la première qualité des romans.*»
2 *Règle des trois unités* : règle classique exigeant que la tragédie* et la comédie* respectent les unités d'action*, de jour*, de lieu*.

Univers (Fig.) Milieu, champ d'activité, sphère d'idées, de représentations dans lesquels qqun passe sa vie et au-delà desquels tout lui est étranger. *Univers d'un artiste, d'un écrivain* : image du monde ou d'un monde qu'il se fait et nous propose, si bien qu'elle nous devient familière et nous paraît réelle; cet *univers* se manifeste par une certaine constance dans les sujets, les caractères ou les rapports des personnages, le retour obsessionnel de certains thèmes* (4), un style qui accentue, déforme, spiritualise le réel toujours dans le même sens, utilise une langue* (4), des images, des rythmes privilégiés.

Urbanité (lat. *urbanus*, «ville»; XIVe s. : «façons, langage de la ville») Façon délicate de s'exprimer qui, selon l'étym., serait propre aux

Romains, alors que l'*atticisme** l'est aux Grecs d'Athènes. Mais l'*atticisme* n'est qu'une qualité de style, alors que l'on appelle aussi *urbanité* la politesse que donne l'usage du monde, avec souvent une connotation esthétique (SYN. *courtoisie, éducation*) et, même appliqué au style, *urbanité* implique une certaine finesse de sentiment qui se joint à la perfection du ton ou du geste. MARMONTEL : «*L'*urbanité *répondait à l'atticisme, mais elle tenait plus aux mœurs qu'au langage.*»

Usage 1 En matière de langage, la forme naturelle que prend *spontanément*, à un moment donné, la langue du groupe social, indépendamment des règles fondées sur l'étym., la tradition des écrivains, la raison. VAUGELAS : «*Il n'y a qu'un maître des langues qui en est le roi et le tyran, c'est l'*usage.» L'*usage* varie suivant les classes de la société, il y a donc plusieurs *usages* et l'*usage* en général implique deux notions assez contradictoires : *a*) un accord assez *général* sur les formes employées; en ce sens l'*usage* s'oppose aux langages techniques*, aux provincialismes, etc.; *b*) l'idée qu'il y a parmi les groupes sociaux un groupe plus *représentatif* qui impose le *bon usage*. Pour VAUGELAS, au XVIIe s., le *bon usage* est «*la façon de parler de la plus saine partie de la Cour*».
2 (d'un mot) La manière, en général personnelle, dont un locuteur et spéc. un écrivain, se sert d'un mot pour exprimer sa pensée et produire un certain effet. «*Un habile écrivain fait d'un mot un* usage *inattendu, tout nouveau*» (Acad.). **Emploi*** (cf. *Sens**), manière habituelle et conforme aux règles de la langue dont on peut utiliser un mot dans une acception : *un mot a divers emplois.*

Utilitarisme Toute doctrine qui assigne comme fin à l'action la recherche de ce qui est *utile*. Mais comme la définition de l'utile est assez variable, le mot *utilitarisme* peut désigner aussi bien la recherche de l'intérêt étroitement matériel et personnel qu'une conduite hautement sociale; EX. M. PROUST : «*Il se rendait bien compte de cet* utilitarisme *des visites de M. de Charlus.*»

Utopie (XVIe s., d'après *Utopia* de Thomas MORE; en grec *ou* + *topos*, «pays qui n'existe nulle part») **1** (Vx) Pays ou plan de gouvernement imaginaires, modèles du régime politique idéal : la *République* de PLATON, le royaume de Salente dans le *Télémaque* de FÉNELON sont des *utopies*.
2 Idéal que sa nature même rend irréalisable, mais qui est le fruit de l'intelligence, est souvent cohérent, alors que **chimère**, en un sens plus large, se dit de toutes les représentations dans l'esprit qui n'existent pas

plus que le monstre imaginaire appelé *chimère*. **Mythe***, conception intellectuelle, déformant, amplifiant le réel ou purement imaginaire, qui sert de principe à la pensée et à l'action. Chez ROUSSEAU par exemple, l'image qu'il se fait d'êtres parfaits, sa manie de la persécution sont des *chimères*; sa conception du contrat social, de l'éducation d'Émile est une *utopie*, qui s'explique par le *mythe* de l'état de nature, de la bonté originelle de l'homme primitif.

V

Vague des passions État d'âme analysé par CHATEAUBRIAND dans le *Génie du christianisme* (1801, II, III, 9) et dans *René*. C'est l'instabilité inquiète d'une très grande sensibilité qui ne trouve dans un monde vide aucun objet digne de ses passions : «*On habite avec un cœur plein un monde vide et sans avoir usé de rien on est désabusé de tout.*» D'après CHATEAUBRIAND, cet état a pour causes l'inaction de la jeunesse, le scepticisme développé chez elle par le rationalisme du XVIIIe s., l'influence amollissante des femmes et surtout le christianisme qui inspire à l'homme le dégoût de la terre et le besoin d'infini. CHATEAUBRIAND condamne le *vague des passions* et propose pour remède un retour à la foi religieuse qui donnera une réponse à l'inquiétude de l'homme. Cet état d'âme propre, en 1802, à CHATEAUBRIAND et à certains jeunes émigrés deviendra, après 1815, pour d'autres causes sociales, le *mal* du siècle*

Valeur 1 Ce à quoi un homme ou un groupe social tiennent beaucoup : Ex. la liberté est une des *valeurs* de la démocratie. Il est évident qu'en ce sens le mot désigne qqch. de relatif*.
2 Mais les philosophes ont essayé de justifier les *valeurs* par un raisonnement et de les ordonner par rapport à un certain idéal, constituant ainsi ce qu'on appelle une *hiérarchie des valeurs* ou comme disait NIETZSCHE, *une table des valeurs*. Dans ce cas, on appelle *valeur* ce qui se rapproche de la conception idéale du bien dans une philos. donnée : Ex. le plaisir est la *valeur* suprême pour l'hédonisme*, l'utilité l'est pour l'utilitarisme*, la maîtrise de soi, pour le stoïcisme, etc. *Un jugement de valeur* consiste à donner à une chose sa place dans telle ou telle *hiérarchie des valeurs*; c'est un jugement moral* (3) par opposition à un jugement de fait qui se contente d'énoncer ce qui est : Ex. si je dis que Tartuffe est sensuel, je porte un jugement *de fait*; si je dis qu'il est ignoble alors que Polyeucte est sublime, je porte un jugement *de valeur*.
3 *Valeur d'un mot* : sa juste signification et sa connotation*, souvent par opposition aux mots en rapport avec lui, par exemple dans un contexte, un système synonymique, etc.

Variante cf. *Version**.

Variété 1 Qualité d'une œuvre ou d'un auteur qui ne sont pas toujours uniformes, mais assemblent des éléments dissemblables (sans aller jusqu'à la *diversité*) dont les différences produisent un effet agréable. ANTON. *monotonie*. VOLTAIRE : «*Quoi? vous louez Fénelon d'avoir eu de la* variété*? Si jamais homme n'a eu qu'un style, c'est lui.*»
2 (XVIIIe s. au plu.; au sing. chez P. VALÉRY) Recueil en prose de morceaux sur différents sujets, mais dans un même ordre d'idées et avec plus d'unité que ne l'implique *Mélanges**.
3 (Plu.) Partie d'un journal où l'on classe de petits articles de genres différents, qui n'entrent pas dans les rubriques générales.
4 (Théâtre; au plu.) *a*) Nom d'un théâtre créé au XIXe s. (et qui existe encore) qui, à l'origine, voulait jouer tous les genres, puis se spécialisa dans le vaudeville et l'opérette. *b*) Spectacle de music-hall composé de numéros sans lien (chansons, sketches, tours d'adresse, danses, etc.); d'où spectacle de ce genre à la télévision : *émission de variétés*; *c*) Spéc. chansons et morceaux de musique légère : *disque de variétés*.

Vaudeville 1 (XVe-XVIIIe s.) Chanson bachique*, puis satirique*. BOILEAU : «*Le Français, né malin, forma le* vaudeville.»
2 (XVIII-XIXe s.) À partir de 1710 environ, comédie coupée de *vaudevilles* (au sens 1) et de ballets : par développement de la partie chantée le genre devint l'*opéra*-comique*, mais en laissant la prédominance au texte parlé, le *vaudeville* demeure, jusqu'au XIXe s., une comédie mêlée de couplets : Ex. *Le Mariage de Figaro* de BEAUMARCHAIS, *Un chapeau de paille d'Italie* de LABICHE.
3 (fin du XIXe-XXe s.) Comédie légère, sans couplets, qui développe une situation amusante par un comique d'intrigue assez traditionnel : Ex. *Occupe-toi d'Amélie*, de G. FEYDEAU.

Verbalisme cf. *Logomachie** (2).

Verbiage Abondance de paroles dont peu, en fait, sont porteuses de sens : Ex. les dialogues dans *La Cantatrice chauve* d'E. IONESCO, où le verbiage est intentionnel.

Vérité 1 Caractère de ce qui est *vrai**, au sens 1 : Ex. la *vérité* d'une assertion; au sens 2 : Ex. la *vérité* d'un fait, la *vérité* historique; au sens 3, V. HUGO : «*La* vérité *de l'art ne saurait jamais être, ainsi que l'ont dit plusieurs, la réalité absolue*. L'art ne peut donner la chose même.*»
2 La *Vérité* personnifiée; spéc. Dieu source de toute vérité. BOSSUET : «*Dieu donc est la* vérité.»
3 Ce sur quoi un groupe d'hommes est d'accord. PASCAL : «Vérité *en deçà des Pyrénées, erreur au-delà.*»

Vers Assemblage de mots rythmés* constituant, en lui seul, un tout indépendant. *Vers métrique* : vers rythmé d'après la quantité* des syllabes; Ex. le vers grec et latin. *Vers rythmique* : vers rythmé par le retour régulier de syllabes accentuées; Ex. le vers anglais. Le vers français est rythmé d'après le nombre de syllabes (*vers syllabique*), la rime* et la position des césures. *Vers blanc* : vers qui ne rime pas. *Vers libre* : *a*) *vers libre classique*, alternance irrégulière de mètres* et de rimes* réguliers; Ex. les vers de LA FONTAINE; *b*) *à partir du symbolisme**, le vers libre est un vers dont le rythme* est créé *librement* par le poète.

Verset 1 Phrase ou petit paragraphe numérotés, dont le sens est ordinairement complet, et qu'on a adoptés comme unité dans la division des textes de la Bible : les *versets* des *Psaumes*.
2 Phrase ou suite de phrases rythmées et d'une seule respiration, unité de base d'un poème non écrit en vers traditionnels, rappelant le verset des *Psaumes* : un *verset* de P. CLAUDEL.

Versification 1 Art de faire des vers : prosodie*, métrique* et procédés accessoires, harmonie* imitative, allitération*, etc.
2 Facture* des vers d'un écrivain : Ex. la *versification* de G. APOLLINAIRE.

Version 1 Manière particulière dont qqun rapporte un fait, par opposition au récit différent qu'en font une ou plusieurs autres personnes; SYN. *relation, témoignage, interprétation*.
2 Chacun des états d'un texte ou d'une œuvre qui ont subi des modifications du fait de l'auteur, d'un copiste ou d'un éditeur : les *versions* de la *Chanson de Roland*. **Leçon**, le texte d'un passage particulier, tel qu'il est dans la *version* d'un copiste ou d'un éditeur qui paraît l'avoir lu ainsi dans le texte original : on préfère la *leçon* du manuscrit A à celle du manuscrit B. **Variante**, une ou plusieurs *leçons* diverses d'un même texte, données souvent en notes par l'éditeur, après le texte qu'il a préféré.

Vertu 1 Disposition permanente à vouloir accomplir une sorte déterminée d'actes moraux. *Vertus cardinales* : justice, prudence, tempérance, force. *Vertus théologales* : foi, espérance, charité. *Vertu politique* : le principe* de la démocratie selon MONTESQUIEU : «*On peut définir cette* vertu *l'amour des lois et de la patrie. Cet amour demande une préférence continuelle de l'intérêt public au sien propre.*»
2 *La vertu* : disposition permanente à vouloir le bien *a*) avec une idée d'*intransigeance* qui oppose *vertu* à *sagesse** (4); *b*) avec l'idée qu'on se sacrifie aux autres, que la *vertu* est un service *social* (sens fréquent au XVIIIe s.). VOLTAIRE : «*Le prudent se fait du bien, le* vertueux *en fait*

aux hommes»; *c*) avec l'idée d'un *effort* pour vaincre sa faiblesse naturelle, son égoïsme, ses passions (ce qui oppose la *vertu* à la *sainteté*, perfection morale fondée sur l'amour et l'inclination). STENDHAL : «*J'honore du nom de* vertu *l'habitude de faire des actions pénibles et utiles aux autres*»; *d*) avec l'idée que la *vertu* est un *équilibre* raisonnable entre les instincts naturels. MONTAIGNE : «*La douleur, la volupté, l'amour, la haine sont les premières choses que sent un enfant; si, la raison survenant, elles s'appliquent à elle, cela c'est* vertu»; *e*) avec l'idée que la *vertu* est un *instinct* de l'homme à l'état de nature*. ROUSSEAU : «*Ces toits de chaume et ces foyers rustiques qu'habitaient jadis la modération et la* vertu.»

Vignette Unité constitutive d'une bande* dessinée, c.-à-d. chaque image de la planche (ou page).

Virtuose (italien *virtuoso*, «personne d'un mérite exceptionnel») **1** (Musique) Exécutant (musicien ou chanteur), souvent soliste, d'une technique remarquable.
2 (Par ext.) Celui qui, dans un art, un domaine quelconques, montre une habileté technique exceptionnelle : *virtuose de la parole, du rythme.*
3 (Péj.) Celui chez qui l'habileté technique masque l'absence d'âme, d'originalité, de génie, qui éblouit plus qu'il ne touche.

Visionnaire (Fig.) Un artiste, un écrivain sont dits *visionnaires* s'ils inventent un univers* à eux, ont l'esprit hanté d'images hallucinatoires, irréelles : V. HUGO est souvent *visionnaire* dans *La Légende des siècles*; **voyants**, s'ils apparaissent comme une sorte de prophète ou découvrent des choses réelles cachées aux hommes ordinaires. V. HUGO : «*Je suis le grand* voyant *des profondeurs sinistres.*»

Vitalisme Toute doctrine qui admet, chez les individus, l'existence d'un principe vital ou d'une force vitale que l'on considère comme irréductibles aussi bien à l'âme qu'à la matière, ou plus simplement aux phénomènes physico-chimiques caractéristiques de la vie.

Vocabulaire cf. *Lexique** (1 et 3) et *Nomenclature**.

Volonté Faculté de se déterminer à faire ou à ne pas faire. **1** Cette faculté considérée comme une faculté abstraite de choix (représentation de l'acte à produire, conception des raisons pour et contre, décision, exécution) : cette conception intellectuelle est celle de DESCARTES : «*La* volonté [...] *consiste seulement en ce que, pour affirmer ou nier, poursuivre ou fuir les choses que l'entendement* nous propose, nous agissons*

de telle sorte que nous ne sentons point qu'aucune force extérieure nous y contraigne.» En ce sens la question se pose de savoir si la *volonté* est vraiment libre (cf. *Libre arbitre**, *Liberté**).
2 Cette faculté considérée comme étant déterminée par notre sensibilité, comme représentant notre désir, notre tendance dominante : c'est le sens pascalien du mot qui oppose la *volonté* à l'entendement*, à la raison*. PASCAL : [Les premiers moteurs] «*de la* volonté *sont de certains désirs naturels et communs à tous les hommes, comme le désir d'être heureux*» — «*la* volonté *aime naturellement*» — «*Dieu veut plus disposer la* volonté *que l'esprit**. *La clarté parfaite servirait à l'esprit** *et nuirait à la* volonté.»
3 L'énergie plus ou moins grande avec laquelle nous exécutons les décisions de la *volonté* aux sens 1 et 2 : c'est en ce sens que l'on parle de la *volonté* des personnages de CORNEILLE qui est tantôt l'énergie mise au service d'une décision après délibération (EX. la décision du Cid de venger son père), tantôt l'énergie mise au service d'un désir passionné (EX. la passion de la vengeance chez Émilie dans *Cinna*). Mais, dans les deux cas, la *volonté* s'accompagnant de conscience*, elle nécessite un effort pour écarter toutes les tendances spontanées (par exemple, l'amour) qui empêcheraient d'atteindre le but choisi.
4 (Au sens moral) *Bonne volonté* : ferme propos de faire le bien, ou au moins tout son possible pour l'atteindre.
5 *Volonté générale* : expression courante dans la seconde moitié du XVIIIe s. *a*) pour DIDEROT, l'effort de l'homme pour se dégager de son intérêt particulier et vouloir ce qui est conforme au droit naturel* : «*La* volonté générale *est dans chaque individu un acte pur de l'entendement qui raisonne dans le silence des passions sur ce que l'homme peut exiger de son semblable et sur ce que son semblable est en droit d'exiger de lui*» (*Encyclopédie*, article «Droit naturel»); *b*) pour ROUSSEAU : la somme des *volontés* particulières des citoyens liés par le contrat* social, la base légitime de toute souveraineté, à condition : 1 qu'elle soit établie à la *majorité* des citoyens, tous consultés; 2 qu'elle concerne une question d'intérêt commun; 3 qu'elle prenne une décision applicable à *tous* sans distinction de personnes (*Du contrat social*).

Vrai **1** Ce à quoi il est légitime de donner un plein et entier assentiment. DESCARTES : «... *Ne recevoir aucune chose pour* vraie *que je ne la connusse évidemment être telle.*»
2 Ce qui a lieu réellement, par opposition à ce qui est *possible*, *vraisemblable**, *inventé*. BOILEAU : «*Le* vrai *peut quelquefois n'être pas vraisemblable.*» Au XVIIIe s., les sujets de tragédie* sont dits *vrais* (et non

inventés) quand ils appartiennent à l'*histoire*, mais aussi à la *légende**.
3 Ce qui est conforme à l'objet reproduit, qui s'accorde avec notre sentiment de ce qu'est la réalité; ANTON. *faux, conventionnel, artificiel.* BOILEAU : « *Rien n'est beau que le* vrai, *le* vrai *seul est aimable.* » Le mot s'applique, en ce sens, *à celui qui exprime* : un artiste *vrai*, un style *vrai*; et *à l'objet exprimé* : un caractère *vrai*. Cette vérité peut aller de la reproduction réaliste* (1) ou vériste* de l'objet à une ressemblance idéale*; cf. *Idéalisme** (3) et *Nature** (10).
4 Qui est tel qu'il paraît être, qui mérite pleinement le nom qu'on lui donne; SYN. *véritable*. PASCAL : « *Il y a peu de* vrais *chrétiens, je dis même pour la foi.* »
5 (Par ext.) Qui n'est pas une illusion, une chimère, qui donne l'impression d'exister parce qu'il procure à l'âme une satisfaction, un bonheur réels. MUSSET : « *Rien n'est* vrai *que le beau.* »

Vraisemblance Caractère de ce qui est *vraisemblable*, c.-à-d. qui a toutes les apparences de la vérité, qui paraît croyable, sans que pour cela ce soit vrai. RACINE : « *Il n'y a que le* vraisemblable *qui touche dans la tragédie.* » *Vraisemblance historique* : le fait qu'une action ou les mœurs* d'un personnage paraissent croyables d'après ce que l'on sait de la période historique à laquelle l'auteur les a placées, ou sont conformes à une tradition historique ou littéraire reçue. Il est évident que cette *vraisemblance* peut être plus ou moins grande selon la culture du public auquel l'œuvre est destinée. *Vraisemblance générale* : la conformité d'une action ou des mœurs* d'un personnage avec l'idée que le public se fait du possible d'après son expérience ordinaire de la vie et la conception qu'il a de l'homme. Cette *vraisemblance* peut s'opposer à la *vraisemblance historique* dans la mesure où certains sentiments historiquement vraisemblables ne sont plus accessibles au public d'une autre époque : EX. la froideur d'Hippolyte dans *Phèdre* était historiquement justifiée par sa fidélité au culte de Diane, mais, le public du XVIIe s. jugeant qu'un jeune prince devait être amoureux et galant, RACINE a inventé l'amour du personnage pour Aricie, préférant à la *vraisemblance historique* la *vraisemblance générale*.

Z

Zéro *Degré zéro de l'écriture* : cf. *Écriture** (2).
2 *Focalisation zéro* : cf. *Focalisation**.

Zeugma ou **Zeugme** (en grec, « lien, joug ») (Rhét.) **1** Sorte d'ellipse, dans un membre de phrase, d'un ou plusieurs termes qui figurent dans le membre voisin, et qu'il faudrait rétablir, pour que la syntaxe soit correcte et intelligible, en général avec une modification dans le nombre, le genre, le temps, voire la construction syntaxique; EX. V. HUGO : « *L'air était plein d'encens et les prés de verdure* », il faut sous-entendre « *étaient pleins* ».
2 Par ext., figure que certains préfèrent appeler **attelage** et qui consiste à rattacher à un même mot deux éléments dont l'un discorde avec l'autre, soit grammaticalement (MUSSET : « *Il savait* compter *l'heure* et que *la terre est ronde* »; F. MAURIAC : « *Je m'étonnais* de *son aménité et* que *ses yeux fussent rougis par les larmes* »); soit sémantiquement, l'un des deux étant seul en liaison habituelle avec le mot. V. HUGO : « *Vêtu de* probité candide *et de lin blanc.* »

Index

Cet Index *succinct veut aider le lecteur à situer quelques auteurs dont on parle, en lui permettant de cheminer à travers tous les articles de ce* Vocabulaire.

Imprimerie Hérissey - Évreux — N° 43784
Dépôt légal N° 6723-10-87 — Collection N° 08 — Édition N° 02
16/5452/4